동아시아 관문도시 읽기

동서대학교 중국연구센터 연구총서 2

동아시아 관문도시 읽기

김동규 엮음

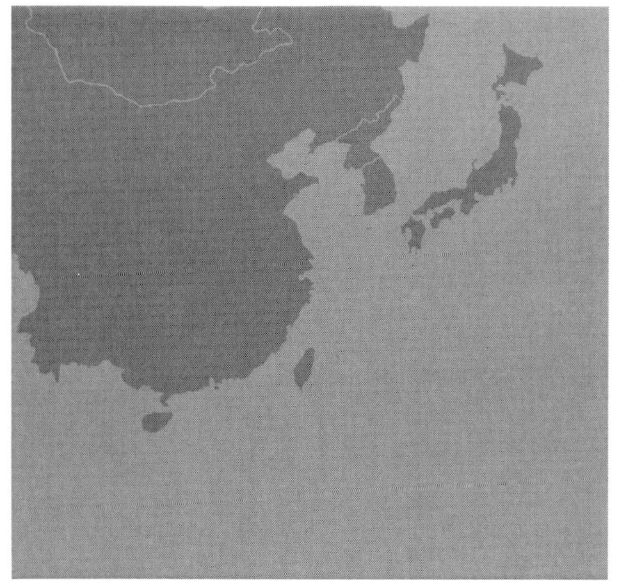

산지니

서문

관문도시로 새로운 동아시아를
상상할 수 있는가

근대 초기 동아시아는 서구 식민/제국주의라는 충격에 이어 일본 식민/제국주의라는 이중의 충격을 동시에 겪었다. 뒤이어 냉전과 탈냉전 또는 신냉전을 거치면서, 다양한 지구적-지역적 모순을 겪었다. 아시아는 갈가리 찢겼고, 치명적 상처를 서로 주고받았다.

이 복잡한 폭력의 흔적을 관문도시가 가장 드라마틱하게 새기고 있다. 관문도시는 동아시아의 모순을 물리적으로 응축한 결정체이자 동아시아에 작동하던 폭력을 새긴 표현물이다. 그러므로 관문도시를 읽는 것은 동아시아의 과거와 현재를 읽는 것이며, 관문도시를 비판적으로 진단하는 것은 동아시아의 새로운 미래를 상상하는 것이다. 이를 위해 이 책은 동아시아 대표적 관문도시 부산, 홍콩, 상하이, 훈춘, 고베, 가오슝, 선전을 독해하고 있다.

각 글을 간단히 소개하자면, 우선 장정아의 글(「노동자와 향촌을

통해 보는 홍콩: 저항과 포섭의 변주곡」)은 제국의 변방에 자리 잡은 관문도시 홍콩을 다루고 있다. 이 글은 이미 제출되었던 논문 2개 중 일부를 수정 보완하였고, 나머지는 새로 작성한 것이다. 이 글에 따르면, 홍콩은 실로 온갖 모순이 결집된 고르디아스의 매듭이다. 반제국/반식민, 민족주의-애국주의, 전통/근대, 도시화/향촌성, 반중/친중, 냉전 이데올로기의 대립, 계급과 계층의 차별 양상, 개발/보존 등 다양한 힘 대결의 역학이 홍콩의 모순을 형성하고 있고, 여기에 흑사회 같은 범죄조직의 개입, 나아가 여전히 제국주의에서 비롯된 가부장성이 홍콩의 모순 이면에 도사리고 있다. 특히 저항이 별로 없었다고 여겨지는 홍콩에 노동자와 향촌의 커다란 저항운동들이 있었으나 포섭으로 연결된 역사의 아이러니, 그리고 이 과정에 민족주의·제국주의·공산주의가 복잡하게 얽혀 있음을 장정아는 보여준다. 그러나 포섭으로 끝나지 않고 홍콩에서는 계속 새롭게 출현하는 운동 속에서 다양한 주체가 등장해 왔다. 이러한 역학 속에서 홍콩의 서발터니티는 최근 새로운 방식으로 생성될 희망을 보여주고 있는데, 장정아는 단일한 중심 주체나 고정된 정체성을 극복하려는 움직임, 다양한 이름 없는 이들이 연결되는 양상, 이들이 생산하는 새로운 운동의 방식에서 홍콩의 새로운 가능성을 본다. 그리고 중국 역사에서 '민(民)'의 역할에 대한 최근 국내 토론과도 연결을 시도하며 글을 맺는다.

이어서, 박자영의 글(「'경계'의 개념으로 다시 읽는 상하이 도시문화: 20세기 초중반 상하이 도시문화 연구방법론 시탐(試探)」)은 중국어문학연구회「중국어문학논집」Vol.- No.148(2024)에 수록된 글을 일부 수정한 것이다. 박자영은 이 글에서 서발터니티와 경계 개념에 주목하고 있다. 박자영에게 서발터니티라는 개념을 활용하기에 가장 적당한 지정학적 장소는 '경계'다. 경계라는 개념은 역사적으로 과잉결정되고, 다의적이며, 이질적인 성격을 지녔는데, 이 경계에서 다양한 투쟁과 사건이 발생한다. 그런 점에서 경계는 새로운 것을 생산하는 힘을 가졌다. 박자영에게 그런 경계의 대표적 사례가 '상하이'다. 상하이는 조계들의 도시였다. 다양한 경계가 그어지고 지워지기를 반복했으며, 다종다양한 사람들이 들고나던 도시였다. 김광주와 장아이링도 그중 하나다. 경계를 중심으로 도시를 조명하면, 경계를 변방으로만 보는 기존 도시 연구의 중심/주변이라는 이항대립의 구도를 탈피할 수 있다. 박자영은 서발터니티 개념과 경계 개념을 상하이에 적용함으로써 기존 도시문화 연구방법론 갱신을 꾀한다.

계속해서, 박우의 글(「훈춘: 복합적 기능의 관문도시」)은 『현대중국연구』 제26권 3호(2024)에 게재된 글을 수정한 원고다. 이 글은 훈춘이 관문성을 다루고 있다. 훈춘은 육로와 수로로는 중국 여타 지역, 북한, 러시아와 연결되어 있고, 항로로는 한국과 일본으로 연결되어 있다. 북한과 러시아와 국경을 맞대고 있는 접경도시이기도 하다. 그래서 경제적으로 정치적으로 매우 중요한 지정학적 위치를 차지하고 있다. 기존 연구가 훈춘의 국제정치나 동북아 경제문제 중심으로 접근한 반면, 이 글은 여기에 더하여 내부의 문제

(다민족성, 인구유출, 사회보장)를 동시에 고민하고 있다. 그 결과 관문도시 훈춘은 1) 국제협력 기반의 관문도시, 2) 제조업 중심의 수출산업도시, 3) 다민족 관계 안정을 통한 관문관광도시, 4) 관문복지도시로서 나름의 정체성을 형성하게 되었다. 관문도시 훈춘은 외부의 자극에 중앙과 지방이 적극적으로 대응하는 협력적 상호작용으로 중국 동북지방의 관문으로서 자기 정체성을 갖게 된 것이다.

문명재의 글(「일본 간사이의 관문도시 고베: 근대화의 역사와 서발터니티」)은 이 책을 위해 새로 작성된 글인데, 관문도시 고베의 지정학적 특성을 해설하면서, 거기서 등장한 서발터니티의 흔적을 기술하고 있다. 고베는 서구 제국주의의 침입 그리고 그들과 맺은 불평등 조약으로 근대화와 개항을 시작한 도시다. 고베는 물류도시로서 국제적 무역항의 면모를 보이고 있고, 주변에 국제공항이 있으며, 신칸센이 지나간다는 점에서 교통의 요충지이기도 하다. 고베는 개항을 통해 외국인을 위한 특별 거주지가 있었고, 국내 및 아시아 지역의 다양한 노동자들이 유입되었다는 점에서 다양한 문화가 혼종하는 도시다. 아울러 전통과 근대가 혼종하는 도시이기도 하다. 이 혼종성 속에 일용직 노동자들의 열악한 삶과 차별의 흔적이 신카와 슬럼과 반초 슬럼의 기억으로 새겨져 있다. 이곳은 가난한 노동자들의 삶, 범죄의 온상, 그리고 전염병의 발신지로 간주되었다. 문자적 의미든 은유적이든 이곳은 쓰레기 하치장으로 간주되던 곳이었다. 이곳에 고베 서발터니티의 장소성이 새겨져 있다. 서발터니티의 혼종성이 기존 도시민들에게 잡종성과 오염성으로 읽힌다는 이야기는 고베에서 이렇게 반복되고 있었다. 이에 더하여 고베 지진은 이들의 삶을 더욱 취약하게 만들었다. 고베 근대화의 빛 이면에는 이들의 취약한 삶이 짙은 그림자로 드리워져 있다.

강병환의 글(「사민문화로 그려본 관문도시 가오슝(高雄): 혼종성의 서사」)은 『대만연구 Taiwan Studies 』Vol.22(2023.6)에 실린 논문을 대폭 수정한 것으로, 대만의 관문도시 가오슝을 소개하고 있다. 사민(四民)문화라 함은 원주민, 이민(移民), 식민, 후식민(post-colonial) 문화를 아우르는 개념이며, 저자가 서발턴을 연구하기 위해 새로 고안한 용어다. 강병환에 의하면 역사에 등장한 400년 동안, 대만은 제국과 냉전 그리고 신냉전의 비정(悲情)을 고스란히 간직하고 있다. 외부의 관점에서 보면 대만은 무주공산이거나 도적의 섬이었다. 그 외부는 네덜란드, 스페인, 명나라, 청나라, 일본, 중화민국이었고, 그 외곽에 영국과 미국 등이 있다. 그런 대만 중에서도 가오슝은 "이민사회의 개간과 개척의 과정을 거치면서 다인종, 다족군(multi-ethnic), 다언어 등 다양한 이질적 문화가 공존하는 사회가 되었다." 강병환은 이러한 상황을 '다문화적 잡회성'이라고 표현하는데, 이런 상황은 특히 가오슝에서 여러 방면의 충돌과 갈등 양상으로 드러나고 있다고 한다.

전성현의 글(「관문도시의 역사적 특징: 이동과 권력 그리고 서발턴 존재」)은 『역사와 경계』 131호(2025. 4.)에 수록된 논문을 제목만 바꿔 수록한 것이다. 이 글은 제국과 식민지 사이의 이동과 권력의 위계를 '관문도시'를 기점으로 분석하고 있다. 제국이 표방한 자유

이동과 차별 없는 동화는 이면의 불평등과 차별 그리고 이화(異化)의 폭력을 숨겨두었다. 이동 통제는 제국을 운영하기 위한 통치 수단이자 폭력이었다. 이 폭력을 담당하던 기관이 대표적으로 경찰이다. 경찰은 출국지와 입국지만이 아니라 이동 중에도 '이동경찰제'를 통해 작동했다. 제도적으로는 여권과 여행증명서, 도항증 제도가 있었고, 그 이면에 밀항과 밀항 브로커가 있었다. 이러한 폭력 앞에서 식민지 서발턴이 생산된다. 신체검사까지 동반되는 검문검색에다, 수만 명의 노동자가 도항하지 못해 대기하고 체류해서 문제가 되기도 했다. 표면적으로 부산은 일본의 내지로서 제국의 관문이었지만, 이면에서는 식민지 관문도시로 차별화되었던 부산은 근대 초기 이동의 폭력이 다채롭게 행사되던 동아시아 대표 경계지였다.

끝으로 윤종석의 글(「중국 선전지역 외래인구의 서발턴화 양상의 변화」)은 『도시인문학연구』 4월호에 게재된 논문을 수정하여 수록한 것이다. 이 글은 관문도시 선전을 다루고 있다. 그에 따르면, 선전 경제특구는 '예외공간'으로서, 중국의 통상적 통치 질서나 제도 시스템으로는 포섭되지 않는 독립적인 실험 공간이었다. 특히 홍콩이라는 거울과 대면하고 있는 혼종적 경계지로서 "선전은 제도적 질서의 바깥에 있으면서 동시에 체제 내 실험의 장으로 기능하는 '예외의 제도화된 형태'였다." 여기서 타지에서 유입된 농민공이 체계적으로 배제됨으로써 선전은 도시화라는 근대성과 배제의 비근대성이 동시에 존재하는 혼종의 공간이 된다. 선전에서 농민공은 초기 개혁개방기(1980~90년대)에는 제도 바깥에서 제도의 틈을 뚫고 나오는 실천적 행위자로서 '억제할 수 없는 서발턴'으로 존재했다. 그러던 것이 2000년대 이후 일부 농민공은 국가가 외래인구를 관리 대상으로 포섭하려는 전략에 의해 '헤게모니적 서발턴'이 되어 제도에 편입되었다. 2010년대 이후에 농민공은 일정한 권리를 갖지만 여전히 그 사회 내에서 경계로 남는 '시민-서발턴(the citizen-subaltern)'의 양상을 보인다. 윤종석의 글은 선전의 외래인구가 "단일한 '농민공' 집단이 아니라, 서로 다른 제도적 지위와 실천 양태를 지닌 다중적 서발턴 군체"임을 논증한다. 그에 따르면 관문도시 선전은 과연 '서발턴화의 도시'라 할 수 있다. 싼허 청년의 사례에서 보듯, 관문도시 선전은 오늘날 "중국 도시화의 그림자이자, 그 속에서 새로운 시민권 개념이 어떠한 긴장을 통해 형성되고 있는지를 보여주는 핵심적인 사회적 거울"이다.

이상의 다양한 도시를 관통하는 개념인 관문도시는 말 그대로 한 국가로 진입하고, 한 국가 밖으로 진출하기 위한 국가의 문(gate)이다. 게오르그 짐멜에 따르면 문은 닫으면 벽이 되고, 열면 길이 된다.[1] 선택에 따라 벽이 되기도 하고, 길이 되기도 하는 문의 역학이 관문도시에 작동한다. 한 국가의 최외곽이자 최전선인 관문도시는 일종의 아방가르드 도시(前衛都市)다. 개방적 실험이나

---

1   게오르그 짐멜(김덕영 외 역), 2005, 『짐멜의 모더니티 읽기』, 새물결, 265-270쪽 참고.

폐쇄적 보호라는 극단의 정치 역학이 여기서 작동한다. 관문도시의 정치 역학이 흔히 보수와 진보의 극단을 오가는 것도 이런 이유 때문일 것이다.

관문도시는 한편으로 새로운 것의 유입을 실험하고, 그 안정성이 확보되면 국가 전체에 그 새로움을 전달하는 힘을 가질 수 있지만, 다른 한편으로, 새로운 것이 위험하다 판단되면, 즉각 문을 닫아걸고 국가 전체에 퍼질 위험을 줄일 수 있다. 심지어 개/폐의 결정이 관문도시의 자율성이 상실된 채 진행될 수도 있다. 식민/제국의 경험이 그러한데, 동아시아 관문도시는 모두 이런 상흔을 새기고 있다. 동아시아 관문도시에는 위험할 것이라 상상된 공포와 과거 실현되었던 공포의 기억이 뒤엉켜 복잡한 위기의식을 드러낸다. 이런 위기의식에 입각한 공포는 일단 경험하기 전까지 가장 치명적인 것으로 간주되기 십상이다. 경험하기 전에 경험할 것으로 상상된 공포는 '허구적'이다. 하지만 이 허구가 꽤 현실적인 힘을 발휘한다. 이 공포를 빌미로 폭력을 관철시킬 수도 있기 때문이다. 안전을 위한 예방적 폭력이 그렇다.

사카이 다카시는 "정상적인 공포는 아프리카 정글 한 가운데서 뱀을 두려워하는 것이며, 비정상의 공포란 도시 한 가운데의 자기 집 카펫 밑에 뱀이 있을까봐 노심초사하는 것이다."라고 언급한 바 있다.[2] 이에 더하여 약한 쪽이 일으킬 폭력을 '예상'하고 두려워

---

2   사카이 다카시(김은주 역), 2007, 『폭력의 철학: 지배와 저항의 논리』, 산눈, 113쪽.

하여 강한 쪽이 오히려 약한 쪽에 치명적인 폭력을 휘두르는 경우가 있다. 이를 상상적 전도(imaginary inversion)라고 한다.

이때도 폭력은 '허구적 공포'를 통해 작동한다. 백인이 황화(Yellow peril)에 대한 두려움을 갖는다거나, 흑인 남성으로부터 백인 여성을 지켜야 한다는 인종적 혐오에 기반을 둔 공포도 이렇게 작동했다.[3] 이때 폭력의 역설이 발생한다. **발생할 것 같은 폭력을 저지하기 위해 폭력이 작동**하는 것이다. "전쟁은 근본적으로 반전이다."라는 역설적 명제도 여기서 등장한다. 소위 자위권 발동이라는 명목으로 소수자나 약자를 가해하는 폭력이 이런 역설에 해당한다.[4] 관문도시가 '질서'나 '안전'을 목적으로 이런 폭력을 작동시킬 때, 가장 치명적인 존재가 바로 서발터니틱한 존재들이다.

우리 연구단이 사용하고 있는 서발터니티(subalternity)라는 개념은 주체에도 객체에도 속하지 않는 존재, 그렇기 때문에 극도로 취약한 상황에 처한 존재의 특성을 종합한 개념이다. 존재론적으로는 부재 처리된 존재, 의미론적으로는 무의미 또는 혼종적 의미, 인식론적으로는 감지될 수 없는 존재 등, 기존 체계가 정상으로 긴주한 빔위에서 이탈한 보는 개념을 종합한 개념이 서발터니티다.[5] 그런 서발터니티는 서발터니틱한 존재를 생산한 지역의

---

3   위의 책, 119쪽, 121쪽 참고.
4   위의 책, 124쪽 참고 또는 인용.
5   김동규, 2023, 「서발터니티라는 방법」, 『인문사회과학연구』 제24권 제3호, 부경대학교 인문사회과학연구소, 383-392쪽.

장소성을 새기고 있다. 자신들을 격리하고 배제했던 부당한 폭력에 대한 흔적을 지정학적으로 새겨두고 있는 것이다. 관문도시가 드라마틱하게 새겨둔 폭력의 흔적이 바로 이 서발터니티를 향한 폭력에서 절정을 이룬다. 서발터니틱한 존재들의 치명적 상황을 해설하기 위해 몇 가지 사례를 들어 동아시아 관문도시의 문제를 독해해보자.

일본에서 취약했던 여성이 일본 내 성매매 여성이 되었다가, 이를 통해서도 생계를 유지하기 어려워, 관문도시를 거쳐 싱가폴로 이주하여 정착한 적이 있다. 1914년 통계에 따르면 일본에 사는 30만 일본인 중 성매매여성은 2만2천 명 정도 되었다. 이들은 일본 시골의 가난 때문에 성매매에 내몰렸다. 당시 도항에 여권이 필요하지 않았고, 대부분 국가가 여권 제도를 운용하지도 않았기에 이들은 자신의 생계를 위해 동아시아 해역을 떠돌았다. 가명이나 별명을 사용했기에 이들에 대한 통계를 정식으로 잡기도 어렵다. 이들 중 다수는 통계상 부재하는 존재들이었다. 이들의 열악한 생활을 에노모토나 후쿠자와 유키치는 외화벌이의 필요성을 역설하며 오히려 부추긴 바 있다. 하지만 그 어떤 기록에도 이들의 직접적인 목소리를 발견하기란 쉽지 않다.[6]

1896년 싱가폴 거주 총 1000명의 일본인 중 900명이 성매매 여

---

6   Sookyeong Hong, 2018, "Toward a Gentleman's Overseas Community: the Abolition of Japanese Brothels in Singapore, 1910 1920", 『도시연구: 역사·사회·문화』 제19호, 도시사학회, pp. 48-49 참고.

성이었다. 이후 일본 사람들과 상인들이 싱가폴에 대거 정착하자, 이들에 의해 성매매 여성들이 다시 추방되어, 대만과 중국 그리고 한국으로 흘러들게 된다. 1910년대 싱가폴은 동남아 전역으로 가라유키를 유통시키던 중심지였다.[7] 싱가폴 역시 관문도시다.

1910년 대만에는 16곳의 유곽이 정비되었다. 그중에서도 마꿍은 1945년까지 대만서 가장 성매매가 번성한 지역이었는데, 그 이유는 평후가 지정학적 위치로 인해 병참기지화, 군사요새화, 제국의 남진을 도모하는 발판이 되었기 때문이다. 이곳에 대규모 군사력이 있었다는 것은 그 이면에 대규모 성매매가 성행했다는 사실로 연결된다. 이 문제로 발생할 성병의 통제를 위해 대만은 공창제를 도입한다. 당시 대만 본토에는 인구수 비례 공창을 도입했지만, 평후는 인구수와 무관하게 공창제를 도입했다.[8]

1896까지는 일본 민간인이 대만을 왕래할 수 없었기 때문에, 주로 대만 여성이 성매매를 하게 되었는데, 이후 민간인에게 대만 도항이 허가되자, 대만 여성이 일본 여성으로 대체되기도 했다.[9] 이런 관성이 이후 일본인의 대만 매춘 관광 산업으로 확장되고, 일본과 대만의 수교가 단절되자, 일본은 한국으로 매춘 관광을 오게 된다. 한국의 부산에는 완월동이 있었다. 덕분에 완월동은 동양 최대

---

7   위의 논문, pp. 45-47 참고.

8   대만의 사례와 유사하게 부산의 성매매 문제도 군사도시화의 문제와 긴밀한 관련이 있다. 이에 대해서는 전성현, 2018을 참고.

9   진정원, 2016, 「일제 초기 대만의 마꿍 유곽 설치 과정 연구(1896-1913)」, 『사회와 역사』 110집, 한국사회사학회, 281-295쪽 참고.

성매매 집결지가 된다.

한센인의 사례도 일본-한국-대만은 매우 유사한 양상을 보인다. 대만과 한국은 일본의 식민지라는 현실을 공히 겪었기 때문이다. 예컨대 조선과 대만은 서양선교사들이 먼저 한센인 요양소 설치했다는 점에서 서로 유사하다. 이는 일본의 경우 관공립 요양소가 많았던 반면, 조선과 대만은 관립(국립) 요양소는 하나뿐이었다는 점도 그렇다. 이는 일본 제국의 권력과, 서양의 권력이 식민지 개척을 놓고 서로 견제 관계에 있었음을 반영한다. 그럼에도 불구하고 한국은 일본식 강제 격리 정책을 따르다가 상대적 격리로 전환한 반면, 대만은 일본의 절대적 격리 체제를 충실히 따라간다. 동아시아 해역에서 서발터니티는 이토록 권력에 민감하게 반응했고, 그만큼 그 권력을 반영했다.[10]

이처럼 관문도시와 서발터니틱한 존재들은 긴밀한 연관이 있다. 기록되고 보이지 않던 그들이 늘 먼저 있었다. 그리고 권력은 '안전'을 빌미로 그들을 치명적 상황으로 내몰거나, 자신의 이익을 위해 수단으로 삼는 데 가차 없었다. 관문도시는 이 배제의 흔적으로 물리적으로 표현하고 있다. 그러나 이렇게 내밀린 서발터니티 이면에 전복적인 힘이 도사리고 있다. 미-비-불(未-非-不)의 존재로서 서발터니티가 비록 배제, 낙인, 추방이라는 겹겹의 부재처리로

10　정근식, 2002, 「동아시아 한센병사 연구를 위하여」, 『보건과 사회과학』 제12집, 17쪽, 34쪽 참고. 또는 김동규, 2025, 「한센인, 서발터니티(subalternity)의 지정학: 부산의 경우」, 『철학연구』, 대한철학회, 105-130쪽 참고.

인해, 기존 폭력을 스스로 감내하며 살아간다고 할지라도, 그만큼 이면에 자신을 부재처리한 존재의 폭력을 폭로하는 힘을 내장하고 있다. 문제는 그 전복의 힘이 특유의 취약성으로 인해 제대로 발휘될 여지를 얻기 어렵다는 점이다.

그래서 '서발터니틱한 존재'는 이런 비극적 상황을 상례로 여기며 살 수밖에 없다. 서발터니틱한(subalternitic) 삶은 언제든 생사여탈의 상황에 빠질 수 있다.[11] 벤야민이 언급한 예외상태가 상례가 되었다는 언급을 생각하면, 이런 위기는 특정한 삶만이 겪는 위기가 아니라, 우리 모두의 위기가 될 수 있다. 그런 점에서 서발터니틱한 존재와 이들의 피해는 우리 삶 전반이 부당함을 증언하는 생의 경종이라 하겠다. 그 경종을 고병권은 이렇게 표현했다. "장애인 한 명이 마음 편하게 출근길 버스를 타려면 사회의 기본 이념과 체제를 몽땅 바꾸어야 한다."[12] 우리는 이 문장에서 사용된 몇 가지 말에 주목해야 한다. '기본'이라는 말과 '몽땅'이라는 말, 그리고 그냥 '버스'가 아니라 '출근길' 버스라는 말에도 주목해야 한다. 그렇지 않으면, 비장애인들은 너무나 쉽고 간편하게 '출근하지 않는 시간의 버스'를 상상한다. 취약한 존재의 치명적 삶에 근본적이고 전복적인 힘이 내재한다는 것을 여기서도 확인할 수 있다.

---

11   이에 대해서는 김동규, 2023과 이홍규, 김동규, 2024, 「새로운 동아시아 담론을 위한 서설(序說): 방법으로서 관문도시와 동아시아 서발터니티」, 『동아연구』 제43권 1호 (통권 86집), 서강대학교 동아연구소를 참고.

12   https://www.khan.co.kr/opinion/column/article/202304280300035 고병권, "장애해방 전선의 전사들", 『경향신문』 2023.04.28.

성매매 여성과 한센인 역시 온몸으로 국가의 폭력과 초국가적 폭력을 드러냈다. 그러면서 자신이 살고 있는 다양한 장소(지역-도시-국가-아시아-지구)의 폭력을 폭로했다. 나는 그 이면에 서구중심의 가부장주의가 도사리고 있다고 언급한 바 있다. 아울러 이 메타 구조 때문에 논리적으로 결부될 수 없을 정도로 독립적인 두 체계(국가 체계와 시장 체계)가 서로 협력하여 잘 작동한다고 생각한다. 그 운용의 최외곽에 바로 서발터니틱한 존재가 있다. 관문도시는 그런 존재를 향한 폭력을 가장 드라마틱하게 새기고 있다.

그래서 이 책은 관문도시를 독해할 때, 가장 취약한 존재(the subalternitic)도 떠올려 보라고 제안한다. 이 책과 동시에 출간될 새 책『근대 동아시아 국가와 도시, 서발터니티 존재들』을 함께 읽어보는 것도 좋겠다. 이 두 책을 통해 우리는 여러분이 동아시아 관문도시를 독해할 때, 여러분이 거주하는 구체적 장소에서 서발터니틱한 존재들에 가해지는 폭력에 민감해지기를 바란다. 그리고 그 유사한 폭력이 동아시아의 다른 관문도시에서도 동일하게 반복되었다는 것도 상기했으면 한다. 이 두 개념 쌍을 통해서야만 비로소 이처럼 동일한 폭력을 행사한 거대한 이면의 실체를 응시할 수 있고, 새로운 평화를 동아시아에 불러들일 수 있다고 생각하기 때문이다.

새로운 평화는 바로 동아시아에 존재하는 서발터니틱한 존재를 환대(hospitality)하는 일이다. 어쩌면 우리도 그들을 배제하는 데 암묵적/명시적으로 동의하며 지내왔을지 모르겠다. 그렇다면 이

들을 환대하기 위해 우리가 먼저 해야 하는 일은 우리가 딛고 있는
물리적/비물리적 지평을 전적으로 쇄신하는 일이다. 기득권자와
주체의 자리를 전복하고 이들을 영접(hospitality)하는 일이 '레비
나스'가 언급했던 **환대의 급진성**이었다. 이 급진성은 내가 자리하
고 있는 장소, 특히 국가라는 프레임을 넘어 장소와 장소, 관문도
시와 관문도시 사이의 새로운 연대를 촉구하는 일로 확산될 수 있
다. 이 연대로 동아시아에 새로운 지평을 열 수 있다. 우리는 동아
시아의 새로운 연대라는 **가능성**을 감히 상상할 수 있어야 한다. 그
출발이 '서발터니티'를 통해 동아시아 '관문도시'를 독해하는 일이
고, 그 안에서 치명적 폭력을 겪던 존재들을 환대하는 일이다. 나
아가 이 책이 동아시아의 새로운 가능성을 상상하기 위한 발판이
되기를 바라는 마음에, 이 책에 수록된 각 글 사이의 유사성과 차
이의 긴장에도 주목해주시면 좋겠다.

환대의 도시 부산, 동서대학교 중국연구센터에서
김동규

차례

노동자와 향촌을 통해 보는 홍콩
: 저항과 포섭의 변주곡

장정아

전체 글 요약

대만 학자 우뤠이런은 2022년 홍콩 송환법 반대운동 3주년 강연에서, 대만과 홍콩이 제국의 변방에서 각자 겪어온 굴곡 속에서 최근에야 서로를 마주보고 만나게 된 과정을 논한 바 있다(吳叡人 2022). 그는 홍콩의 식민시기 초기 화인(華人) 노동자들이 잠시 체류하는 이들로 여겨졌으며, 영국 식민통치에 적극 협력하며 부를 쌓은 소수의 화상(華商)만이 이곳을 집으로 여기며 소속감을 키웠다고 지적한나. 홍공 화인(華人) 경제 엘리트들은 영국 식민체제에 대한 협력과 공모 속에서 기득권층으로 자리 잡으며 정치에도 영향을 미쳤고, 이러한 관상결탁(정경유착)은 식민시기뿐 아니라 반환 후에도 강하게 이어지고 있다(Law 2009; Ngo 2018). 홍콩과 전세계를 뒤흔든 2019년 송환법 반대시위를 거치며, 관상결탁의 구조적 문제점, 그리고 홍콩은 자유사회가 아니라 '가상의 자유주의'에

젖어 있었다는 점에 대한 인식이 크게 높아지고 확대되었다.

　제국의 변방에 있으면서 민족주의와 식민주의, 전통과 근대가 얽히고 부딪치는 관문도시였던 홍콩(Hung 2022)에 대해, 이 글에서는 기존에 잘 시도되지 않았던 노동자와 향촌성의 관점에서 살펴본다. 1장에서는 개항 초기부터 있었던 노동자 파업이 겪은 변화와 그 속에서 민족주의와 제국주의의 얽힘을 보고, 저항성을 가졌던 노동운동이 쇠락해온 과정은 홍콩 좌파의 독특한 역할('친-중공'을 넘어서지 못했던)과 연결됨을 볼 것이다. 2장에서는 홍콩 북부 신계지역이 가지는 특수성과 저항의 역사를 살펴보고, 향촌성과 원주민 신분이 어떻게 식민통치와 공모하는 특권으로 포섭되는지를 볼 것이다. 3장 결론에서는 이러한 포섭의 역사를 넘어서려는 최근의 변화를 짚어보며 홍콩의 서발터니티에 대해 이야기하고자 한다.

I. 노동자와 좌파, 그리고 애국: 저항과 포섭

1. 노동자 파업과 저항의 역사: 19세기

　홍콩사람들이 자조적으로 가장 많이 하는 말은 "홍콩사람들은 출근하기를 너무 좋아한다"는 것이다. 노동자들의 단결·운동이나 노조 활동은 홍콩에서 절대적으로 취약하다. 홍콩에서는 노조를 만드는 것도, 노조 활동도 다른 사회에 비해 법적 제약이 매우 많다. 그렇다고 해서 홍콩에서 역사상 파업이 전혀 없었던 것은 아니다. 개항 때부터 자유무역항으로 시작된 홍콩은 식민통치하에서 영국 기업가들의 이익 편의를 위한 경제도시로 자리매김되었지만, 그럼에도 불구하고 20세기에는 노동자들의 파업이 여러 차례 있었고, 특히 20세기 초에는 중국본토와 연대하여 대규모 파업을 벌이기도 했다는 점(梁寶龍 2017)은 국내외에 많이 안 알려져 있다.

1842년 홍콩 개항 직후부터 파업이 발생했는데, 1844년의 첫 파업은 정부의 인두세 부과에 반대하는 것이었다. 식민정부는 21세 미만의 모든 남성에게 등록을 의무화하는 인구등록법을 제정했는데, 등록비는 영국인은 5달러, 화인(華人)은 1달러였다. 불만을 품은 영국 사업가들은 적은 숫자로 세가 불리하자 화인(華人) 노동자들을 부추겼다. 특히 화인(華人)이 내야 할 등록비는 매년 1달러인데 이를 실수로 매달 1달러라고 잘못 발표한 정부의 실수로 화인(華人) 노동자는 더욱 기꺼이 파업했다. 그런데 파업으로 얻어낸 결과는, 모든 영국 관료나 사업가, 연간 소득 500달러 이상은 등록 면제인 반면 하층민(대부분 화인(華人) 노동자)은 그대로 등록하게 되어 인종과 계급 차별이 굳어졌다(Leung 2019).

그 후에도 19세기에 계속 파업은 이어졌는데, 대부분 화인(華人)에 대한 식민정부의 통제와 정책에 대한 반대였다. 1861년 선원들과 인력거 쿨리들은 등록비 납부 강요를 거부하며 3개월 동안 파업했고, 1863년엔 부두 노동자들도 파업했다. 1872년 정부가 서민의 공공주택 등록을 의무화하면서 소유주에게 일정 금액 지불을 요구하자 소유주들은 대부분 이 돈을 세입자에게 전가하여, 대부분 쿨리 노동자이던 세입자들은 파업하여 60명 넘게 체포되기도 했다. 1883년과 1887년에는 인력거 면허증과 운전 면허증을 부과하고 법 위반자를 무겁게 처벌하고 호객 행위를 금지하는 등의 규정을 도입하면서 파업이 잇따랐으며, 1893년에는 노점상과 인력거 쿨리가 연합행동을 하기도 했다(蔡榮芳 2001, p.51; Leung 2019).

1884년부터 파업은 좀 더 정치적 성격을 띠게 되었다. 1884년 프랑스 전함이 홍콩에 수리를 위해 정박을 시도하면서 정비 노동자와 부두 노동자들이 파업을 했고, 그 후에도 프랑스 선박회사의 화인(華人) 노동자들이 일하지 않고 떠나는 등 프랑스에 대한 저항이 계속되었다. 9월에는 작업을 거부한 노동자들이 처벌을 받자 이에 항의하며 항만 노동자들의 총파업이 시작되었고, 다른 외국 선박에 대한 작업 거부로도 확대되었다. 정부는 체포로 대응했고, 파업은 대규모 반식민 운동으로 커져 사상자도 발생했다. 이 파업을 계기로 식민정부는 재판 없이 체포와 추방이 가능하도록 하는 등 여러 규정과 법안을 도입하며 통제를 강화했다. 또한 이 파업은 중국본토 광둥성의 광저우 정부와도 연결되어 있었으며, 어느 정도 '원시적 민족주의' 경향이 나타났다고 평가되기도 한다(蔡榮芳 2001, pp.52-53; Leung 2019; Tsai 1994). 이후 대규모 파업은 1920년대, 그리고 1960년대에 출현하게 된다.

2. 노동자 파업과 저항의 역사: 20세기 초 대파업들

1차대전 후 홍콩 경제 성장과 함께 노동자는 늘어났고, 인플레 증가와 임대료 증가, 인구 폭등, 임금 정체 등으로 열악한 생활에 시달리던 홍콩 화인(華人) 노동자들은 노동조합을 결성하기 시작했다. 1920년 기계공 노동자들은 서양인 기계공과 크게 차이 나는 월급에 분노하며 월급 인상을 요구했지만 거부당했고, 여러 산업의 기계공 노동자 6천여 명이 파업을 벌였다. 이들은 중국본토 광저우의 기계 노조와도 연대하면서, 홍콩에서 몇천 명이 광저우로 가 환영받으며 광저우의 기계공 노동조합 본부에 숙박하기도 했다. 쑨원(孫文)까지도 지지 의사를 밝힌 이 파업은 성공하여 임금 인상을 받아냈고, 파업의 성공은 중국남부와 홍콩의 노동운동에 큰 자극과 중요한 계기가 되었다. 반년 만에 광저우에 14개의 새 노조가 생겼고, 노조는 1922년에는 80개까지 늘어났다. 광저우에는 수십 차례의 파업이 연이어 발생했고, 홍콩에서도 100개가 넘는 업종 조직이 생겨났으며 노사분규가 빈번해졌다(蔡榮芳 2001, pp.108-109; Chan 1994; Leung 2019; Tsai 1994).

1922년에는 선원의 대파업이 일어나 56일간 계속되었다. 화인(華人) 선원들은 특히 서양인 선원들에 비해 다섯 배 차이 나는 열악한 임금과 차별적 대우에 분노하며 임금 인상과 대우 개선을 여러 차례 요구했지만 거절당하자 파업에 대규모 동참했고, 이때도 광저우에 가서 광저우 노동자들의 환영을 받았다. 일주일 안에 6

천 명이 넘는 선원이 파업했고, 광저우에 파업 사무실을 만들었으며, 여러 노조가 서로 연대를 했다. 그동안 화인(華人) 노동자와 식민정부 사이에서 중재 역할을 해오던 화인(華人) 신상(紳商, gentry-merchants)들은 노동자들이 요청하는 조정을 거부하거나, 조정과정에서도 노동자 파업에 대한 거부감과 차별적 태도를 보였고, 점차 계급간 대립은 분명하게 드러났다. 선원 노조는 다른 노동자들에게도 지지를 요청하면서, 자본가와 식민정부에 함께 맞서 싸우자고 했다. 점차 부두노동자, 석탄노동자 등 많은 이들이 파업에 동참하며 중국 광둥성으로 갔고, 파업 선원들은 홍콩을 봉쇄하며 광둥 각 항구에서 홍콩으로의 식량 운송을 막았다. 2월에는 거의 10만 명의 선원과 노동자, 시민들이 홍콩에서 중국본토 광둥성 각지로 가서 현지 노조의 지지와 도움을 받았다. 2월 28일 식민정부는 계엄령을 선포했고, 이 당시 이미 홍콩에서 12만 명이 직장을 그만둔 상태로 노동운동의 정점에 달해 있었다. 홍콩 식민정부는 파업이 원래 임금인상을 요구한 것인데 쑨원과 광둥성 국민정부가 개입하여 식민정부에 대한 저항을 부추기며 정치 파업으로 변질시켰다고 비난했지만, 차이용팡(蔡榮芳 2001)에 따르면 쑨원도 광둥성 국민정부도 지지를 표명하긴 했으나 끝까지 계속 적극적으로 지지를 한 것은 아니었다. 그리고 홍콩 노동자들은 광둥성 노동자들과 긴밀하게 협력하며 좀 더 계급의식이 분명해졌다(蔡榮芳 2001, pp.111-116; 勞顯亮 2019; Chan 1994; Leung 2019; Tsai 1994).

광둥성과 홍콩의 노동자들이 본격적으로 연합한 대규모 파업인

1925-26년 광둥-홍콩(省港) 대파업은 좀 더 분명하게 민족주의 색채를 띠었고 식민정부의 불공정대우를 명확히 겨냥했다. 발단은, 1925년 상하이의 일본인 소유 공장에서 발생한 파업에서 노동자가 총살당하고, 이후 이어진 노동자들의 부상과 시위대의 체포, 사상자 발생으로 점점 시위가 확대되며 홍콩에서도 학생들의 수업거부와 상인들의 휴업 그리고 노동자들의 파업이 시작된 것이다. 특히 중국공산당 광둥구 위원회는 홍콩 노동자 파업을 통해 전국적 반-제국주의 투쟁을 하자고 제안하여 일부 사람들이 홍콩에 파견되었다. 그들은 홍콩에서 공산당 홍콩당을 조직하고 반제애국 전단지를 뿌리며 각 노조와 접촉하고 파업을 이끌어나갔다. 당시 홍콩의 노동자들과 청년들은 정치의식이 높아지고 있었고, 식민정부의 계엄령 등 강경한 대응으로 공포와 반감이 심해졌다. 광둥지역에 가 있는 이들은 홍콩의 봉쇄로 홍콩에 가려 해도 갈 수 없는 상황에서 파업은 더욱 길어졌다.

16개월간 계속되며 10만여 명의 홍콩 노동자가 광둥성으로 가고 홍콩경제가 마비되었던 광둥-홍콩 대파업은 홍콩과 광둥지역 사이의 긴밀한 관계를 보여주었고, 특히 "홍콩 주민은 중국 국적이든 서양 국적이든 동일한 법률에 따라 보호받고 대우받아야 하며, 선거 개정으로 화인(華人) 노동자의 투표권과 피선거권을 확대해야 한다"는 등의 파업 요구사항은 정치적 의식뿐 아니라 화인(華人)으로서의 민족의식도 분명해지고 있음을 보여주었다. 그러나 동시에 아이러니하게도, 이 파업을 거치며 많은 홍콩인들은 공산당에 대해 공포를 갖기 시작했고, 홍콩에 대한 소속감이 더 강해진 측면도 있다. 또 애국주의로만 이 파업을 설명할 수는 없으며 여러 복잡한 요인이 있었고, 장개석과 중국공산당 모두 홍콩 화인(華人) 노동자들을 이용했을 뿐이라는 평가도 있다(蔡榮芳 2001, pp.129-162; 勞顯亮 2019; Chan 1994; Leung 2019; Tsai 1994).

3. 1967년 반영(反英)폭동 그리고 노동운동의 쇠락

홍콩 식민사에서 가장 중요한 사건 중 하나이며 홍콩 정체성의 분수령이 된 1967년 반영폭동이 일어나기 전에도, 좌파와 우파 간 갈등 그리고 노사갈등은 점점 고조되고 있었다. 67폭동은 공장에서 시작되어 중국본토의 문화대혁명과 좌파의 영향으로 격렬해진 것은 맞지만, 당시 식민 통치에 대한 반감이 중요한 배경으로 작용하고 있었다. 산포경(新蒲崗) 지역 공장에서 임금 삭감에 항의하며 노동자들이 파업하자 공장 측은—식민시기 내내 거의 그러했듯—대화를 거부하며 경찰의 진압과 체포로 대응했는데, 갈등 고조 분위기 그리고 당시 중국본토 문화대혁명의 영향 속에서 다른 노동자들과 학생들의 합세로 '폭동'으로 발전했다. 언론인이 방화로 사망하는 등 총 51명이 사망했으며, 사방에서 수시로 폭탄 폭발과 방화가 발생한 역대 가장 격렬한 폭동은 많은 홍콩인에게 충격을 주었다(張家偉 2012).

억압적 식민통치에 대한 '정당한' 반감에서 시작된 폭동은 아이러니하게도, 좌파와 공산당 그리고 중국에 대한 공포를 남겼다. 이 '황금 기회'를 잡은 식민정부는 이때부터 전례없이 '자애로운' 통치를 펼치며 각종 복지정책을 시작했고, 홍콩에 대한 강한 소속감과 정체성의 출발점이 되었다(장정아 2002; Tong 2016; Wong 1998). 통치에서 배제되었던 화인(華人)들이 조금씩 통치에 포함되기 시작했고, 보조수당제도, 9년 의무교육 등이 시작되었으며, 결정적으로 1974년 '부패방지위원회'(廉政公書, Independent Commission Against Corruption) 설립으로 관료와 경찰의 부패에 대한 분노가 완화되었다. 67폭동 후 식민정부는 '공산사회' 중국에 맞서는 '자유세계'의 보루 홍콩이라는 대립구도를 만들어내고, 홍콩에 대한 소속감을 강화하는 다양한 정책을 펼치게 된다(孔誥烽 1997; 谷淑美 1999; 장정아 2002; Ip 2020).

1970년대부터 홍콩에서 노동인구는 증가했지만 동시에 산업구조의 대대적 전환이 이루어져, 전통적 노조가 강한 업종(항해, 방직, 전자업 등)은 위축되고 신흥 서비스업 위주의 구조가 되었으며 노조는 점점 약해졌다(김용학·김용태 1990). 중국반환 논의가 나오기 시작한 1980년대부터 홍콩의 사회운동의 중심이 된 것은 노동운동이 아니라 중산층 엘리트가 이끄는 '민주, 공산당 대항(民主抗共)' 운동이었고, 운동의 주요 조직기반은 이제 직장과 노조가 아니라 압력단체와 이익단체가 되었다(楊皓鋮 2019). 특히 중국반환이 확정된 후 '투쟁적' 운동은 동력을 잃었고, 중국공산당 그리고 홍콩의 좌파는 홍콩을 더 이상 크게 '파괴'하지 않고 유지하여 안정적으로 중국에 반환되게 만드는 것이 목표가 되었다. 전통적 노조조직은 퇴장하고 노동운동은 방향을 잃었다(楊皓鋮 2019; 趙永佳·呂大樂·容世誠 2014).

4. 좌파, 애국, 반식민의 복잡한 지형[1]

홍콩에서 재벌기업과 부동산 개발업자들의 독점과 토지문제의 심각성(조성찬 2018)을 보여주는 책으로 큰 반향을 일으켰던 앨리스 푼(Alice Poon, 潘慧嫻)은, "홍콩 사람들은 빈곤의 종식, 그리고 자긍심을 고양하는 공평한 사회제도의 발전을 갈망한다. 그러나 뿌리깊고 강력한 재벌에 의한 토지와 기타 주요 경제 부문의 독점이 돌이킬 수 없는 추세가 된 현 상황에서 그러한 이상은 결코 실현될 기회를 갖지 못할 것이다. 홍콩 사람들은 경제집중이 초래하는 문제의 병적인 측면을 위험스러울 정도로 망각하고 있다"고 한 바 있다(2021, p.125). 홍콩에서 경제적 독점 문제는 정치와도 긴밀히 연결되어 사회 전체에 영향을 미치는 구조적 문제지만, 홍콩에서 스스로를 '좌파'라 불렀던 이들은 이러한 문제에 초점을 맞추기보다는 반식민 민족주의, 그리고 중국공산당에 대한 지지를 중심으로 했다. 이런 점에서 홍콩의 좌파는 일반적으로 정치사상에서 이야기하는 좌익이라 할 수 없으며("香港左翼去咗邊?," 2022.6.14. 蹲

---

1   I장 4절 내용 중 일부는 장정아(2016, pp.204-208)를 수정 보완한 것임.

點(Squatting)), 홍콩에서 좌파와 우파는 독특한 역사 속에서 형성되어 왔다.

　19세기 홍콩의 화인(華人) 노동자들에게 민족주의나 제국주의는 다소 먼 개념이었고, 다만 불공정한 정책과 대우에 대항하는 여러 차례의 파업 속에서 조금씩 원시적 민족주의가 생겨났지만 다시 사라지곤 했다고 차이용팡(蔡榮芳 2001)은 평가한다. 20세기 들어서 오사운동, 그리고 광둥성 노동자들과 연대 파업 속에서 민족주의 의식이 높아지기도 했지만, 앞서 언급했듯 1925~1926년 격렬했던 광둥-홍콩 대파업의 파동은 아이러니하게 홍콩에 대한 소속감을 강화하는 결과를 낳았다. 그리고 2차대전 후 홍콩에서 ‘좌파’는 친-중공을 명확한 자신의 정체성으로 삼았고 새로 건설된 신중국(중화인민공화국)을 지지했으며, 홍콩의 식민정부에 맞서 자본주의·식민제도를 비판했다. 그러나 홍콩 좌파의 주요 임무는 절대 식민정부의 전복이 아니었는데, 이는 ‘홍콩의 장기적 이용’이라는 중국정부의 전략에 따른 것이었다. 파업 등이 일어날 때에도 홍콩의 좌파는 지나치게 격렬해지지 않고자 했다. 즉 홍콩 좌파에게는 마르크스주의 실천이나 혁명보다 ‘애국’이 중요한 임무였기에, 식민정부의 최대 목표인 안정과 번영을 파괴하지 않으려 했다(장정아 2016; 孔誥烽 1997; 呂大樂·趙永佳 2014; 呂大樂 2015; 趙永佳, 呂大樂, 容世誠, 2014; 蔡榮芳 2001).

　1980년대 중국본토의 개혁개방 그리고 홍콩의 중국 반환이 확정되면서, 반제국·반자본을 중요한 기치로 삼던 홍콩 좌파는 주류 사회에 적극 진입했다. "계급투쟁을 강조하는 좌익사상이 홍콩 사회운동에서 80년대 이후 주변화되면서, 계급불평등을 표현할 수 있는 유력한 말을 잃어버리게 되었다. 이제 중국-홍콩간 모순이 계급모순을 대체했고, 홍콩은 숨막히는 반좌파 집단공포 속에 함락되어버렸다"(孔誥烽 1997, p.107). 공산화된 중국대륙에 대한 강력한 거부감을 바탕으로 홍콩 정체성이 생겨나면서 좌파는 점점 조롱과 비난의 대상이 되었다. 중국반환 후 집권파가 되어버린 이 좌파와 구분되는, 마르크스주의 실천과 자본헤게모니에 대한 저항을 추구하는 좌익 활동가들도 홍콩에 존재하고 한때 정당을 구성하여 활발하게 활동하기도 했지만 좌익사상 또는 혁명사상을 사회적으로 퍼뜨렸다고 보기는 어렵고, 이들이 '좌'라는 이름으로 호명되는 일도 거의 없다. 민주파 인사를 비롯한 활동가들은 '범민주파' 또는 각자 속한 정파의 이름으로 호명된다.

홍콩에서 "'좌'는 역사가 남긴 꼬리표에 불과"(呂大樂 2015: 21)함을 보여주는 예로, 노골적인 조소와 경멸을 내포한 '좌교(左膠, Leftard, 좌익 꼴통이라는 뜻)'라는 신조어를 들 수 있다. 이는 그동안 홍콩의 주요 사회운동을 이끌어온 기존 활동가들을 비난하는 용어로 주로 강경 로컬리스트들이 우산운동 이후 많이 쓰기 시작했는데, 좌교에 대한 비난의 내용은 다음과 같다: 홍콩의 이익보다 인권·민주 등의 보편적 가치만 주장한다; 홍콩인의 고통은 생각하지 않고 중국대륙과 대륙인을 포용하자고 주장한다; 관용과 사랑만 이야기하여 결국 대중화(大中華)로 포섭되고 홍콩을 팔아먹고 있다; 시위 때도 항상 '평화'만 강조하여 운동이 실패로 돌아가게 만든다.

일부에서는 이렇게 '중국공산당 지지자'라는 뜻으로 전락해버린 '좌파'와 구분되는 '진정한 좌익'의 필요와 가능성에 대한 논의도 나온다. 즉 자본과 계급의 문제를 제기하고, 홍콩에 와서 물건 사재기를 하는 본토인을 공격하는 게 아니라 자본의 유동을 막을 방법을 고민하고, 본토인 전체가 아닌 공산정권만을 적으로 삼자는 것이다(區龍宇 2015; 胡啟敢 2015 등). 그러나 점점 중국의 통제가 강화된다고 느끼는 홍콩인들에게 이런 입장의 영향력이 커지기는 쉽지 않다. 자본과 국가헤게모니의 문제는 결코 단기간에 해결될 수 있는 것이 아니며 특히 홍콩에서 그런 문제들에 대한 도전과 대안 제시는 현실적으로 너무 어렵다고 여겨진다.

II. 향촌성: 저항과 원주민 신분 그리고 기득권

1. 영국의 신계 점령과 촌민의 저항

홍콩섬과 구룡반도에는 영국의 점령 당시 약 5천 명 정도가 살고 있었지만, 중국본토와 이어지는 신계지역에는 훨씬 많은 인구가 살고 있었다. 영국이 1898년 2차 북경조약('展拓香港界址專條')으로 신계지역을 99년간 조차하기로 할 때 신계지역 인구는 약

84,000명(Baker, 1968: 3)으로 당시 홍콩 전체인구 25만 명 중 약 3분의 1이었고, 400개가 넘는 전통 중국 마을이 있었다. 기존 홍콩 식민지 면적의 거의 10배에 달하는 이 지역은 청 정부와 관계가 좋았고 이 지역은 청나라의 '대청율례(大淸律例)'에 따르고 있었다. 신계지역의 영국 조차(租借) 결정에 대해 마을주민들, 특히 향신(鄕紳)들은 "자비 없이 죽이겠다"고 맹세하며 2천 명이 넘는 주민으로 반군을 결성했는데, 이러한 강한 저항의 원인에 민족주의만 있었던 것은 아니다. 이들에게는 토지 권리 상실, 새로운 세금 부과, 전통 관습과 풍수에 대한 침해 등의 우려도 컸다. 특히 반군에 가담하지 않은 주민들이 보기에, 신계지역의 향촌 종족 향신(鄕紳)들이 영국에 저항하는 주요 이유는 계속 주민들을 착취하여 토지 임대료 등의 이익을 챙기려는 거라고 여겨졌다는 분석도 있다(港識多史 2019).

영국군 병력을 당해낼 수 없었던 반군은 6일 만에 후퇴했고, 이 '6일 전쟁'에서 신계 주민 전사자는 500명이 넘은 반면 영국군의 희생은 0명이었다. 당시 홍콩 식민총독은 체포된 반란 지도자들(향신들)의 반감을 줄이고자 기존 지역과 다른 통치방식이 필요하다고 판단했고, 청나라의 통치방식을 따라 종족 지도자들과 협력하며 '전통적' 관습을 유지하는 간접통치를 시행했다. 심지어 초기에는 신계지역에 관원을 한 명만 파견하여 그가 경찰, 행정 관련 모든 일을 혼자 겸임하게 했고, 홍콩의 기존 지역에서 실행하던 법례들(도축장, 시장, 공중위생 등)을 초기엔 신계에 적용하지 않았다

(Liu 2019; Chiu and Hung 1999).

2. 기득권이 된 향촌 '원주민' 신분[2]

신계 지역은 중국 남부의 정치적 혼란 속에서 영국과 중국 간 군사·정치 완충지대 역할을 했고, 신중국 성립 후 냉전시기 이 역할은 더 강화되었다. 영국에 대한 무장저항 실패 후 신계 향신(鄕紳)들은 항거를 포기하고 이익과 질서 유지에 집중하여, 토지와 전통 관습 문제에 대해 정부와 끊임없는 교섭과 협상을 하였다(薛鳳旋·鄺智文, 2011, pp.7-12).[3] 신계의 이러한 특수한 상황에서 나온 것이 '원주민(原居民, indigenous habitants)'이라는 독특한 신분이다. 즉 홍콩 신계지역 '원주민'은 원래 있던 신분이나 명칭이 아니라 식민통치의 역학 속에서 만들어진 인위적 신분이다.

신계 주민들은 원래 자신을 푼티(本地) 또는 학카(客家) 중 하나로 분류했었는데, 향신들과 협상의 결과로 정부가 신계지역에 1898년 이전부터 살던 주민에게만 집을 지을 수 있게 허용하는 특수한 권리인 '딩 권리(丁權, Ding Right)' 제도를 1972년 시행하며 그 권리의 주체로 토착민, 즉 원주민이라는 신분을 만든 것이다.

---

2   Ⅱ장 2절과 3절의 일부 내용은 장정아(2018, pp.2-12)를 수정 보완한 것임.

3   초기에 신계는 편벽한 지역으로, 가로등이 없어서 경찰이 촌에 들어가 순례도 잘 하지 않았고 위생을 비롯한 각종 시정(市政)에서 계속 소외되어, 신계지역 주민들은 초기에 식민정부에 대해 불만이 많았다(蔡思行 2016: 17-18).

이렇게 새로운 신분을 규정해가면서까지 세습적 '특권'을 만들어 낸 배경에 대해 원주민들은, 청대(淸代)에 보장받았던 토지가 영국 식민정부 조차지로 바뀌어버린 데 대한 배상이라고 주장한다. 그러나 신계 조차 후 거의 70년이 지나서야 이 제도를 만든 점은 설명이 되지 않는다. 당시 1967년 반영폭동이 끝난 후 식민정부는 1970년대부터 대대적인 신계 개발을 계획하고 있어서 신계 주민의 지지가 필요했고, 주민 중 일부에 해당하는 원주민에게 특권을 주어 그들의 전폭적 지지를 얻어내는 방식으로 주민을 나누어 통치관리하는 전략을 택한 것이라는 분석이 좀 더 타당하다(欺善怕惡, 2011).

이 새 규정에 따르면 원주민은 1898년 7월 1일 신계 촌락에 살고 있던 조상의 부계(父系) 자손으로 한정된다. 부계 후손으로 한정한 것은, '중국적' 관습을 '토착' 전통으로 인정하고 보호하기 위해 식민정부와 신계지역 주민들이 협상한 결과다. 이렇듯 저항을 포기하는 대가로 이익을 보호받는 집단으로서 '원주민' 신분이 탄생했고, '중국적 관습과 문화'라는 명분으로 남자들만의 권리를 보호하는 정책이 생겨났다. 1898년 이후에 신계에 들어가 살게 된 사람들은 거주한 지 아무리 오래되었어도 원주민 신분을 가질 수 없다. 원주민이라는 특권적 신분의 유일한 경계선은, 식민정부가 인위적으로 정한 1898년, 즉 영국이 신계를 조차한 연도가 되었다.

영국식민정부는 홍콩의 다른 지역과 신계지역을 차별화하여, 신계에서는 '토착 전통과 관습'을 최대한 보호하는 형식을 띠었다.

이는 조차지라는 성격 그리고 중영정부 간의 합의, 신계 주민들의 초기 저항 등 여러 요인의 복합적 산물이었다. "이 영토의 상업적 이해관계와 토지 이익은 보호될 것이며, 좋은 관습은 관여되지 않을 것이다. 이 땅의 관습, 땅, 집, 무덤 등은 변하지 않고 그대로 놔둘 것이다. 사람들은 예외적 친절함으로 대우받을 것이고, 집과 토지들은 강제로 사들일 수 없으며, 무덤은 절대 제거되지 않을 것이고, 관습은 주민의 뜻에 따라 완전히 그대로 놔둘 것이다"(Chan 1998, p.42).

그런데 '식민통치하에서 보호되어야 할 토착 전통과 관습'으로 모두의 협상을 통해 인정된 범위는 철저히 남성 위주의 관습에 국한되었다. 지금까지도 많은 비판과 논란을 낳고 있는 '딩 권리' 정책이 바로 이를 극명하게 보여주는 사례이다. 식민정부는 1960년대부터 신계지역을 대대적으로 개발하면서, 신계지역 원주민들에게 보상 차원에서 특수한 권리를 부여하는 '딩옥(丁屋)' 정책을 시작했다. 여기서 주목할 점은 홍콩의 다른 지역에서도 계속해서 광범한 철거와 재개발이 이뤄졌지만 이런 특수한 권리는 신계 원주민들에게만 주어졌다는 것이다. 신계에서의 식민통치 방식은 전통 보존이라는 명목으로 이 지역의 부권(父權) 세력을 공범자로 끌어들이는 것이었다(張少强, 2016). 당시의 식민정부 내부 보고서가 최근 기밀해제되어 밝혀진 바에 따르면, 당시 정부가 "주택이 없을 경우에만 딩옥(丁屋)을 건축할 수 있다"는 조건을 실수로 누락하여 신계 원주민 남성들이 모두 딩옥(丁屋)을 건축할 수 있게 된 것이라고 한다. 이 보고서는 또한, 딩옥(丁屋) 정책이 시행된 지 5년이 지난 1977년에 이미 심각한 남용 문제가 발생하고 있다고 지적했다("港英「蝦碌」誤益丁屋任起, 解密文件 : 漏寫「無屋住才可建,」 2012.1.9. 明報).

3. 성인 남성만의 특권이 되어버린 '전통' 그리고 관상향흑(官商鄕黑) 결탁

원주민을 대표하는 최상위 조직인 향의국(鄕議局)은, 신계 촌락의 남성 촌민들이 전통적으로 각자의 땅에 집을 지을 권리를 갖고 있었으며 이 권리가 보호되어야 한다고 주장했다. 협상 끝에 식민정부는 사이즈(700평방피트)와 높이(25피트)를 제한하여 이 '전통적 권리'를 부여하기로 했다. 단 신계의 모든 촌민이 아니라 성인 남성 촌민, 그것도 1898년 당시 이미 신계에 살고 있던 원주민의 부계 자손에게만 이 권리가 부여되었다. 딩옥(丁屋)의 '딩(丁)'은 남성을 가리키며, 이렇게 남성 촌민만의 집지을 권리를 보장한 딩 권리(丁權)은 그 자체가 부계 이데올로기를 강하게 체현하고 있었다. 토지가 부족한 홍콩에서 집을 지을 수 있는 권리는 엄청나게 큰 특혜에 해당할 뿐 아니라 후손들이 계속 이 권리를 이어받고 해외에 살아도 권리를 받을 수 있기 때문에, 권리를 가진 '원주민'의 숫자는 앞으로도 계속 늘어난다. '토지는 유한한데 딩 권리(丁權)는 무한하다'는 비판 속에서 딩 권리(丁權)이 점점 뜨거운 논란이 되는 요인은 크게 두 가지다. 첫째, 성차별적이고 겨우 47년의 역사를 가졌을 뿐인 이 관습적 권리를 과연 '전통'이라는 이유로 계속 보호해야 하는가 하는 의문이고, 둘째, 원주민들이 정작 꼭 필요한 집을 짓는 데 권리를 활용하는 게 아니라 다시 이윤을 위해 권리를 팔거나 임대를 주어 재개발 과정에서 여러 문제가 발생하고 있기 때문이다.

첫 번째 요인은 '전통'이란 무엇인가 하는 근본적 질문과 맞닿아 있다. 딩 권리(丁權)에서 보호되는 권리는 전통적 생활방식과 문화가 아니라 집지을 권리, 그것도 남성만이 집지을 권리이다. '중국적 전통'이라는 이름으로 오직 신계지역에서 1898년 이전에 살던 사람들의 후손에게만 이 권리가 대대손손 계승되는 것이 정당한가? 찬갱파이(陳景輝 2017)는 홍콩 신계에서 이야기하는 '전통'의 의미를 두 가지로 나눠서 봐야 한다고 지적한다. 하나는 일반적인 '문화' 즉 생활방식의 의미이고 다른 하나는 전통적으로 남성 촌민이 가졌던 집짓는 권리인데, 식민정부 때 인정받은 딩 권리(丁權)는 오직 두 번째 의미만을 전통으로 규정하고 있고, 권리의 주체인 원주민들은 첫 번째 의미의 전동에 대해서는 전혀 관심이 없다는 것이다. 두 번째 요인과 관련해서는, 원주민의 권리 남용이 최근 점점 신계지역의 농촌과 환경을 파괴하는 주범이라는 인식이 확산되면서 논란이 거세지고 있다. 딩옥(丁屋) 정책 실행 초기부터 원주민들은 딩 권리를 외부인에게 팔아서 이익을 얻는 경우가 많았는데(Chan 1998: 44) 이는 부동산개발상이 신계지역을 재개발하는 데에 주로 활용되어 왔다. 또 농지를 가지고 있는 경우에도 원주민들은 자신이 직접 힘들게 농사짓기보다 타인에게 임대해주어 농사를 짓게 하고 임대료로 수익을 얻는 경우가 많다. 이 경우 원주민이 아닌 소작 농민들은 열정을 가지고 농사를 지으려 해도 단기 임대를 하다 보니 투자를 충분히 하기 어렵고, 이런 상황은 홍콩의 농업이 발전하기 힘든 구조적 요인 중 하나로 계속 지적되어 왔다(范啟妍 2014).

더구나 많은 원주민은 농지를 방치하여 약 4천 헥타르에 달하는 홍콩 전체 농지 중 거의 80%가 방치되어 있는데, 이는 농지를 임대해주어 농사를 짓다가 부동산개발상에게 팔려면 번거롭기 때문에 아예 방치하는 것이다. 이렇게 방치된 농지들이 최근 점점 폐차장, 쓰레기 적치장으로 쓰이면서 신계의 환경은 크게 파괴되고 있다. 이런 모든 상황 악화의 주범이 바로 원주민이라는 비판이 높아지면서, 이들이 대표하는 '전통'의 의미에 대해서도 의문이 던져지고 있다. 이는 식민시절부터 원주민만을 자문과 의견수렴의 유일한 대상으로 삼아 끌어들이고, 신계지역에 오래 거주했더라도 '원주민' 신분을 갖지 못한 이들은 정책결정과정에서 철저하게 배제해온 홍콩의 통치방식 문제와 연결되며 그 핵심에 향의국이 있다. 향의국은 근대 중국에서 지방엘리트들이 만든 결사조직의 일환이지만, 홍콩 신계의 특수한 상황 속에서 더욱 중요한 역할을 담당했다. 즉 식민정부가 홍콩의 타 지역과 달리 간접통치를 택한 신계에서, 더구나 정부기구조직이 신계로 확산되지 않은 초기에 향의국은 민생안정과 질서유지, 재난구제와 교육, 사회복지 등의 역할을 담당하며 식민통치의 진공을 메웠을 뿐 아니라 정부에 의견을 제시하며 중재기구 역할을 했다(薛鳳旋·鄺智文 2011, pp.9-11). "향의국 사람들과 원주민들은 외부에 대한 배타적 의식이 강해서, 원주민들은 비원주민이 자기보다 낮고, 원주민의 문화습관을 비원주민이 절대 이해 못 한다고 생각한다."[4]

그런데 향의국은 자신이 보호해야 할 대상을 '원주민' 중 성인 남성으로 한정했고, 보호해야 할 전통적 권리도 집지을 권리, 전통 매장 장소를 유지할 권리 등으로 한정했다. 1990년대 들어 홍콩 여성조직들의 노력으로, 신계지역의 전통적 권리를 여성으로 확대하려는 움직임이 생겨났다. 즉 신계 촌민의 딸도 아버지의 농지를 상속할 수 있도록 하여, 홍콩의 다른 지역처럼 딸과 아들이 동등한 상속 권리를 갖게 하려는 이 움직임에 강하게 반대한 것은 정부가 아니라 바로 신계 촌민을 대표하는 조직인 향의국이었다(Chan 1998: 43-45). 향의국은 이런 개선 움직임을 종족(宗族) 전통과 조상의 신성한 관습에 대한 위협으로 간주하면서 '향과 족을 지키기(保鄉衞族)' 운동을 벌였다. "촌민들은 영국에 대한 격렬한 싸움에서 저항했고, 신계조약은 이 조상들이 희생한 삶과 피와의 교환으로 얻어진 것이다. 그 조상들의 바램에 따른 관습을 멋대로

---

4 "菜園村高春香回望抗爭: 青年把「香港觀」帶入新界　非跟鄉議局對立," 2017.9.3. 衆新聞, https://goo.gl/YqyCAF. (검색일: 2018.1.7. 지금은 국가안전법 이후 매체가 없어졌음)

바꾸려는 어떠한 외부인도 용인될 수 없다"(South China Morning Post 1994.5.20.; Chan 1998: 44에서 재인용). 원주민은 "우리 고향땅을 지키겠다는 서약(A Pledge to Guard our Homeland)"을 노래 부르며 스스로를 전통의 유일한 수호자로 내세웠다.

이처럼 홍콩 신계지역의 아이러니는, '향촌'이 도시성에서 배제되어 왔지만 독특한 '원주민' 신분과 결합되어 기득권의 상징이 되어버렸다는 점이다. 신계의 토지와 농업을 지키려는 운동을 벌이고 불도저 앞에서 저항하는 이들은 원주민이 아니라 그들의 땅을 단기임대하여 농사를 지으며 살아온 비(非)원주민들이다. 그리고 원주민의 이익만을 배타적으로 보호하며 신계 주민을 대표하여 정부에 협조하는 유일한 통로로 식민시절부터 기능해온 향의국은, 정부 및 부동산개발상과의 오랜 결탁으로 인해 비판의 중심에 놓여 있다.

신계지역의 '전통적' 기구들은 또한 불법 범죄조직과 결탁하여 이익 독점을 유지하고 있다는 점에서도 홍콩에서 큰 문제가 되어왔다. 2016년 입법회 선거에 후보자로 나온 민주파 에디 추(朱凱迪)는 "신계지역은 지하세력, 지주, 정부가 모든 걸 결정해버리는 곳"이라고 지적했다. 그는 2012년 행정수반(行政長官) 선거에서 선출된 렁춘잉이 총 689표 중 거의 90표를 신계에서 얻었는데 그중 상당수는 더이상 활동하지 않는 협회들이라고 지적하며, "렁춘잉은 테이블 위에서는 신계의 향신(鄕紳)들과 표를 만들어냈고 지하에선 강호 사람들(흑사회)과 협상했다"고 강하게 비판했다. 그는 이러한 신계지역의 관-상-향-흑 결탁에 대한 문제 제기로 선거기간 조직폭력배의 살해 위협을 받았지만 시민들의 지지를 얻어 최고 득표수로 당선되었다.[5] 스테판 치우와 홍호펑은 신계지역에서 이렇게 친정부 조직이 장기간 만들어진 점, 그리고 촌민들이 지주가 되면서 보수적 기득권자가 된 점을 지적하며, 신계에서 식민정부가 간접통치만 한 것이 아니라 사실상 직접적 개입을 했다고 지적한 바 있다(Chiu and Hung 1999).

III. '순수하고 단일한' 서발터니티를 넘어
: 계속되는 제약 속 한계와 가능성

홍콩에서는 지금도 '계급'이라는 용어가 많이 사용되지는 않지만, 특히 불평등에 대한 인식은 꾸준히 강화되어 왔다. 2007년 38일간의 건설업 노동자(대나무비계 노동자) 파업은 부동산개발업자와 건축업자들 간 결탁을 폭로하며 시민들의 지지를 얻었고, 2008년에는 TV방송 프로그램 <1백만 명의 이야기(一百萬人的故事)>에서 홍콩 인구 7분의 1이 빈곤선 미만이라고 보여주며 사회적 주목을 받았다. 2010년에는 중국본토와 홍콩을 연결하는 고속철도 홍

---

5 "朱凱廸協助遭恐嚇 橫洲村民發聲明撐 稱關乎土地正義," 2016.9.11. 香港獨立媒體; "朱凱廸: 改革鄉議局, 就係搵返正常的人返嚟新界," 2016.10.2. 香港獨立媒體. 쥐호이딕은 2025년 현재 감옥에 갇혀 있다.

콩구간을 지나치게 많은 예산을 들여 지으며 신계지역 농촌마을을 철거하려는 정부 정책에 반대하는 고속철도 반대운동에 많은 청년과 시민이 참여하며 커다란 반향을 불러일으켰다. 입법회도 포위하고 엎드려 고행 시위도 했으며, 철거 위기의 마을(채원촌 등)에 사람들이 들어가 함께 농사짓고 마을 순례를 하며 지키려 했으나 결국 정부는 마을 철거와 고속철도 예산지출을 강행했다(이경희 2024; 장정아 2018). 같은 해 2010년에는 홍콩 부동산개발업자들과 정부의 결탁 그리고 토지와 이익 독점 문제를 지적한 책(『地産覇權』, *Land and the Ruling Class in Hong Kong*)이 출간되어 많은 이에게 문제점을 알렸고, 이 책의 중국어 제목인 '부동산 패권'이라는 말이 본격적으로 유행하게 되었다. 2011년 미국 월가점령운동의 영향으로 홍콩에서도 HSBC은행 건물에서 몇 개월 동안 점령시위가 이어졌다. 그리고 2013년 40일간의 화물차-부두노동자 파업은 계급모순을 좀더 분명히 드러내주었다(이경희 2023; 麥德正 2023). 이러한 계급모순은 식민시기부터 이어져온 뿌리깊은 것으로서, 반환 후 사회적 변화 속에서도 계속 깊어지고 있다.

2019년 송환법 반대운동이 홍콩 역사에서 중요한 이유는 단순히 대규모 시위였기 때문이 아니라, 홍콩에서 그동안 견고하던 많은 지배적 담론(법치사회, 자유사회 등)에 대한 환상이 철저하게 깨져나가면서 구조적 각성이 시작되었기 때문이다(장정아 2021A). 많은 홍콩인은 정치적 민주와 자유를 온전하게 가져본 적이 없어도 식민시절부터 주어져온 '경제적 자유'로도 충분하다고 생각했었지만, 이제 경제와 정치가 결코 분리되어 있지 않다는 것을 깨닫게 되었다. 특히 식민시기부터 이어져온 홍콩의 독특한 선거제도가 가진 문제점에 대한 인식이 이러한 각성과 연결된다. 홍콩의 직능제 선거제도는 여러 직종의 대표자들이 참여하는 간접선거로서 최고지도자 선거와 입법회 선거 등에 일정 비율 들어가 있는데, 주로 상층 엘리트에게 절대적으로 유리한 구도이며 평범한 직장인의 참여는 제약되고 평범한 사람들은 더욱 이러한 제도에서 소외된다. 그리고 특정 직종과 조직의 참여·배제 규정도 계속 변하고 객관적 기준도 없어서 여러 면에서 많은 비판을 받아왔으나, 식민시기에도 반환 후에도 정부에 의해 활용되고 있고 최근엔 직선 의석 비율을 더 줄이고 있다(장정아 2025B).

2019년 송환법 반대시위의 또 다른 중요한 점은, 오랫동안 위축되어 있던 노동운동이 다시 생겨나기 시작했다는 점이다(Fung and Lee 2022). 더 이상 순민(順民)이 아닌 시민불복종자(公民抗命者)가 되자며 파업 목소리가 전례 없이 많아졌고, 각 업종마다 노조 결성 붐이 일어났다. 이는 홍콩에서 중요한 변화를 일으키는 전환점이 될 수 있었고, 특히 시위 기간 비록 장기간은 아니지만 하루씩 등장했던 파업은 노조나 정당이 이끈 게 아니고 대중의 자발적 참여로 이뤄졌다는 점에서 과거 파업과 크게 달랐다(勞顯亮 2019). 그러나 2020년 홍콩판 국가안전법(국가보안법) 도입으로 노조들은 속속 와해되었고 노동자들의 단체행동은 물론 정치적 운동도 전면 불가능해졌다(김주영 2022). 앞으로도 한동안 계급모순에 대한 토론이나 노동자들의 집단행동은 어렵겠지만, 2024년도에도 비록 대규모는 아니지만 배달노동자들이 파업하며 플랫폼의 착취에 대한 반대를 명확히 내걸었듯, 다양한 방식으로 행동할 가능성은 사라지지 않고 있다.[6]

본문에서 보았던 신계 향촌지역에서의 관-상-향-흑 결탁, 즉 지역의 종족(宗族) 유지들이 부동산개발업자와 정부 그리고 심지어 지하범죄조직과 결탁 문제는, 2019년 7월 21일 윈렁(元朗) 지역에서 시민과 시위대에 대한 조직폭력배의 테러 사건으로 터져나왔다. 시민의 평범한 일상생활 장소인 지하철에서 발생한 충격적 사건으로 시민들의 분노와 반감이 커졌고 신계 원주민의 특권 문제도 함께 다시 분노의 대상이 되었다. 신계 향촌지역은 전통과 향촌이라는 이름으로 특권을 가지고 부동산업자, 지하범죄조직과 결탁하며 친정부 입장에서 이득을 유지하는 이들이라는 인식이 커졌다(謝梓楓 2019). 그러나 2019년의 송환법 반대시위는 이러한 관-상-향-흑 결탁이 적나라하게 드러난 동시에, 신계지역과 향촌 원주민과의 연대 가능성을 모색하려는 움직임도 생겨났다는 점에서 큰 의미를 지닌다.

2010년 중국본토와 연결되는 고속철도 건설로 인한 철거에 반대하며 싸운 채원촌(菜園村)을 비롯한 여러 마을의 저항에 함께

했던 청년과 시민들은, 비록 채원촌 싸움은 패배했지만 그 후 신계지역 농촌에 들어가서 농사짓고 살며 새로운 가능성을 모색하고 있다. 2020년 국가보안법 도입 후 공개적 운동이나 정치 토론은 불가능한 상황에서, 이들은 자본주의적 생활방식에 대해 문제를 제기하며 향촌성을 새롭게 재규정하고자 노력하고 있다(장정아 2021B). 위 사진은 채원촌 철거 과정에서 '꼭 철거해야 한다면 돈 보상이 아니라 집단으로 이주해 가서 우리의 생활방식과 이웃을 유지하게 해달라'는 촌민들(상당수가 비(非)원주민인 농민)의 요청이 일정 정도 받아들여져, 함께 허허벌판을 일구며 새로 만든 마을에서 지금도 외부 청년과 시민들과 함께 열리는 활동이다(2025년 2월

필자 촬영). 함께 농사지으며 향촌을 계속 새롭게 만드는 과정에서, 원주민과 비원주민, 내부인과 외부인의 구분을 극복하려는 노력도 이뤄지고 있다.

물론 여전히 농촌 토지의 소유자는 대부분 원주민이고, 농사짓는 농민들은 토지를 갖지 못한 비-원주민인 경우가 많다. 따라서 농민들은 농사를 짓다가도 언제든지 토지 소유주가 계약을 바꾸면 나와야 하는 취약한 위치고 농민의 수도 절대적으로 적어서, 농민의 집단적 행동은 거의 불가능한 상황이다. 그러나 이렇듯 새로운 삶의 가능성을 제시하려 농촌에 들어가는 이들의 움직임은, 식민정부와 중국정부 모두에 의해 규정되어온 홍콩의 지배적 내러티브인 '국제대도시'가 가졌던 향촌에 대한 배타성(羅永生 1997)을 극복하려는 움직임이라는 점에서 특히 의미를 지닌다(장정아 2017; 장정아 2021B).

정치뿐 아니라 일상에 대한 검열과 통제가 만연해진 국가안전법 시대 홍콩에서 서발터니티(subaternity)가 어떤 형태로 등장할 것인지는 계속 지켜봐야 할 것이다. 홍콩에서는 우산운동을 거치며 '인민'이라는 용어가 운동의 주체로 잠시 등장하기도 했지만, 그 용어는 순결한 피압박자로서의 정체성만을 강조할 뿐 그것을 넘어서는 주체로서의 성찰은 약했고 심지어 배타성도 띠고 있었다(장정아 2016; 장정아 2021B; Ip 2020). 최근에는 홍콩에서 '서민(庶民)' 논의도 나오기 시작했지만(장정아 2021B; 2025A) 아직은 일부 학자의 논의일 뿐 널리 쓰이는 용어는 아니다. '민(民)'의 관점에서 중국 현대사를 다시 쓴 백영서의 책(2021)과 이를 둘러싼 연구자들의 '민'에 대한 토론은 중국과 홍콩 서발터니티 논의에서 의미를 지닌다. 중국에서 '인민'이 국가에 의해 소환되는 동시에 제거된다는 점에 주목하여 오래 연구해온 조문영(Cho 2013)은 '민'이 원래 존재하는 것이 아니라 발견되고 발명되는 존재라고 강조하며, '민'에 대해 선험적 정당성을 부여하는 것의 문제점을 지적했다(조문영 2021). 이남주(2021)도 '민'이 현실에 존재하는 주체가 아니라 구체적 실천과정에서 형성되어가는 주체라고 제시했고, 강진아(2022)는 각성된 '민'과 각성되지 못한 '민'을 나누는 것의 문제점을 지적했다. 또한 완닝 순(Wanning Sun 2014)은 서발터니티(subalternity)를 관계적이고 불확정적 현상으로 바라보며 서발턴 현상으로서 농민공의 문화정치를 분석했고, 농민공 연구를 오래 해온 정규식은 중국에서 새롭게 등장하는 사회적 주체들의 혼종성과 역동성에 주목하고 있다(2023).

송환법 반대운동을 거치며 홍콩에서는 단일한 중심적 주체나 고정된 정체성을 극복하려는 움직임도 활발해졌으며, 비록 운동은 위축되었지만 이러한 인식의 기반 위에서 서발터니티는 순수하거나 단일한 것으로 상상되지 않을 것이며 그렇게 상상되어서도 안 된다. 이런 점에서 최근 홍콩 여러 지역에서 토착 주민과 외부 청년들이 함께 장기간의 구술기록으로 책을 만들어내고 마을 역사를 기록하는 작업들은 큰 의미를 지닌다. 홍콩에 대한 이야기가 정치적 위험을 지니는 상황에서 '홍콩'에 대한 거대 내러티브가 아니라 각 지역과 농촌 커뮤니티에 대한 이야기를 하기 시작한 사람들은, 지역의 개방성을 논하고 내부인과 외부인 경계가 결코 분명할 수 없음을 이야기하면서 홍콩에 대한 내러티브로 비유적 확장을 하고 있다. 이러한 논의 속에서는 누구도 선험적 정당성을 가지는 주체가 아니다. 과거의 주류 담론과 환상이 철저히 깨진 자리에서, 그리고 어느 때보다도 촘촘하고 강력한 통제와 검열 속에서, 기존에 당연시되던 범주들은 새로운 배치 속에서 상상되고 다양한 이름없는 이들의 연결이 시작되고 있다.

‘경계’의 개념으로 다시 읽는 상하이 도시문화 : 20세기 초중반 상하이 도시문화 연구방법론 시탐(試探)[1]

박자영

전체 글 요약

본고는 경계의 관점에서 볼 때 재기술되는 상하이 도시문화의 성격과 문제는 무엇인지 살펴보기 위해 이론적인 검토를 진행하여 여기에서 경계 일반에서 ‘경계투쟁’과 ‘이종성’, ‘복수성’ 등의 개념을 재맥락화하는 작업을 수행한다. 경계 담론에 대한 검토 속에서 주목된 이 세부개념들은 기존의 상하이 문화연구에서 온전하게 평가받지 못한 중층성 개념과 관련된 개념들이라는 것을 알 수 있다. 중층성 개념은 이들 세부개념 속에서 보다 적절한 해석의 자리와 시점을 획득할 수 있다. 이는 경계 개념에도 적용되는 바, 다소 모

---

[1] 이 글은 다음 논문을 수정보완한 것이다. 「‘경계’의 개념으로 다시 읽는 상하이 도시 문화: 20세기 초중반 상하이 도시문화 연구방법론 시탐(試探)」, 『중국어문학논집』, 148, 2024.

""

호하거나 추상적인 경계 개념은 '경계투쟁' 개념과 '이종성', '복수성' 개념의 현실적이고 역사적인 재맥락화를 통해 보다 구체성을 띤 개념이 될 수 있다.

본론의 분석을 통해 재맥락화한 이 세부개념들은 상하이 도시문화연구에서 서발턴의 관점을 부수적이거나 주변적이고 편린적이지 않고 도시공간에서 제 위치와 목소리를 찾게 하는 데 도움이 될 것으로 기대된다. 경계에 대한 논의를 통해 복잡하고 엇갈리는 경계들의 도시인 20세기 초중반의 상하이 도시문화는 경계강화와 관련된 정치와 경제 및 권력의 쟁점만이 아니라 경계를 횡단하면서 어떻게 그 정치경제권력의 행사를 중단시키거나 전치할 수 있을지에 대해서도 사고할 수 있는 길을 개방한다.

I. 들어가며

현재 동아시아의 도시문화에 대한 연구는 지속되고 있으나 방법론적 갱신이라는 측면에서 보면 소강상태에 접어든 듯하다. 이천 년대를 전후하여 20세기 초중반 도시문화의 모더니티 형성을 둘러싼 문제들이 동아시아의 도시문화연구에서 중요한 토픽으로 제기되어 활발하게 논의가 이뤄진 바 있다.[2] 이 시기 동아시아 도

---

2   이 글에서 다루는 시기는 20세기 초중반임을 밝힌다. 이 시기는 동아시아 도시문화 연구에서 주요하게 연구대상이 된 시간대였는데 특히 이천 년대 전후 이 시기를 중요

시문화연구를 거칠게 요약하면, 모더니티 담론은 번성했으나 그에 비해 식민성의 문제는 현저하게 약화되어 처리되거나 비가시화되어 논의됐다고 할 수 있다.[3]

그런데 중국학계의 경우, 모더니티의 현실을 발굴하고 재현하는 데 초점이 맞춰졌던 동아시아의 도시연구 흐름과 같이하면서도 다른 한편으로 이 추세와 구별되는 '코스모폴리타니즘(cosmopolitanism)'과 '반식민주의(semicolonialism)', '식민지모더니티(colonial modernity)'와 같은 거시적이고 이론적인 논의가 제기되어 이채를 띠었다.[4] 이는 20세기 초중반의 상하이 문화를 둘

하게 다룬 연구들이 부상했다. 연구의 주요 대상이 된 도시는 서울, 상하이, 도쿄 등이다. 대표적으로 다음 논저를 참고할 수 있다. 김진송, 1999, 『서울에 딴스홀을 허하라: 현대성의 형성』, 현실문화연구. 권보드래, 2003, 『연애의 시대: 1920년대 초반의 문화와 유행』, 현실문화연구. 천정환, 2003, 『근대의 책읽기』, 푸른역사. Leo Ou fan Lee, 1999, *Shanghai Modern*, Harvard University Press(장동천, 이현복, 김종석, 진혜정 옮김, 2007, 『상하이 모던』, 고려대학교출판부). 吉見俊哉, 2002, 「帝都東京とモダニティの文化政治: 一九二〇·三〇年代への視座」, 小森陽一ほか 編, 『岩波講座近代日本の文化史: 拡大するモダニティ』, 岩波書店(요시미 슌야, 2007, 「제국 수도 도쿄와 모더니티의 문화정치」, 연구공간 수유+너머 옮김, 『확장하는 모더니티: 1920~30년대 근대 일본의 문화사』, 소명출판).

3　박자영, 2020, 『상하이의 낮과 밤: 현대성의 문화와 일상, 대중문화』, 그린비, 54-55쪽.

4　'코스모폴리타니즘(cosmopolitanism)', '반식민주의(semicolonialism)', '식민지근대성(colonial modernity)'는 각각 리오우판, 스슈메이, 타니 발로우의 다음 저서와 논문에서 논의된 바 있다. Leo Ou-Fan Lee, 위의 책. Shu-mei Shih, 2001, *The Lure of Modern: Writing Modernism in Semicolonial China, 1917~1937*, University of California Press. Tani E. Barlow, 1997, *Formation of Colonial Modernity in East Asia*, Duke University Press. Tani E. Barlow, 2005, "Eugenic Woman, Semi-Colonialism, and Colonial Modernity as Problems for Postcolonial Theory", Ania Loomba ed., *Postcolonial Studies*

러싸고 제기된 개념들로, 이때 제기된 코스모폴라타니즘과 반(半)
식민주의는 탈역사적인 맥락에서 상찬되거나, 식민통치의 다면적
이고 중층적인 특성에 주목하며 그것을 기존의 식민주의 논의와
구분되는 중국 특유의 체계로 묘사하여 이를 둘러싼 논쟁이 전개
된 바 있다.[5]

흥미로운 것은 이들 연구에서 각별하게 주목했던 상하이 문화
의 중층성과 다면성을 다루는 방식이다. 일부 연구에서 상하이에
도드라진 이 특징들은 서구문화의 수용과 화해를 가능하게 하는
코스모폴리타니즘의 태도나 식민통치의 다면성으로 해석됐다.[6]
여기에서 상하이 도시공간과 문화에서 두드러진 중층성과 다면성
이 식민지 현실에서 구체적으로 어떻게 드러나고 작동하는지에 대
한 분석은 부각되지 않았다. 이보다 모더니즘과 코스모폴리타니
즘적인 태도가 어떻게 가능했는지에 보다 초점이 맞춰지면서 그
증거로서 거론되곤 했다. 상하이의 중층성, 다면성의 특징은 그 자
체로 온전하게 조명되기보다 식민주의와 제국주의의 면모를 밝히
는 데 부속되어 다뤄졌다고 할 수 있다.

그런데 따지고 보면 상하이 도시와 문화의 중층성과 다면성은
비단 식민통치자와 모더니스트에게만 해당되는 것이 아니라 서발

---

and Beyond, Duke University Press.

5   이에 대한 논의로 다음의 2장을 참고. 박자영, 위의 책.

6   이와 관련하여 대표적인 논의로 스슈메이의 다음 연구를 거론할 수 있다. Shu-mei Shih, *Ibid.*

턴에게도 유효하게 작용하는 특징이라 할 수 있다. 상하이는 조계
들의 도시이자 이민자의 도시이며 관문도시(gateway city)라고도
불리는, 국내외 서발턴들이 회집하는 도시이다.[7] 서발턴의 관점에
서 상하이 도시문화의 현실을 살펴보면 새로운 시각과 문제들이
떠오른다. 대표적으로 식민지시기를 판별하는 주요 기준인 식민
자/피식민자, 지배/종속의 문제 틀은 서발턴의 관점에서 재편성된
다. 이는 식민지 현실을 규정하는 중요한 문제 틀 중 하나이긴 하
되 서발턴의 관점에서 볼 경우 이 이분법의 구도는 서발턴의 삶과
존재양태를 단순화하거나 비가시화하고 심지어 비존재하게 한다
는 점에서 문제적이다.[8]

　상하이 도시문화현실은 한편으로 이 이항대립의 한 항목으로
환원되지 않는 다양하고 수다한 서발턴의 삶과 사유, 공간들로 구

7　상하이의 '관문도시'적인 성격에 대해서는 다음을 참고할 수 있다. Marie-Claire
　Bergere, Janet Lloyd trans., 2009, *Shanghai: China's Gateway to Modernity*,
　Stanford University Press. 이홍규, 김동규, 2024, 「동아시아 서발터니티와 '방법
　으로서 관문도시'」, 이홍규, 장윤미 엮음, 『동아시아 관문도시와 서발터니티 연구』,
　산지니. 20세기 초중반 상하이는 중국 국내에서 온 이들뿐 아니라 백계 러시아인, 유
　대인, 조선인 등의 디아스포라와 망명자, 난민과 같이 국외에서 온 서발턴들이 거주
　혹은 정주한 도시이기도 했다. 이와 관련하여 다음을 참고. 熊月之, 馬學强, 晏可佳
　選編, 2003, 『上海的外國人(1842-1949)』, 上海古籍出版社. 王健, 2008, 『上海猶太
　人社會生活史』, 上海辭書出版社. 汪之成, 2008, 『近代上海俄国侨民生活』, 上海辭
　書出版社. 陳祖恩, 2009, 『上海日僑社會生活史: 1868-1945』, 上海辭書出版社.
8　서발턴의 장(場)은 한국 사학계에서 논의된 바 있는 '회색지대' 논의와도 구별된다.
　'회색지대' 개념도 궁극적으로는 지배/종속, 식민자/피식민자의 이항대립에서 민족주
　의 패러다임과 연관된 후자를 보다 풍부하게 설명하는 개념이라고 할 수 있다. '회색
　지대'에 대한 자세한 논의로 다음을 참고. 윤해동, 2003, 『식민지의 회색지대』, 역사
　비평사.

성되어 있는 것이다. 이와 같이 상하이 도시문화의 중층성과 다면성은 서발턴의 관점과 연결되면서 부속적으로 처리되거나 의미가 상실되지 않고 유효한 의미들을 획득하게 된다. 다시 말하면 서발턴의 관점을 취할 때 도시문화연구는 새로운 연결점과 시각을 획득하고 이와 더불어 도시문화의 성격도 갱신하여 재론될 계기를 얻는다. 서발턴의 시각에서 도시문화현실을 본다는 관점의 '전환'을 인지하는 것이 중요하다. 이 관점에서 볼 때 상하이 도시문화와 그 연구는 기존의 것과는 다른 지형과 풍경을 드러낸다.

그렇다면 코스모폴리타니즘론과 반식민주의론 등이 '활용'한 상하이의 중층성과 다면성 등은 어떻게 회복되어 논의될 수 있을까. 이러한 중층성과 다면성이 부수적으로 간주되거나 과소평가되지 않고 사회를 이해하고 세계를 구상하는 계기가 될 수 있을까. 나아가 이러한 초점의 이동은 소강상태에 빠진 동아시아의 식민도시 연구방법론을 갱신하거나 확장할 수 있을까. 이 글은 이러한 문제를 제기하면서 20세기 초중반 도시문화연구를 갱신할 수 있는 계기를 '경계'에 대한 논의를 통해 탐색해 보고자 한다.

이는 조계지이자 이민도시, 관문도시로서 상하이가 갖는 경계의 중첩성과 다면성이라는 특징을 현실적이고 구체화하여 살펴보는 작업이라 할 수 있다. 한편 이러한 경계 개념을 통한 상하이 도시문화에 대한 탐색은 상하이 도시공간의 구성과 주체형성의 문제를 다시 부각시키면서 상하이 도시문화를 보는 각도를 재조정하는 작업과도 관련된다. 결론을 당겨 말하면 경계를 문제 삼으면서 상하이 도시문화 지형을 살펴볼 때 기존의 상하이 도시문화를 구성하던 것과는 다른 지형과 시점, 주체들이 가시화한다. 이는 경계를 주목하는 동시에 문제시할 때 발견되는 관점이라는 점에서 주의 깊은 응시가 필요하다.

이 글은 20세기 초중반 상하이 도시문화연구에서 경계 개념을 도입할 때 제기되는 문제와 시각과 관련된 이론적인 검토를 수행하는 데 중점을 둔다. 본격적인 이론적인 검토를 하기 전에 다음 장에서는 20세기 초중반의 상하이 도시문화를 왜 경계의 관점에서 살펴보는지 그 배경에 대해서 간략하게 짚어볼 예정이다. 이어서 3장에서는 경계에 대한 담론을 검토하고 여기에서 부상하는 세부 개념들을 재맥락화하면서 상하이 도시문화 성격을 새롭거나 다르게 해석할 시각과 문제들이 있는지 탐색하고자 한다. 4장에서는 상하이도시와 문화에서 경계들이 어떻게 드러나고 강화되거나 혹은 약화되는지, 그리고 이를 주시하거나 횡단하는 이들은 누구이고 이는 무엇을 의미하는지 등을 검토하면서 경계와 관련된 상하이 도시문화의 양상을 새롭게 보고 재해석할 가능성을 탐색하고자 한다. 이 글은 전반적으로 상하이 도시문화의 성격과 문제는 무엇인지를 재론하기 위하여 경계 개념에 대한 이론적인 논의를 검토하는 것을 중점으로 삼는다. 여기에서 더 나아가, 이를 통해 도시문화 연구방법론과 시야의 갱신이 가능한지를 타진하는 데 연구의 또 다른 목표가 있다.

II. '경계'의 관점으로 보기

20세기 초중반 상하이 도시문화를 다루는 연구에서 경계를 주목하는 경우는 드물다. 기존 연구에서 조계지로서 상하이에 경계란 이미 주어진 것으로 자연화되고 기정사실화되어 받아들여졌기에 이를 본격적으로 논의한 연구는 거의 없는 편이다. 곧 상하이는 1842년 난징조약으로 강제 개항된 이후 경계선들이 그어진 조계지의 도시로서 중국과 세계의 역사무대에 주요하게 등장을 했기에 이 경계는 선재적인 듯 특별하게 문제시되어 다루어진 적은 없었다고 할 수 있다.[9]

그렇다면 이 글은 왜, 어떤 측면에서 경계라는 개념에 주목하는가. 경계라는 개념으로 접근할 때 상하이 도시문화에서 새롭게 보이는 것은 무엇인가. 그리고 여기에서 갱신되는 것은 무엇일까. 우선, 여기에서 주목하는 경계 개념에 대해서 밝힐 필요가 있다. 이때 도입한 경계 개념은 다음 장에서 상술하겠지만 수정된 경계 개념이다. 경계란 고정적이거나 불변하는 것이 아니라 역사적으로 과잉결정되고 다의적이며 이질적인 성격을 지닌 개념이다.[10] 이렇

---

9   관련 상하이 역사에 대한 서술로 대표적으로 다음을 참고. 鄭祖安, 1999, 『百年上海城』, 學林出版社.

10 에티엔 발리바르, 서관모, 최원 옮김, 2007, 「경계란 무엇인가」, 『대중들의 공포』, 도서출판b. 관련하여 경계 개념의 역사를 살펴보면 근대 이전 국경은 '경계(border)'가 아니라 '변방(frontier)'이었다. 변방은 점진적인 구역으로 권력의 중심으로부터 벗어난 지역이며 여러 인구와 문화가 혼합되고 정치적 통제가 느슨한 개방되고 광범위한 지역이었다. 선분(線分) 개념의 국경은 근대 이후 국민국가의 출현과 더불어 등

게 수정된 경계 개념은 선분(線分)으로 그어진 고정된 경계에 대한 통념과 다르기에 여기에서 공간이 생성되고 주체들이 출현하고 가시화될 수 있다. '경계' 개념에 대한 이러한 재검토 속에서 도시의 주체 형성과 문화 구성의 양상 및 그 의미가 새롭게 떠오를 계기를 갖게 된다.

둘째, 이는 앞서 상하이의 도시적 특징으로 언급한 관문도시(gateway city) 혹은 이민도시 개념에서 도드라진 개폐성(開閉性)을 대리 보충하는 개념이기도 하다. 특히 '관문도시' 개념은 문(門)이 길 혹은 벽이 되는 구조성이 강조되는 가운데[11] 종종 실체화되면서 이 개념을 현실에 유연하게 적용하는 데 어려움을 겪기도 한다. 경계는 이러한 구조화되고 실체화된 개념을 공간화하고 현실화하여 개폐가 이뤄지는 그 사이의 변동과 변경의 역학을 보다 풍부하게 포착하고 사고하는 데 필요한 개념이다. 여기에서 도입하는 경계 개념은 '개방성과 폐쇄성 사이에 존재하는 긴장관계'에 주목하게 하면서 공간에 대한 이해와 주체들이 표현될 폭을 넓힐 수

장하고 확산됐다. 특히 1920년대부터 1950년대까지는 세계대전의 여파로 새로운 경계들이 형성되면서 경계는 국민국가의 지리적 한계로 이해됐고 이후 냉전기를 거치면서 고정적이고 안정적인 경계라는 관념이 공고해졌다. 경계에 대한 이러한 관념은 1980년대 이후, 특히 1990년대 전후 냉전체제가 '종식'되면서 흔들리기 시작한다. 경계의 역사에 대한 소개로 다음을 참고. 가브리엘 포페스쿠, 이영민, 이용균 등 옮김, 2018, 『국가, 경계, 질서: 21세기 경계의 비판적 이해』, 푸른길.

11   관련 서술로 다음의 3부 5장 「다리와 문」 참조. 게오르크 짐멜, 김덕영 옮김, 2005, 『짐멜의 모더니티 읽기』, 새물결. 이에 대한 구체적인 서술로 다음을 참고할 수 있다. 이홍규, 김동규, 「동아시아 서발터니티와 '방법으로서 관문도시'」, 이홍규, 장윤미 엮음, 2024, 『동아시아 관문도시와 서발터니티 연구』, 산지니, 57쪽.

있다.[12] 경계와 관련된 개념적 검토를 하는 가운데 '관문도시' 혹은 '이민도시' 등의 개념에 경합과 주체성 및 서발터니티의 행위와 그 의미를 보다 입체적으로 기입하는 것이 가능해진다.

셋째, 이렇게 변경된 경계 개념의 기입은 '중심'과 '주변'의 문제를 재사고하게 한다. 20세기 초중반 다종의 경계를 품고 있는 상하이의 도시문화에서 경계들과 이를 넘나드는 서발턴에게 일어나는 다종의 일들을 중심으로 사고하면 중심과 주변의 관계는 어떻게 될까. 우리는 이 시기의 상하이에서 공간과 문화의 생성 및 주체 변동의 문제에 주목할 때 경계에 위치한 상하이가 중요한 변화들이 일어나는 '중심'적인 장소가 되는 것을 목격한다. 이는 '주변'에서 '중심'으로 '이동'한다고 보는 것과는 다른 인식이다. 20세기 초중반 상하이의 경계들에서 빈발하는 사건들은 주변이 곧 중심적인 장소가 되는 것이 가능한지 그 궤적을 탐색하게 하는 사태들이다. 이 글은 이러한 사유가 가능한지 관련 선색(線索)을 상하이의 경계들과 그 표상 속에서 타진해보려 한다.

이와 같이 20세기 초중반의 상하이 도시문화를 읽을 때 경계 개념을 도입하는 것은 단순한 내용의 추기(追記)가 아니라 관점의 전환을 수반하는 문제라는 것을 알 수 있다. 다음 장에서는 경계의 관점이 제기될 때 부상하는 이러한 문제들을 염두에 두면서 경계에 대한 최근의 논의가 왜, 어떻게 제기됐는지, 그리고 이들 경계

---

12 알렉산더 디너, 조슈아 헤이건, 임경화 등 옮김, 2002, 『경계들: 보더 스터디즈 입문』, 소명출판.

에 대한 논의에서 중점은 어디에 있는지 등을 살펴보고 상하이의 도시문화 연구방법론을 재검토할 수 있는 논점을 부상시켜 보도록 하겠다.

III. '경계'는 어떻게 새로운 분석개념으로 대두되고 있는가

1. '경계' 일반에서 '경계투쟁'으로

최근 일고 있는 경계를 둘러싼 논의는 경계라는 제도를 고정불변의 것으로 절대화하지 않고 역사화하는 가운데 당대에 부상하고 있는 경계의 문제를 드러내고 이에 대해 질문을 던지면서 제기된 것들이다. 경계에 대한 다수의 논의에서 부각되는 것은 경계가 중첩되고 또 확산되고 있다는 인식이다.

이러한 경계에 대한 인식을 정리한 것으로 프랑스의 철학자 발리바르의 작업을 대표적으로 거론할 수 있다. 발리바르에게 경계는 역사적인 다의성을 띤 개념으로 구명된다. 이는 항상 과잉되게 결정되고 계급, 인종, 민족에 따라 차별적으로 만들어지는 다의미성을 띤 제도라는 점이 중요하다. 또한 이질성과 편재성을 띠면서 선택적인 통제가 이뤄지는 모든 것에 위치하는 제도이기

도 하다.[13]

사실 경계 그 자체는 모든 정치적 입장과 실천을 벗어나는 절대적으로 반민주적인 제도이다. 따라서 경계들이 새롭게 구분되거나 감속될 때 권위주의적 경화(硬化)를 택할지 아니면 경계적인 제도의 해체에 착수하는 민주적인 급진성을 택할 것인지가 중요하다. 곧 발리바르에게 경계에 대한 논의에서 중요한 것은 역사적, 정치적 경계들인 국경들이 민주주의가 봉쇄되거나 재도약할 수 있는 균열선이자 세력선이라는 점이다. 이에 따라 주변적인 지대는 인민이 형성되기 위한 도가니를 이룰 수 있다. 그런 점에서 그는 경계에 위치한 도시들은 공적 공간의 구성과 관련해 '주변'적인 위치에 있는 것이 아니라 '한가운데' 있다고 판단한다.

1990년대 유럽연합이 형성되고 이후 유럽에서 난민문제가 심화되던 시기 제기된 발리바르의 경계론에서 중요한 것은 국경의 민주화와 유럽적 인민의 구성을 위한 목표를 설정할 수 있느냐의 문제이다. 그에게 쟁점은 유럽의 경계들을 민주화할 수 있게 해주면서 동시에 유럽의 내적 분열들을 극복하고 세계 속에서 유럽국민들의 역할을 완전히 재사고할 수 있게 해주는 어떤 시민권을 발명하는 과제를 중심으로 선회한다.[14]

---

13 에티엔 발리바르, 서관모, 최원 옮김, 2007, 「경계란 무엇인가」, 『대중들의 공포』, 도서출판b.
14 에티엔 발리바르, 진태원 옮김, 2010, 「서막: 유럽의 경계들에서」, 『우리, 유럽의 시민들?』, 후마니타스.

이와 같이 발리바르의 경계에 대한 관심이 권위주의적으로 선택적 배제를 하는 경계의 경화에 맞서 국경을 민주화할 경로를 모색하고 유럽적 인민과 시민권의 형상을 발명하는 데 있다면, '방법으로서의 경계'를 논의한 메자드라와 닐슨은 경계의 확산이 최근 자본주의 발전의 핵심이라는 경제적인 측면에 주목하여 인식적 관점으로서 경계에 대한 논의를 전개한다.[15]

메자드라와 닐슨이 경계에 주목하는 것은 전지구화 과정에 대한 인식적 관점에서 비롯된다. 그들의 분석에서 경계의 증식은 전지구화 과정의 핵심적인 면모들로서, 확산되는 경계는 통로차단이 목적이 아니라 고도로 선별적인 작업들, 곧 포섭의 차별적인 관리임이 밝혀진다. 이 경계론에서 특별한 점은 경계가 전지구적 흐름을 막거나 방해하는 것이 아니라 반대로 경계가 그 흐름의 접합을 위한 핵심적인 장치가 되고 있는 점이다. 이러한 인식은 정치경제학적 분석에 힘입은 바, 여기에서 경계들은 현대의 전지구적, 탈식민지적 자본주의의 이종적 시공간을 생산하는 데 있어 핵심적인 역할을 하고 있다. 이종성에 대한 그들의 강조는 현대의 산 노동(living labor)의 구성이라고 부르는, 이동 행위들과 경계들의 작동에 의해 더욱더 교차되고 분할되며 증식되는 상황에 대한 분석에서 중요하다. 이 과정을 전체적으로 파악하는 데 무엇보다 필요한 것은 이에 도전하는 다수의 시선과 목소리이다. 그들의 주요한 관

---

15 산드로 메자드라, 브렛 닐슨, 남청수 옮김, 2021, 『방법으로서의 경계: 전지구화 시대 새로운 착취와 저항 공간의 창출』, 갈무리.

심사는 변화하는 경계와 이주 레짐, 곧 이동하는 주체와 그들의 경험으로 요약할 수 있다.

그들의 분석에서 무엇보다 중요한 것은 경계의 유연한 작동방식에 대한 이해이다. 경계가 담장 이미지 혹은 배제하는 장치라는 이미지는 오도된 것이며 이 기제의 유연성에 대한 이해가 중요하다. 그들이 주장하는 바는 경계가 사람들을 선별하고 거르는 포섭의 장치이며 상이한 순환의 형식이기도 하다는 점이다. 경계가 어떻게 핵심적인 선들과 부와 권력의 지형들을 따라 복수의 통제지점들을 구축하는지를 보여줌으로써 배제의 대척점이 아닌 연속선상에 있는 포섭의 문제를 제시한다. 그런 점에서 그들의 논의는 개별적인 경계가 어떻게 연결되고 분리되는지뿐만 아니라 이종적인 경계 경관 간의 관계를 둘러싼 연결과 분할의 유형이 무엇인지를 탐색하는 작업인 것이다. 그런데 방법으로서의 경계란 이론적 관점과 다양한 실증적 경계공간들의 이해라는 목적 양 측면에서의 긴장과 마찰을 생산적으로 만들고자 하는 시도이기도 하다. 그리하여 이러한 경계에 대한 질문은 무엇보다 정치의 질문이 된다. 경계에서 생산된 사회적 세계와 주체성의 종류에 대한 질문이 되며 이러한 생산의 과정에 사고와 지식이 개입할 수 있는 방법들에 관한 질문이 된다.

메자드라와 닐슨은 발리바르가 펼친 경계론의 지반 위에서 논의를 전개한다. 그들은 경계의 역사적 다의성 개념과 경계 논의가 정치적인 질문과 연결된다는 논점에 대해서 크게 이론(異論)의 여지가 없다. 그러나 면밀히 따져보면 이들의 논의는 발리바르의 경계론의 관점과 관심사가 가진 한계를 지적하면서 이를 수정 보완하는 차원에서 전개되고 있다. 무엇보다 그들의 논의는 발리바르의 경계론이 정치적인 상부구조와 제도의 차원 위주로 전개되는 것에 거리를 취한다. 이보다는 경제적이고 구조적인 작동기제와 그 변화하는 과정에 대한 분석 속에서 경계에 대한 논의가 전개될 필요가 있다는 점을 강조한다. 이와 함께 그들의 논의가 발리바르의 경계론이 정치적인 질문과 연결되는 점에는 십분 동의하지만 그 논의가 홀략한 관점을 지적하는 대목에 주목할 필요가 있다. 발리바르의 경계론은 이론적이고 정치철학적인 논의이다 보니 경계를 넘는 서발턴과 주체들의 경험과 관점에 대한 언급은 많지 않은 편이기 때문이다.

그렇다면 메자드라와 닐슨이 발리바르의 논의를 보충하여 진전시킨 논점이 무엇인지 구체적으로 살펴보자. 메자드라와 닐슨에게 우선 중요한 것은 경계의 연화(軟化)나 민주화가 아니라 경계에 의해, 또 그것을 통해 구성되고 재생산되는 사회적 관계의 성질이나. 급신석인 정치사상과 행위를 위한 개념으로서 방법으로서의 경계를 위치 짓는 것은 자본이 경계를 이용하는 법을 논쟁적으로 보는 논의의 필요성으로 이어진다.[16] 관건은 압제적 폭력에 대한 투쟁만이 아니라 경계의 생산적 차원에 주목하는 것이다. 그들은

---

16   산드로 메자드라, 브렛 닐슨, 위의 책, 405-406쪽.

이럴 때에 더 깊숙한 논쟁의 장이 전체적으로 드러난다고 본다. 이는 경계가 공간, 노동력, 시장, 관할권, 다양한 다른 대상들을 주체성의 생산에 수렴되는 방식으로 생산하는 데 유용하다는 점을 인지하는 것이다. 방법으로서의 경계는 이러한 생산과정의 갈등적 측면에 초점을 맞추는 것을 의미한다.

둘째, 발리바르와 이들의 논의는 경계의 개념에서 정치적인 질문을 제기한다는 점에서 공통되나 관점에서는 중요한 차이가 있다. 메자드라와 닐슨의 논의는 이주자의 경험에서 논의를 개시하면서 이것이 정치적 행동주의에 근원한다는 점을 분명히 밝힌다.[17] 이는 발리바르가 관심이 있는, 경계에 도전하거나 이를 민주화하려는 활동가의 욕망과는 구별되는 관점이다. 이보다 경계선을 넘는 이주자들이 감당하는 경험과 위험들을 인지하면서 정치적 주체성의 생산 문제를 다루는 것이 긴요하다는 입장을 표명한다. 이는 경계의 내부와 외부 사이에, 포섭과 배제 사이에 그어진 불안정한 선 주변에서 구체화하고 있는 투쟁들에 초점을 맞춰야 한다는 논의로 진전된다. 그리고 여기에서 그들은 정치적 가능성의 새 공간이 열린다고 판단한다. 시민권의 논리나 급진적인 정치조직과 행위의 정립된 방법 중 어느 쪽에도 의존하지 않으면서 자신들의 운동을 좇으며 자신들의 힘을 증식할 수 있는 공간을 만드는 주

17　산드로 메자드라, 브렛 닐슨, 위의 책, 37쪽. 메자드라와 닐슨은 서문에서 경계에서
　　폭력과 전쟁에 대항하는 이주민들의 투쟁에서 논의를 시작하겠다는 점을 밝히고 있
　　기도 하다. 산드로 메자드라, 브렛 닐슨, 위의 책, 15쪽.

체들이 이러한 관점 속에서 형성된다고 보는 것이다.

이는 논의의 중점을 '경계' 일반에서 '경계투쟁'으로 이동시킨다. 이러한 논의의 진전을 통해 다소 모호한 경계 개념이 현실성과 구체성을 띨 계제를 마련한다. 재론하면, 발리바르에게 경계는 국경을 어떻게 민주적으로 만들 것인가 그리고 어떻게 유럽적인 인민과 시민권을 형성할 것인가에 대한 논의로 집중된다. 여기에서 정치의 문제는 이미 상정되어 있기에 경계에서 벌어지는 투쟁에 대한 논의가 들어설 자리는 없어 보인다. 메자드라와 닐슨은 이주자의 경험과 관점에서 경계에 대한 논의를 개시하기에 경계에 대한 정치적인 질문은 이 접경에서 벌어지는 구체적인 투쟁으로 모아진다. 경계투쟁은 내부와 외부 사이의 포섭과 배제 사이에 그어진 불안정한 선 주변에서 구체화하고 있는 투쟁들에 초점을 맞추는 것이다.

이러한 '경계투쟁(boundary struggles)' 개념이 전면적으로 논의되는 것은 낸시 프레이저의 최근 저서인 『식인자본주의』에서이다.[18] 프레이저는 맑스의 『자본』을 재독해하면서 맑스가 자본주의 '교환' 영역의 이면을 파고 들어가 '생산' 영역이라는 '감춰진 장소'를 발견한 것처럼 '생산' 영역 이면에서 감춰진 영역을 탐색하여

---

18 한국에서는 '좌파의 길'이라는 제목으로 번역됐다. 낸시 프레이저, 장석준 옮김, 2023, 『좌파의 길: 식인 자본주의에 반대한다』, 서해문집. 원서의 서지사항은 다음과 같다. Nancy Fraser, 2022, *Cannibal Capitalism: How our System is Devouring Democracy, Care, and the Planet and What We Can Do About It*, Verso.

이것이 자본주의의 구성적인 요소임을 밝힌다. 이러한 분석을 통해 프레이저는 자본주의란 '경제'의 한 유형이 아니라 '사회'의 한 유형이라는 주장을 제기한다. 이는 공식적으로 '경제'라고 지정된 영역을 인가해주면서 이를 통해 다른 한편으로 경제화되지 않은 모든 부를 먹어치우는 사회임을 밝힌 것이다.

이렇게 이해할 때 자본주의의 구조적 분할, 특히 제도적인 분리가 문제적이다.[19] 곧 식인자본주의는 생산지점에서만 계급투쟁이 일어나는 것이 아니다. 이 시스템을 구성하는 접합 부위마다 사회적 재생산과 생산의 충돌지점, 착취와 수탈의 교차지점, 축적의 한계지점, 지구시장/초거대기업이 국민국가/초국적 거버넌스 기구와 만나는 지점 등에서 경계투쟁이 벌어진다. 이러한 투쟁은 자본주의를 '제도화된 사회질서'로 바라보는 확대된 관점을 통해서만 식별 가능하다. 프레이저의 논의에서 경계투쟁은 자본주의 안에서, 자본주의를 둘러싸고, 때로는 자본주의 자체에 맞서는 투쟁으로서 새롭게 조명된다.

'경계' 일반에 대한 논의는 전지구적 자본주의 과정과 자본주의 '사회'에 대한 인식과 연결되어 '경계투쟁'에 대한 논의로 옮겨간다. 경계투쟁 논의는 경계에 대한 논의가 경계의 생산과 강화라

19　프레이저는 문제적인 자본주의의 구조적 분할로 구체적으로 경제적 생산과 사회적 재생산의 분리, '정치'와 '경제'의 분리, 자연과 사회의 분리, '착취'와 '수탈'의 분리를 거론한다. 또한 이러한 분리는 자본주의에 구성적인 요소를 이룬다는 점이 강조된다.

는 기제의 형성뿐만 아니라 경계를 횡단하는 이들의 삶과 경험, 투쟁에 대한 논의로 시야를 확대하고 예각화할 때 새로운 힘과 변동의 계기를 찾을 수 있다는 것을 알려준다. 더 나아가 이 개념은 생산영역에서 일어나는 투쟁만이 아니라 사회 제도의 분리가 이뤄지는 경계마다 투쟁이 중요하다는 점을 알려준다. 이에 따라 경계투쟁에 대한 논의는 이 글의 관심사인 이질적이고 중첩되는 것의 문제가 기각되거나 부수적인 것으로 처리되지 않고 중요하게 부각될 수 있는 이론적인 근거를 마련해준다.

2. 이종성과 복수성의 시공간

그렇다면 이러한 경계투쟁은 도시문화 연구에서 어떻게 전개될 수 있을까. 경계투쟁의 양상은 다양할 터이지만 본고의 논의와 관련한 이론적인 참조로 이종성에 대한 논의를 우선적으로 주목해보자. 메자드라와 닐슨의 경계에 대한 방대한 논의 가운데 도드라진 대목 중 하나는 앞에서도 언급한 '이종성(heterogeneity)'에 대한 논의이다.[20] 그들에 따르면 이종성은 현대의 산 노동이 지닌 특징으로 경계 안에서 작동하는 한편 투쟁과 반란의 순간을 형성하는 주체적 요구로부터도 제기되는 것이다. 곧 이종성은 다양한 종류의 경계선이 증식하는 순간에도 등장하고 경계의 의미장에서 새로

20　메자드라와 닐슨의 '이종성'에 대한 논의는 대표적으로 다음을 참고. 메자드라 등, 앞의 책, 18-19쪽.

운 이종적인 주체로도 재등장한다. 그런데 이종성이 통제와 위계화 장치들에 의해 절단되고 분할되기는 하지만 이에 맞서서 단결할 여지가 남아 있다는 것도 이들이 중요하게 주장하는 대목이다. 여기에서 이들은 자본의 사회적 관계와 자본에 대항하는 투쟁들이 활동하는 장을 구조화하는 물질적 실재가 다수성(multiplicity)이라는 것도 부기한다. 다수의 시간적이고 영토적 경계가 부합하는 시간과 공간의 이종성의 이미지에 대한 통찰을 제공하는 것이 이들의 서술 목표 중 하나이다.

그렇다면 이러한 이종성은 도시문화연구에서 어떤 의미를 갖고 있으며 이는 또 어떻게 봐야 하는 것일까. 이 이종성의 세계가 갖는 역능과 의미에 대해서는 역사학자 차크라바르티의 차이의 역사에 대한 논의가 중요한 참조가 될 수 있다.

차크라바르티는 『유럽을 지방화하기』에서 글로벌한 근대성에서 역사를 복수화하여 서술하는 구체적인 방법을 맑스의 『잉여가치학설사』의 역사에 대한 정리 속에서 개념화한다.[21] 맑스는 두 유형의 역사, 즉 '자본에 의해 정립되는' 역사들과 자본의 '생애'에 속하지 않는 역사들에 대해 언급하는데 차크라바르티는 이를 각각 '역사 1(History 1)'과 '역사 2(History 2)'로 개념화한다. 차크라바

---

21 차크라바르티 논의의 출발점은 농민의식을 '전정치적(prepolitical)'이라고 본 홉스봄의 범주를 명시적으로 비판한 인도의 서발턴 연구그룹의 주요 역사학자인 구하(Guha)의 논의와 관련된다. 아래에서 서술되는 역사 1과 역사 2 관련 논의는 다음의 2장 참고. 디페시 차크라바르티, 김택현, 안준범 옮김, 2014, 『유럽을 지방화하기』, 그린비.

르티는 여기에서 차이들이 자본의 논리에 의해 지양된다는 관념에 맑스의 사유가 어떻게 저항하는지에 주목한다. 그에 따르면 역사 1은 자본 자체에 의해 자본의 선행조건으로 정립되는 과거로, 통상적으로는 자본주의 생산양식으로의 이행서사의 골간이자 보편적, 필연적 역사로 이해되는 것이다. 이와 대립되는 역사 2는 자본이 '선행한 것들을 만나게 된다는' 의미에서 자본에 '선행하는 것들'이지만 그러나 '자본 자체에 의해 확립되는 선행하는 것들이 아니며, 자본 자신의 생애의 형태들이 아닌' 것으로 맑스에게 기술된다. 이 역사 2의 사례로 거론되는 것이 화폐와 상품이다. 맑스는 화폐와 상품의 역사에서 이질성의 사례를 읽어내는데, 자본논리의 재생산에 기여하지 않는 관계들이 그 재생산에 기여하는 관계들과 내밀하게 접속되어 있다는 설명이다. 이에 따라서 역사 2들은 자본과 분리된 과거가 아니며 그것들은 자본 안에 내재하면서 자본 자체의 논리의 진행을 중단시키고 이 진행에 구두점을 찍는다. 곧 역사 2들은 자본과 내밀하면서도 복수적인 관계들인 것이다. 이와 관련하여 차크라바르티는 역사 1이 항상 역사 2에 의해 변경되는 방식들이라는 쟁점을 포착한다. 이는 역사 1의 중요성을 최소화하지 않으면서 역사 2가 역사 1로 지양될 수 없음을 드러내는 방식이다.

차크라바르티의 논의에서 흥미로운 것은 이질성이 현재에 존재하면서 작용하는 방식이다. 그에 따르면 자본의 역사적 형태는 아무리 글로벌해져도 보편적일 수 없다. 자본은 역사적 범주인 것으로 곧 역사적 차이는 자본에 외재적인 것이 아니라 자본에 구성적이라는 점이 중요하다. 자본의 역사들은 역사 2들에 의해 구성적이면서도 불균등하게 변경되는 역사 1이다. 따라서 자본의 글로벌화는 역사 1이 실현되었다는 것이 아니며, 자본의 자기실현을 중단시키고 지연시키는 것은 항상 역사 1을 변경하고 그럼으로써 우리가 역사적 차이를 주장하는 데 근거 노릇을 하는 다채로운 역사 2들이라는 점을 인지하는 것이 중요하다.

그에게 유럽의 지방화(Provincializing Europe)를 역사적으로 사유하는 것은 두 개의 모순적 관점 사이의 대화를 항구적 긴장 상태로 두려고 분투하는 것이다. 한편에는 자본의 불가결하고 보편적인 서사(역사 1)가 존재하고 다른 한편에는 인간 존재의 다양한 방식들에 관한 무한한 통약불가능성을 통해 상이한 존재귀속 안에서 살 수 있는 '세계를 이 지상에 만들기 위해' 투쟁하는 서사(역사 2)가 존재한다. 곧 유럽을 지방화하기라는 프로젝트란 우리가 그 이질성과 편린과 차이의 역사를 성찰할 때 유럽의 정치적 근대성의 범주들에 관한 계보학들을 어떻게 결합되어 있으면서도 이접적인 것들로 창안할 수 있는가의 문제인 것이다.

차크라바르티의 역사 2에 대한 서술은 현실의 현재하는 복수성과 이종성을 재위치짓고 처리하는 방식에 일정한 시사점을 던져준다. 이종성과 복수성은 역사 1과 같은 보편적인 것을 지향하는 것에 제압되거나 소거되지 않고 보유되면서 이에 영향을 미치고 더나아가 변경시키는 현실로서 작용한다. 이와 관련해서 볼 때 그렇다면 20세기 초중반 상하이에서 이와 관련하여 경계들은 어떻게 드러나고 강화되며 또 어떻게 변화할까. 기존의 고정된 경계 개념을 수정하면서 출발한 경계에 대한 논의는 경계투쟁 및 역사에서의 이종성과 복수성 등에 대한 이론적인 논의를 경유하여 이제 20세기 초중반의 상하이에서 도시문화와 주체형성의 문제를 보는 데 어떻게 작용할지 검토하는 영역으로 진입한다.

IV. 상하이의 경계들

20세기 초중반 상하이는 주지하듯이 조계들의 도시로 각인된다. 20세기 초중반 상하이에는 다종의 경계들이 그어져 있었다. 아편전쟁과 난징조약 이후 상하이는 강제 개항되면서 상하이인들이 살던 원형의 성곽을 가진 현성(縣城) 북단에 조계지들이 들어섰다. 1843년 상하이현성의 북단과 쑤저우허(蘇州河) 이남 사이의 땅이 영국의 조계지가 되었다. 그 뒤 1848년에 미국에게 쑤저우허 이북의 땅을 조계지로 내줬다. 1849년에는 프랑스의 요구로 영국조계와 중국인이 살던 화계(華界) 사이에 프랑스조계가 설치됐다. 영국조계와 미국조계는 1863년에 통합되어 공공조계가 되었다.[22]

22　공공조계와 프랑스조계는 1854년과 1862년에 각각 공부국(工部局)과 공동국(公董局)이라는 식민통치기구를 설립하여 중국 당국과 독립적으로 조세를 징수하고 치안을 유지하는 행정 및 일상권력을 행사했다.

19세기 말 상하이에는 이미 화계, 공공조계, 프랑스조계와 같은 경계들이 생겨났다. 이후 1932년 상하이사변 이후 공공조계 내 일본세력이 급격하게 늘어나서 홍커우 일대에 일본인이 대거 거주하는 '일조계(日租界)'라는 별칭이 붙은 '준조계(準租界)'도 여기에 더해졌다.

20세기 초중반 상하이에서 경계는 어지럽게 그어져 있었다. 게다가 공공조계와 프랑스조계의 경우 시시각각 중국당국에 경계 확장 요구와 불법적인 월계축조(越界築造)로 영역을 확대하여 경계는 매번 변화하고 있었다. 공공조계의 간선도로인 난징루(南京路)와 프랑스조계의 간선도로인 화이하이루(淮海路, 당시 샤페이루霞飛路)를 중심으로 상하이의 도로가 들쭉날쭉 복잡하게 배치된 것은, 제국들의 무분별한 조계 확장의 역사와 관계 깊다(그림 1).

이 시기 상하이의 중국인들은 이러한 경계선들이 가시화되는 공간에 살았다고 할 수 있다. 물론 조계지가 출현한 처음부터 그랬던 것은 아니었다. 처음 조계지가 설치됐을 때 중국인과 외국인의 거주는 엄격하게 분리되었다. 1845년 영국 조계에서 공포한『상하이토지장정(上海土地章程)』은 중국인과 외국인의 거주지를 분리하는 '화양분거(華洋分居)'를 원칙으로 삼았고 이는 일정 기간 엄격하게 지켜졌다고 할 수 있다. 그러나 이 원칙이 무너진 것은 19세기 말 일어난 대규모 민란으로 화계와 강남지역에 살던 중국인이 조계지로 대거 들어오면서부터이다. 1853년에 일어난 소도회(小刀會) 봉기 때 5백 명이 거주하던 조계지에 2만 명의 중국인이

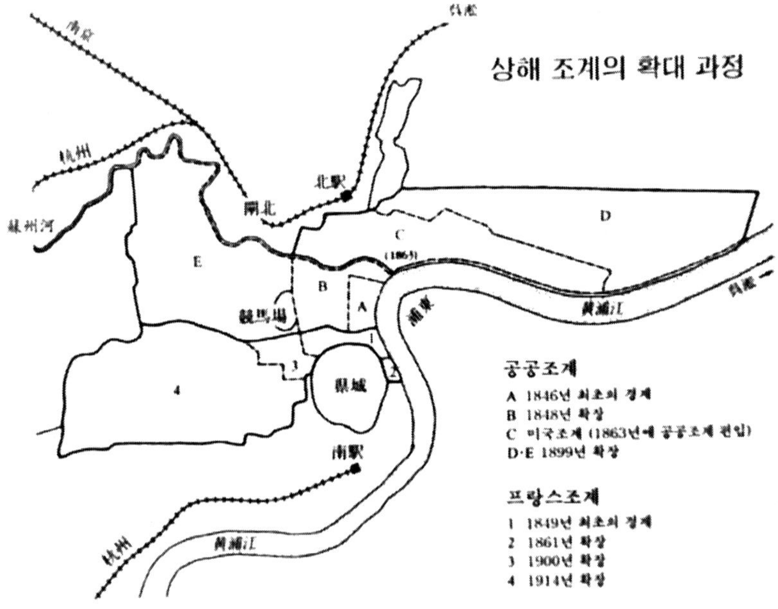

<그림 1> 상하이 조계의 확대 과정

들어와 거주하게 됐다. 태평천국의 난 시기에 조계지의 중국인 인구는 급격하게 늘어나서 1860년에 30만 명, 1862년에는 50만 명이 거주하기에 이른다.[23] 이에 영국 조계는 토지장정을 수정하여 1854년 중국인이 조계지 기주를 허용하여 '화양잡거(華洋雜居)'의 시대로 접어들게 되었다.[24]

---

23 관련 서술은 다음을 참고. 史梅定主編, 2001, 『上海租界志』, 上海社會科學院出版社.

24 영조계의 『토지장정』 수정안에 대한 자세한 사항은 史梅定의 위의 책 684-685쪽 참고.

조계지의 권력은 영미와 프랑스의 제국들이 장악하고 있었지만 실제 이 공간을 점유하여 살아갔던 이들의 다수는 중국인이었다. 20세기 초중반의 조계지의 열악한 중국인 주거상황 위에서 영국인 부동산 재벌 등의 부가 일궈졌다.[25] 이는 소수의 제국 식민자과 다수의 중국인 실거주 인구라는 비대칭적인 비율로 인해 가능한 일이기도 했다.

20세기 들어 민족주의와 사회운동의 파고 속에서 1925년 상하이 대중들은 '조계회수운동'을 벌였으나 성사되지 못했다. 1930년대 국민당정부는 공공조계의 북쪽에 수도를 이전할 요량으로 '대상하이계획(大上海計畫)'을 세웠고 이에 따라 상하이의 북동부에 새로운 가로(街路)와 구획의 선들이 생겨났다.[26] 1937년 중일전쟁 발발 후 일본은 쑤저우허 이북의 공공조계를 점령했다. 이 시기 상하이는 쑤저우허 이남의 공공조계와 프랑스조계만이 일본에 점령되지 않고 외따로 남겨져 '고도(孤島)' 시기라 불린다. 1941년 태평양전쟁을 일으킨 이후 일본은 남은 조계지도 점령하여 상하이 전체가 '함락구(淪陷區)'가 된다.[27] 조계들이 처음 출현한 19세기 중

---

25 이 시기 상하이 도시공간을 중국인과 정반대의 입장에서 살았던 영국의 부동산 재벌이었던 서순(Sassoon)가와 커두리(Kadoorie)가의 관점에서 서술한 저서로 다음을 참고. 조너선 카우프만, 최파일 옮김, 2023, 『상하이의 유대인 제국』, 생각의 힘. 참고로 원제는 'The Last Kings of Shanghai'이다.

26 성사되지 않는 상하이로의 수도이전 흔적은 현재 상하이 우자오창(五角場)의 반듯한 도로구획에 남아 있다.

27 이후 조계의 상황은 다음과 같다. 1943년 조계는 '괴뢰정부'라 불리는 왕징웨이(汪精衛) 정부에게 회수된다. 1945년 일본이 패전하면서 국민당이 조계를 접수하고 1949

반뿐만 아니라 20세기 초중반까지 전쟁들과 권력지배와 대중운동 속에서 상하이의 경계는 새로 그어지거나 강화되면서 변동되어졌다.

이와 같이 새롭게 그어지고 변경하면서 압력을 가하는 제국들과 국민국가의 경계들에서 상하이의 거주자들은 살아갔던 것이다. 그런데 이 경계들이 혼잡하게 강화되거나 변경되는 과정을 목도했던 이들은 비단 상하이 태생의 중국인만이 아니었다. 국내의 각 지역에서 노동자들 그리고 특히 여성들이 노동과 생활, 교육과 이념 등을 위해 상하이로 이주해 왔고 이들은 마찬가지로 타지에서 상하이로 건너온 작가, 화가 등의 예술가들의 텍스트에서 종종 재현되곤 했다. 한편 19세기 중후반의 소도회와 태평천국의 난에서 1931년 9.18 사변 등에 이르기까지 강남과 동북 등지의 각 지역의 피난민들도 상하이에 몰려왔다. 국내의 이주자뿐만이 아니다. 조계를 통치하러 온 제국의 식민주의자들과는 다른 계열의 외국인들, 이민자와 여행자들이 상하이에 들르거나 거주했다. 그리고 또 다른 일군의 외국인들, 나라와 거주지를 잃은 디아스포라와 난민과 망명자들이 상하이에 모여늘었다. 여기에 러시아혁명 뒤 남하한 백계 러시아인, 나치의 박해를 피해 온 유대인, 일본 식민지에서 항일운동과 생계 등을 위해 건너온 조선인들이 있다. 그리고 국내외의 운동가들 곧 공산주의자, 무정부주의자, 민족주의자,

---

년 5월 국공내전의 말미에 공산당이 상하이를 접수한다.

항일운동가 및 아시아의 독립 운동가들이 어지러운 경계들의 도시인 상하이에서 활동하거나 암약했다.

상하이 서발턴의 광범위한 포진과 양상을 살펴보면 다종의 경계들이 새로 설정되거나 변경되어 강화하는 가운데 다양한 출신과 국가와 젠더와 이념의 소지자들이 경계들을 횡단하여 이 경계들에서 살고 있었음을 알 수 있다. 중국 국내외의 각 지역에서 월경하여 상하이에 도달한 서발턴의 상황을 고려해보면 상하이는 단수성과 단일성이 일원적인 힘을 쓸 수 없는 복수성과 이종성이 우세한 지역이라는 것을 알 수 있다. 이들은 상하이 도시 곳곳에 출현하면서 자신의 불안정함을 드러내고 발화를 하는 존재들이기 때문이다. 경계를 넘나드는 이들의 출현과 행위와 발화들로 상하이 문화는 구성되면서 또한 변경된다고 할 수 있다. 이는 다름 아닌 경계를 중심으로 도시공간과 문화를 읽었을 때 드러나는 관점과 상황들이라는 점에서 중요하다.

그렇다면 이러한 월경하는 서발턴의 구체적인 상황은 어떠할까. 본고는 이론적 검토에 맞춰진 논의의 중점과 지면의 한계로 인하여 이에 대해 상론하기는 어렵기에 두 사례만 간단하게 언급하면서 그 상황과 의미를 개략적으로 살펴보려 한다. 먼저 상하이의 서발턴에 대한 수다한 텍스트 가운데 1930년대 상하이에 거주했던 작가 김광주의 서사 속에 재현된 조선인 서발턴들의 상황에 대해 일별해보자.[28] 조선인은 비서양과 비제국의 아시아 피식민지에서 온 이들이기에 상하이의 서발턴 가운데에서도 가장 열악한 조건에 처한 이들이라 할 수 있다. 그런데 김광주가 묘사에 주력했던 상하이―조선인―망명사회란 제국과 국민국가, 피식민지라는 여러 겹의 경계를 '이미' 내포하고 있는 커뮤니티이다. 김광주의 서사는 상하이의 경계들이 겹으로 폭력적이면서도 문제적으로 작동하고 있음을 인지하고 겪는 조선인 서발턴의 망명사회에서도 하층을 차지하는 인물들이 주인공이다. 그들은 망명사회 최하층을 구성하는 이들로 제국들의 지배에도 포획되지 않고 망명사회의 위선과 허위에도 비판적이면서 상하이의 거리를 무람없이 쏘다니는, 이질적이고 복수적인 존재와 시선을 드러내는 데 거리낌 없는 존재들이다. 이들은 최하층계급의 육체와 생활의 감각으로 느슨한 이념의 소지자들에 맞서면서 궁극적으로 권력과 지배에서 벗어나고자 한다. 이를 위해 자신의 삶을 죽음이나 파국으로 밀어붙이면서까지 경계에서 싸우는 삶을 마다하지 않았기에 '몬스터'라 불린 인물들이다.[29]

---

28 김광주의 상하이 서사와 관련된 아래의 내용 중 일부는 다음을 수정 보완했음을 밝힌다. 박자영, 2020, 「망명사회와 그 적들: 1930년대 김광주의 월경(越境) 감각」, 『상하이의 낮과 밤: 현대성의 문화와 일상, 대중문화』, 그린비.

29 김광주는 상하이의 조선인 망명사회 커뮤니티의 서발턴의 삶을 서사의 주요한 내용으로 삼고 있다. 그의 소설은 장발노인(「장발로인」)과 북평에서 온 영감(「북평서 온 '영감'」), 야지(野鷄)인 이쁜이(「野鷄」), 간호사 김은순(「상해와 그 여자」) 등 월경한 도시 상하이에서 지배와 통제를 벗어나고자 한 인물들이 어떻게 파멸과 파국의 결말을 향해 치닫는지를 주로 묘사하고 있다. '몬스터'와 관련된 표현은 「장발로인」에 나

상하이의 거리를 무람없이 횡단하면서 비순응적이고 비타협적인 삶의 태도를 보인 이들 조선인 서발턴들은 상하이의 중첩된 경계들에서 권력과 통제가 다종적이고 교차하면서 작동하는 것에 온몸으로 저항하면서 문제제기하는 존재들이라 할 수 있다. 한편 이를 기술하는 그 자신도 조선에서 온 피식민지 비제국 출신의 서발턴인 작가는 망명사회와 조계지의 현실을 양면에서 비판적으로 관찰하면서 비순응주의적인 보헤미안적 태도를 드러내고, 또 이를 통해 경계들이 중층적으로 교차하는 사회 속에서 서발턴이 갖는 탈주와 비판의 힘을 상하이의 도시문화에 아로새기고 있다.[30] 상하이의 조선인 서발턴은 하층과 주변부의 열악한 상황에 처하면서도 교차하고 중층하는 경계들의 도시에서 어떻게 이에 순응하거나 종속되지 않고 비판의 날을 세우면서 이곳의 문제를 적시하면서 돌파하려 할 수 있는지를 보여주는 이들이라 할 수 있다. 김광주의 서사에서 초점화된, 상하이의 가장 주변의 존재 중 하나인 조선인 서발턴들은 경계들의 도시 저변에서 현실에 대해 민감하게 발언하고 이를 비판하면서 최전선에서 나아가는 것이 어떻게 가능한지 그 방법을 경계에서 존재하면서 발언하고 행동함으로써 보여준 이들이라 할 수 있다.

온다. 김광주, 2007, 『중국조선민족문학대계 13: 김학철·김광주 외』, 연변대학교 조선문학연구소 주편, 보고사.

30 비서구-비제국의 조선인 작가가 상하이에서 모더니티와 부르주아 문화를 추종하는 것과 다른 생활 태도로서 코스모폴리타니즘과는 구별되는 보헤미아니즘을 전유하는 것에 대해서는 다음을 참고. 박자영, 앞의 책, 325-326쪽.

한편 이종성과 복수성의 세계가 상하이에서 어떻게 드러나고 여기에서 경계 투쟁의 양상은 어떠한지 살펴볼 수 있는 또 다른 중요한 사례로 장아이링의 텍스트를 거론할 수 있다.[31] 이 글에서는 그중 장아이링이 『전기(傳奇)』의 개정증보판(增訂本)을 출간하면서 새로 장정한 표지에 대해 논의하고자 한다(그림 2). 경계의 관점에서 표지 그림을 독해할 때 장아이링의 세계에 대한 문제적인 인식과 감각은 새로운 관점과 의미를 노정한다. 우선 장아이링이 표지에 대해 독자에게 한 발언을 보자.

"책표지는 옌잉(炎櫻)에게 디자인을 부탁했다. 만청의 시장사녀도(时裝仕女图)를 빌려와서 여인 하나가 가만히 골패를 만지작거리고 있고 그 옆에 유모가 아이를 안고 앉아 있는 것을 그렸다. 마치 저녁 식사 후 일상의 한 자락 같다. 그러나 난간 바깥에 귀신(鬼魂)이 나온 것 같이 툭 튀어나온, 비례가 맞지 않는 사람 모양이 하나 있다. 그가 바로 현대인이다. 그는 호기심 어린 눈길로 집중하여 안을 들여다보고 있다. 만약 이 화면에서 사람들을 불안하게 하는 면이 있다면 그것이야말로 내가 만들고 싶었던 분위기이다."[32]

---

31 장아이링을 본고의 관심 중의 하나인 서발턴으로 볼 수 있느냐에 대해서는 재론의 여지가 있을 수 있으며 이에 대해서는 다른 지면을 빌어 논의할 기회가 있기를 기대한다. 여기에서는 경계에 대한 특별한 감각을 가진 작가로서 장아이링에 대해 서술한다는 점을 밝힌다. 장아이링과 경계에 대한 논의로 다음을 참고. 박자영, 2024, 「난민과 경계(境界)의 문제: 장아이링의 소설 「浮花浪蘂」를 읽는 한 경로」, 『중국어문학논집』 144, 중국어문학연구회.
32 張愛玲, 1991, 「有機句話同讀者說」, 『張愛玲文集』(第四卷), 安徽文藝出版社, 259쪽.

일반적으로 이 발언은 '현대인'이라는 문구에 주목하여 전통과 현대의 관점에서 여러 해석이 이뤄지곤 했다.[33] 그런데 '경계'의 관점에서 보면 기존 해석과는 다른 풍경이 시야에 들어온다. 경계의 이편과 저편이 하나의 화면에 등장하여 이질성과 이종성의 세계가 펼쳐지는 것이 그것이다. 장아이링은 표지그림을 통해 이 세계가 동일하거나 단선적인 세계가 아니라 차이가 나는 비동일적이고 이질적이고 이종적인 복수성의 세계라는 인식을 시각화하여 제시한 것이다.

그런데 이는 경계—난간—가 가시화되면서 부상하게 된 세계이다. 여기에서 장아이링이 이 경계를 어떻게 표현했는지 눈여겨볼 필요가 있다. 장아이링이 표현한 경계는 유연한데 (난간) 바깥/저편의 인물은 근대('現代')와 전통의 시간적인 경계를 넘어서서 다른 시공간을 호기심 어린 긴장감을 가지고 바라보고 있다. 이는 저편은 잘 알지 못하는 세계이기에 그 세계에 대한 웅숭깊은 이해를 하는 데에는 무조건적인 호의나 환대보다는 이러한 불안함과 긴장감을 띤 호기심이 더 긴요할지 모르겠다는 인식이 드러난 대목이다. 표지그림은 경계를 표식하면서 이종성과 이질성, 복수성의 세계가 펼쳐진다는 것을 드러낼 뿐만 아니라 경계를 횡단하여 너머를 바라보는 인물을 출현시켰다는 점에서도 의미심장한 면이 있다. 이는 경계가 가시화됨으로써 이를 넘는 인물의 행동과 시선도

---

33 대표적으로 멍웨의 논의를 들 수 있다. 孟悅, 2003, 「中國文學'現代性'與張愛玲」, 『二十世紀中國文學史論(下卷, 修訂版)』, 王曉明主編, 東方出版中心.

오롯이 드러난 장면이다. 더 나아가 이는 경계를 넘어서 차이가 나는 서로를 이해하게 될 언어를 발견하고자 각고의 노력을 기울이는 이들의 출현을 예고하는 장면이기도 하다. 표지를 넘기면 나오는 장아이링의 소설집 『전기』에 수록된 로맨스와 일상의 서사들은 그러한 언어를 찾는 이들의 이야기들인 것이다.

<그림 2> 『전기』개정증보판 표지

　　다른 한편 표지 그림에서 부차적이고 전근대적이라고 여겨지는 전통적인 세계가 전경으로 배치되고 있는 점도 경계에 대한 인식과 관련하여 볼 때 새로운 이해를 얻게 된다. 이질적이고 이종의 세계들을 나란히 드러내되 통념의 우선순위를 뒤집어서 '전근대'의 세계를 전경으로 배치하고 '현대인'은 뒤로 물러나 있다. 일반적으로 일상에 존재하는 전통적인 세계는 부차적이기나 잔여적인 것으로 간주되면서 평가 절하되곤 한다. 그런데 장아이링은 과감하게 이 부차적이고 잔여적인 것으로 간주되는 전통적인 세계를 전면에 내세우면서 관념을 전치(傳置)시켜 현실을 볼 것을 표지에서 제안하고 있다. 그럼으로써 배경으로 사고되곤 하던 전통적이고 '전근대적'인 세계가 '현대인'에게 영향을 미치며 삶과 세계에 대한 이해를 넓고 깊게 만드는 또 다른

현실이라는 점을 드러내고 있다.[34] 이는 이종성과 복수성을 단순하게 병치시키는 것을 넘어서 우선순위를 바꿔서 사고해볼 때 새로운 존재와 시야와 구도가 드러나고 현실을 새롭게 이해할 수 있다는 것을 드러내는 구도인 것이다.

그런데 다시 이 특별한 표지를 가진 소설의 배경이 상하이임을 상기해보자. 이는 중국과 세계에서 가장 번화하고 '현대화'된 도시 중 하나를 배경으로 하여 이 소설집에서 서사화된 것은 다음과 같은 세계와 인물들이라는 것을 선언하는 표지인 것이다. 이질적이고 이종적인 세계들을 부상시키고 그 위치를 전도시켜 배치함으로써 다른 세계의 인물들이 서로 같이하는 것이 가능해짐을 사고케 하는, 재설정된 현재를 담고 있는 서사인 것이다. 장아이링의 소설집 표지그림은 경계들을 소지한 현실의 중층성과 이종성들을 꿰뚫어 보면서 차크라바르티의 용어를 빌리면 '역사 2'가 '역사 1'에 어떻게 영향을 미치고 '역사 1'을 변화시켜나가면서 재서사될 수 있는지 그 구도와 역학을 드러내고 있다. 이는 경계에 대한 개념을 중심으로 상하이 도시와 문화를 재고할 경우 발견하게 되는 새로운 현실과 존재들의 세계와 시야와 구상이라는 점에서 유의미하다.

---

34 이와 관련하여 이 경계 너머 이질적인 세계에 시선을 던지는 '현대인'에게 눈코입이 없다는 점도 눈여겨볼 필요가 있다. 그림 속 '현대인'은 비례가 맞지 않을 정도로 몸집에 비해 얼굴이 크지만 그에게 눈코입은 없다. 이는 장아이링이 시선을 던지는 자에게 특권을 부여하지 않는 것으로 해석될 수 있다.

V. 나가며

　본고는 경계의 관점에서 볼 때 재기술되는 상하이 도시문화의 성격과 문제는 무엇인지 살펴보기 위해 이론적인 검토를 진행하여 여기에서 경계 일반에서 경계투쟁과 이종성, 복수성 등의 개념을 발견하고 재맥락화하는 작업을 수행했다. 경계 담론에 대한 검토 속에서 주목된 이 세부개념들은 기존 상하이 문화연구에서 온전하게 평가받지 못한 중층성 개념과 관련된 개념들이라는 것을 알 수 있다. 중층성 개념은 이들 세부개념 속에서 보다 적절한 해석의 자리와 시점을 획득할 수 있다. 이는 경계 개념에도 적용되는 바, 다소 모호하거나 추상적인 경계 개념은 경계투쟁과 이종성, 복수성 개념을 통해 현실적이고 역사적으로 재맥락화되면서 보다 구체성을 띤 개념이 될 수 있다.

　본론의 분석을 통해 재맥락화한 이 세부개념들은 상하이 도시문화연구에서 서발턴의 관점을 부수적이거나 주변적이고 편린적인 것으로 처리하지 않고 도시공간에서 제 위치와 목소리를 찾게 하는 데 도움이 될 것으로 기대된다. 경계에 대한 논의를 통해 복잡하고 엇갈리는 경계들의 도시인 20세기 초중반의 상하이 도시문화는 경계 강화와 관련된 정치와 경제 및 권력의 쟁점만이 아니라 경계를 횡단하면서 어떻게 그 정치경제권력의 행사를 중단시키거나 전치할 수 있을지 사고할 수 있는 길을 개방하게 된다. 이 글

에서 포착한 경계투쟁과 이종성, 복수성의 개념들이 20세기 초중
반의 상하이 도시문화 연구에서 어떻게 전개되면서 그 개념의 내
포와 외연을 확장하여 상하이 도시문화 연구방법론의 갱신을 이룰
수 있을지에 대해서는 이번 시탐(試探)을 이은 다음의 본격적인 연
구에서 이뤄지길 기약한다.

훈춘
: 복합적 기능의 관문도시[1]

박우

전체 글 요약

훈춘은 1980년대 이후 중국의 개혁·개방, 국제기구의 개발 사업, 지방 정부의 경제·사회 발전 정책 등 내부·외부 요인의 복합적 작용으로 관문도시로 자리 잡았다. 본 연구는 이러한 훈춘의 특성을 분석한다.

첫째, 훈춘은 대외 무역과 국제 협력을 통해 관문무역도시로 성장했다. 1990년대 초 개방도시로 지정된 후 경제개발구와 자유무역구가 설립되었으며, 북한 빛 러시아와의 통상구 재개통으로 동북아 국제 협력의 핵심 지역이 되었다. 또한, UNDP의 TRADP 참

---

1   본 원고는 저자의 기 발표문(「훈춘의 관문도시적 성격에 관한 연구」, 『현대중국연구』 제26권 3호, 2024)을 수정 보완한 것이다. 원고의 가독성을 높이기 위해 구체적인 근거 제시에 필요한 출처 외의 참고문헌은 간소화하였음을 밝힌다. 자세한 내용은 논문 원문을 참조하길 바란다.

여로 경제 발전과 인프라 구축이 촉진되었으며, 중·러 호시무역구 설립을 통해 교역이 더욱 활성화되었다.

둘째, 관문산업도시로서 훈춘은 중앙과 지방 정부의 협력 속에서 성장했다. 2000년 수출가공구 지정으로 외자 유치가 활발해지며 제조업이 발전했으나, 2017년 이후 2차 산업의 위축이 나타났다. 이에 대응해 새로운 산업단지가 조성되었고, 2019년 이후 제조업이 반등하며 경제 성장이 지속되었다.

셋째, 훈춘은 다민족 문화와 교류를 바탕으로 관문관광도시로 발전했다. 1990년대부터 북한 및 러시아와의 인적 교류가 증가하며 관광 산업이 활성화되었고, TRADP를 통한 관광 인프라 확충으로 러시아 관광객 유치가 확대되었다.

넷째, 사회적 안전망 강화를 통해 관문복지도시로 자리 잡았다. 2차 산업 위축으로 실업 문제가 발생했지만, 현지 노동력 고용을 중심으로 사회 안정이 도모되었고, 고령 인구 증가에 대응해 복지 정책이 확대되었다.

결과적으로 훈춘은 대외 개방과 지역 발전 전략이 결합된 독특한 관문도시로 발전해왔다.

I. 들어가며

훈춘(琿春)은 북한과 러시아에 인접한 중국의 국경 도시로서,

1990년대 초에 국가급 개방 지역으로 지정되고 유엔개발계획(UNDP)의 두만강 유역 개발 사업의 대상 지역으로 선정된 후 중국과 동북아시아(더 나아가 세계)를 잇는 도시로 자리 잡았다. 중국이 세계무역기구(WTO)에 가입한 이후, 동북 지역 경제 발전이 중요한 국가 전략으로 떠오른 시기에 훈춘은 수출 산업의 성장뿐만 아니라 국제 물류와 교역을 통해 중국과 외부를 연결하는 도시로서의 정체성이 더욱 뚜렷해졌다. 훈춘이 중국, 북한, 러시아를 육로와 수로로 연결하고, 한국과 일본 등 국가와 항로로 연결되었다는 점에서 볼 때, 훈춘은 전형적인 관문도시다.

다른 한편 훈춘은 외부와 연결된 국경 지역이기도 하다. 지리적 관문도시는 한편으로 특정 국가와 외부를 연결하는 결절인 동시에 배타적 주권을 행사하는 국가의 국경 도시이기도 하다. 중국과 같이 탈사회주의적 개발주의를 표방하는 국가에 있어 훈춘과 같은 도시는 복합적인 성격을 지니지 않을 수 없다. 왜냐하면, 훈춘은 '경제사회 개방의 전방 지역'이자 '접경 지역 국제시장'으로서의 역할을 동시에 수행하는 한편, 일정한 자율성을 가진 '경제행정적 지방 권력'이자 '국경 지역'으로서의 정치적 중요성을 지니고 있는 연변조선족자치주의(박우, 2020) 산하의 현급 도시이기 때문이다. 즉, 훈춘은 외부와의 연결뿐만 아니라 국경 도시로서 중국 내부의 관계는 물론, 훈춘 내부의 변동을 동시적으로 경험하는 도시다.

그렇다면, 외부(국제 기구)와 내부(중앙과 지방 정부)의 동시적인 영향을 받으면서 구성된 훈춘의 이러한 관문도시적 성격은 어떻게 이해할 수 있을까? 개혁 개방 이후의 훈춘에 대한 연구는 주로 훈춘 지역의 경제 개발(또는 경제 발전)이 동북아시아의 초국적 경제권/국제정치에 어떤 영향을 미쳤는지(또는 미칠 것인지), 그리고 국제 기구 주도의 초국적 지역 개발 과정에 훈춘은 어떤 역할을 수행했는지(또는 수행해야 하는지) 등에 관심이 많다. 다시 말하면 기존 연구는 주로 동북아시아 경제권/국제정치와 훈춘의 관계에 주안점을 둔 연구라고 할 수 있다.

기존의 연구들은 훈춘과 외부의 관계에 대해 중요한 학문적 상상력을 제공한다. 그러나 훈춘의 성격을 규명하기 위해서는 외부적 요인과 함께 내부적 요인도 검토할 필요가 있어 보인다. 개혁 개방 이후 중앙 정부든 지방 정부든 훈춘의 경제 발전을 위해 다각적인 정책을 추진했다. 따라서 중국이(중앙, 지방) 훈춘의 대외 무역을 확대하는 과정에 어떤 역할을 했는지, 대외 무역의 발전과 함께 지역 경제를 발전시키기 위해 어떤 제도적 변화를 추진했는지에 대해서도 검토할 필요가 있다. 또한 훈춘은 국경 지역에 위치했기에 경제 발전 못지않게 사회 안정도 중요한 정책적 우선순위에 놓여 있다. 중국의 동남연해 지역의 관문도시들과 비교할 때 훈춘은 한편으로 소수민족이 자치하는 지역임과 동시에 그 내부도 다민족으로 구성된 지역이기에 민족 관계가 사회 안정에 영향을 미친다. 또한 훈춘은 상대적으로 발달한 동남연해 지역처럼 국내 유동 인구가 유입되는 도시라기보다 인구가 유출되는 도시다. 따라서 훈춘은 인구 유출과 재생산 문제를 극복함으로써 사회 안정을 도모해야 한다.

이런 맥락에서 본 연구는 관문도시 훈춘의 성격은 외부적 조건과 내부적 요인이 동시적으로 작용함으로써 복합적으로 결정되었다고 본다. 여기에서 말하는 외부적 조건은 직접적인 개발 주체로 작동하는 국제 기구다. 내부적 요인은 경제 발전(대외 무역, 지역 산업)과 사회 안정(다민족 관계, 사회 보장)에 관한 중앙과 지방 정부의 정책이다. 상술한 가설을 증명하기 위해 본 연구는 다음과 같은 질문에 순차적으로 답할 것이다. 첫째, 훈춘의 대외 무역은 어떻게 발전했는가? 둘째, 훈춘의 지역 산업은 어떻게 변화했는가? 셋째, 훈춘의 지역 문화는 어떻게 산업으로 동원되었는가? 넷째, 훈춘의 사회 보장은 어떻게 추진되었는가?

II. 대외 개방과 관문무역도시화

1991년과 1992년, 훈춘은 차례로 중국 국무원에 의해 갑급(甲級) 대외개방도시(对外开放城市)와 진일보대외개방변경도시(进一步对外开放边境城市)로 지정되었다. 이 결정을 바탕으로 지린성 정부는 훈춘에 경제개발구를 설립하고, 두만강 하구에서 17km 떨어진 국경 마을 팡촨(防川)을 자유무역구로 지정하여 국제무역항으로 발전시키기로 했다. 비록 항만 건설은 이루어지지 않았지만 이후 훈춘의 취안허(圈河)와 북한의 원정 간 통상구가 본격적으로

(재)개통되었으며, 훈춘의 창링즈(長崎子)와 러시아의 크라스키노 통상구도 (재)연결되었다.

1991년 3월, UNDP는 두만강유역개발사업(TRADP)을 동북아시아 지역의 4대 국제협력사업 중 하나로 선정했고, 그해 7월 울란바토르에서 중국, 북한, 몽골 등 직접 당사국과 한국 대표를 초청하여 첫 회의를 개최했다. 이미 1980년대에 동남 연해 지역에 경제 특구를 조성해 경제적 성공을 거둔 중국이었기에 훈춘을 국제기구와 협력하여 개방하는 일에 매우 적극적이었다. 참여 당사국들은 평양, 모스크바, 베이징, 뉴욕 등에서 두만강 하구 개발을 위한 조직 체계, 법률, 예산 등에 관해 다각적인 논의를 진행했고, 이를 기반으로 1995년에 두 건의 국제 협정(한 건은 중국, 북한, 러시아, 몽골, 한국 등 5개국이 서명한 '두만강지역개발사업 및 동북아시아 개발을 위한 협의위원회'(UNDP, 1995a), 다른 한 건은 중국, 북한, 러시아 등 접경 3국이 서명한 '두만강 지역 개발 조정위원회'(UNDP, 1996b)다.)과 한 건의 양해 각서('두만강지역개발사업 및 동북아시아 지역에 대한 환경원칙에 대한 양해각서'다(UNDP, 1995c))에 서명했다.

각국의 이러한 노력은 초기부터 구체적인 성과로 나타난 것으로 보인다. 1996년 중국의 대북한 수출은 15,032t이었으나 2001년에는 147,209t으로 증가했다. 2003년에 다소 감소했으나, 전체적인 증가 추세를 보였다. 대북한 수입 역시 1996년 8,741t에서 2003년의 24,283t으로 확대되었다(Hisako 2004:12-13). 훈춘과 러시아 간의 교역도 크게 늘어났다. 1996년 중국의 대러시아 수출은 4,139t이었으나 2001년에는 37,138t으로 증가했다. 같은 기간 대러시아 수입은 3,007t에서 32,375t으로 증가했다(Hissako 2004:14).

대상 지역의 기능을 확대하기 위해 TRADP는 2005년 창춘에서 회의를 열어, 1995년에 출범한 조직을 2005년까지 운영한 뒤 광역두만개발계획(Greater Tumen Initiative, 이하 GTI)로 전환하기로 결정했다. 이후 사업 대상 지역은 중국의 동북3성과 네이멍구자치구 일부 지역, 북한의 라선경제자유무역지대, 몽골인민공화국 동부지역, 한국 동부 항만도시, 러시아 연해주로 확대되었다(GTI, 2005a). 회의에서는 또한 '2006-2015년 전략계획'을 수립하여(GTI, 2005b) 참여국 간 물적 이동의 필요성을 강조하며 통신·교통 인프라와 통관절차 개선에 대한 관심을 나타냈다. 예를 들어, 두만강 지역과 지린·헤이룽장 산업 지역의 물류 이동 촉진을 위해 10년 내에 두만항(북한 동해안 항구 및 러시아 연해주 남부 항구 포함)에 통신 인프라를 확충하고, 다롄항보다 경쟁력 있는 운임 제공을 목표로 연간 10-15%씩 물동량을 늘리며, 화물과 승객을 위한 통관 절차를 완화할 필요가 있음을 제시했다. 2012년 GTI는 기존 전략을 수정한 '2012-2015 전략계획'을 발표하여 두만강 지역의 경제 협력 및 개발을 위해 교통시설 및 주요 허브의 복구와 신설 필요성을 강조했고(GTI, 2012), 2017년에 발표한 '2017-2020 전략계획'에서도 기초 교통 인프라와 주요 교통 허브의 구축을 통해 상품과 인력의 이동 효율성을 높여야 한다고 했다(GTI, 2017).

훈춘은 국가급 개방도시였지만, 같은 지역의 다른 현급 도시와 달리 교통 인프라가 부족하여 국경 지역에 '고립'된 도시에 불과했다. 이를 해결하기 위해 중국 정부는 기존 국도에 고속도로를 추가로 건설하고, 2010년대 이후에는 옌지와 연결되는 직행 고속철도도 개설했다. 3국이 인접한 지역 특성(국경 및 안보)으로 인해 통신인프라 건설도 지연되었으나, 중국의 통신사들이 선후로 훈춘에 휴대전화와 인터넷 연결망을 구축했다. 이러한 기초 시설이 건설되면서 훈춘을 통한 중-북, 중-러 교역이 크게 증가할 수 있었다. 수출 규모(북한과 러시아 합산)는 2004년의 12.76억 위안에서 2013년의 97.24억 위안으로 증가한 후 잠시 감소했지만, 2023년에는 107.94억 위안으로 다시 성장했다. 수입 또한 2004년 5.34억 위안에서 2023년 111.45억 위안까지 크게 증가했다. 전체적인 수출입 규모를 보면 지난 20년간 지속적인 증가 추세를 보였으며, 특히 코로나19 팬데믹이 시작된 2020년 이후 수출과 수입이 모두 증가한 점이 주목된다(珲春市人民政府 참조).

수출입 규모의 증가는 앞서 언급한 국제기구 플랫폼뿐만 아니라 중국 정부의 다양한 노력도 크게 기여했다. 2001년, 훈춘에 중러호시무역구(中俄互市貿易区)가 건설되었다. 이 무역구는 2000년 지린성 정부가 훈춘과 러시아 간 무역을 활성화하고 중-러 무역을 증진하기 위해 제안한 사업으로, 2001년에 국무원의 승인을 받았다(国务院办公厅, 2001). 이후 2004년 지린성 정부가 설립과 운영 및 관리 제도를 마련했으며(吉林省人民政府, 2004), 2005년부터 정식 운영에 들어갔다. 중러호시무역구는 상품 교역뿐만 아니라 러시아 방문자들의 체류를 위한 숙박 및 생활시설도 포함하며, 특히 3,000위안 이하의 상품에 대해 관세를 면제하고 국경 지역 러시아 주민의 입국 절차를 간편하게 했다. 이곳에서 러시아 사람들은 주로 해산물을, 중국 사람들은 의류, 신발, 일용잡화, 가전제품, 식품, 공예품, 완구, 화장품, 문구, 위생청결용품 등 다양한 경공업 제품을 거래했다. 또한 훈춘은 2009년에 중국 정부로부터 창지투 개발사업의 창구도시로 지정되었다(国务院, 2009).

III. 지역 개발과 관문산업도시화

훈춘은 관문무역도시로서의 역할에 그치지 않았다. 훈춘의 지정학적 중요성으로 인해 중국은 훈춘의 산업 발전이 관문무역도시로서의 기능 강화에 중요한 영향을 미칠 것으로 내다보았다. 1990년대 초 국무원이 훈춘을 개방하기 전부터, 지린성 정부는 훈춘에 경제개발구를 설립하려는 계획을 주진해 왔다. 이 경제개발구는 동남연해 지역의 경제특구 모델을 참고하여 외자와 내자를 유치해 제조업을 발전시키는 것을 목표로 했다.

마침 훈춘이 TRADP의 핵심 지역 중 하나로 선정되어 위상이 제고되면서, 경제개발구는 곧 업그레이드되어 1992년의 훈춘변경경제합작구(珲春边境经济合作区)의 설립으로 이어졌다. 이 합작구는 수출산업 중심의 산업단지로서 훈춘 지역 경제와 대외 무역에 중요한 역할을 수행하기 시작했다. 합작구에 입주한 기업들은 세금 혜택을 포함해 다양한 기업 친화적인 정책을 누릴 수 있었다. 합작구에서는 중외합자경영, 중외합작경영, 외자독자경영, 국내독자 또는 연합경영, 보상무역, 임대, 합작구 내에서의 채권과 주식 구매 등 다양한 형태의 경제활동이 가능했다(吉林省人民政府, 1992).

훈춘 정부도 외자 유치와 공업 발전을 위해 다양한 노력을 기울였다. 당시 추진된 40개 사업 중 30개는 합자, 10개는 독자 사업으로, 외자와의 합작 비중이 중국 내자보다 컸다(김추윤, 1992). 이와 함께 TRADP 또한 훈춘 및 주변 지역의 외자 유치를 적극 장려했다. 투자포럼을 지원하는 사업이 대표적인 외자 유치 장려 중 하나였다. 옌지에서 1995년에, 나진-선봉에서 1996년에, 연해주와 훈춘, 나진-선봉에서 1998년에 투자포럼이 개최되었다. 외자유치에는 중국이 가장 적극적이었다. 1995년 상반기까지 이 지역에 유입된 총 외자 약 2.2억 달러 중 1.4억 달러가 중국(러시아는 0.6억 달러, 북한은 0.2억 달러)에 투자되었다(김시중, 1997: 119). 같은 해 연길에서 열린 국제투자자문회의에서는 142개의 투자 협상이 이루어졌으며, 전체 투자액은 9.9억 달러에 달했고 이 중 외자가 7억 달러를 차지했다(원수인, 1996: 68-69). 1996년까지 훈춘개발구에 등록된 기업 수는 총 249개였고, 전체 투자액은 7.86억 위안이었으며, 그중 외자는 약 7천 7백 59만 달러, 내자는 약 1억 4천 만 위안이었다(문흥복, 1996: 37-39). 1996년 4월 기준 옌볜에 투자하기로 합의한 외국 기업 727개 중 475개가 한국 기업으로 전체의 65%를 차지했고, 이들이 계약한 투자액은 약 2.7억 달러로 전체 투자액의 58%를 차지했다.[2]

훈춘은 2000년에 중국 정부가 최초로 선정한 15개의 수출가공구(出口加工区) 중 하나로 지정되며 수출 증대 정책의 중요한 거점 도시가 되었다. 수출가공구는 국제 표준에 기반하여 제조 및 수출하는 기업을 유치하기 위한 곳으로서(中华人民共和国商务部, 2000), 입주한 기업들은 지역 제조업 발전과 대외 무역 증진에 동시에 기여했다(吉林日报, 2013). 또한 TRADP는 중국 정부의 경제 특구 정책과 함께 두만강 지역 및 경제 특구 전반에 외국인 직접투자와 민간부문 투자를 확대하고, 공공 및 민간부문 투자를 위해 국제금융기관의 접근성을 강화할 필요성을 주문했다(GTI, 2005b). 이러한 환경에 편승하여 중국 정부는 훈춘 지역을 국제적 산업 합작과 경제 발전의 허브로 육성하는 다양한 정책을 펼쳤다. 대표적으로, 2012년에 훈춘을 중심으로 한 두만강지역(훈춘)국제합작시범구(图们江区域(珲春)国际合作示范区)가 설립되었다. 시범구는 기초시설건설, 대외무역합작, 국제산업합작, 중-조경제합작, 중-러경제합작 등의 사업을 추진하여 훈춘의 경제를 활성화하고 국제적인 경제 연결성을 강화했다(国务院办公厅, 2012). 이러한 정책적 지원을 바

---

2 실제 투자한 금액은 9천 6백만 달러다. 관련해서는 이동욱(1996, 34-36쪽)을 참조하라.

탕으로 훈춘은 외국인 투자를 지속적으로 유치하여 산업을 발전시킬 수 있었다.

2000년 이후 훈춘의 GDP는 2차 산업 중심의 투자를 통해 빠르게 성장할 수 있었다. 2004년 훈춘의 전체 GDP는 18.65억 위안이었으며, 2013년부터 2017년까지는 140억 위안을 웃돌았다. 특히 GDP 성장의 핵심 요소는 2차 산업으로, GDP는 2004년의 7.94억 위안에서 2017년에는 약 100억 위안으로 확대되었다. 2차 산업의 성장은 노동자들의 생활 시설 수요 증가와 같은 간접적인 영향을 미치며 3차 산업에도 파급 효과를 가져왔다. 3차 산업의 GDP는 2004년 8.14억 위안에서 2017년 43억 위안으로 증가하여 지역 경제의 한 축으로 자리 잡았다. 이에 비해 1차 산업의 성장은 상대적으로 미미했다. 그러나 2017년 이후로 2차 산업은 중국 국내 경제 상황 및 대외 관계의 변화로 인해 급락했으며, 이는 훈춘 전체 GDP의 감소로 이어졌다. 3차 산업은 소폭 하락했지만 큰 변동은 없었고, 1차 산업은 거의 영향을 받지 않았다(琿春市人民政府 참조).

2차 산업의 위축에 대해 중앙 정부와 지방 정부는 추가적인 정책적 조치의 필요성에 공감했다. 2020년에는 훈춘에 러시아 자루비노와 중국 닝보항으로 각각 연결되는 해양경제발전시범구(海洋經濟發展示范区)가 설립되었다(新华社, 2020). 이 시범구는 국가발전개혁위원회와 자연자원부의 승인을 받아 해산물의 가공 및 무역을 목적으로 한 산업단지로 개발되었다. 2024년 초 기준으로 총 투자액은 6.6억 위안에 달했다. 시범구는 기존 훈춘의 산업단지들이

주로 내수용 및 수출용 공산품을 다루던 것과 달리, 해산물에 특화된 산업단지라는 점에서 차별화했다(珲春市政府, 2024).

훈춘은 이와 함께 기존의 공업단지 및 외부 경제 발전을 위한 다양한 노력을 기울였고, 이러한 정책적 노력 덕분에 2차 산업은 하락세를 벗어나 2019년 이후 반등하기 시작했다. 비록 2020년부터 코로나19 팬데믹으로 인해 전반적인 경제 환경이 좋지 않았음에도 불구하고 2차 산업은 전반적인 성장을 보였다. 이러한 배경 속에서 훈춘은 관문산업도시로서 지역 경제 발전과 무역의 중추적 역할을 수행하고 있었다.

IV. 다민족 사회와 관문관광도시화

훈춘은 북한과 가까운 지리적 특성을 활용하여 사람들에게 북한 문화를 체험할 수 있는 기회를 제공했다. 이러한 문화 체험은 훈춘 통상구를 이용한 북한 여행을 통해 이루어졌다. 1990년대 초부터 훈춘과 북한 간의 활발한 인적 교류가 시작되었으며, 이 교류의 대부분은 중국 사람들이 북한을 방문하는 형태로 이루어졌다. 규모는 작지만 북한의 스포츠, 예술, 전통문화 등 다양한 분야의 대표단이 훈춘 및 옌벤 지역을 방문하기도 했다(Park, 2022).

1996년에는 중국과 북한 사이에 왕래한 인원이 총 11,992명이었고, 2003년에는 154,362명으로 증가했다. 2001년과 2002년에는 각각 162,089명과 181,624명에 달했다. 훈춘과 러시아 간의 인적 교류도 증가세를 보였다. 1996년에는 4,523명이었지만 2001년에는 215,999명, 2003년에는 216,014명으로 증가했다(Hisako 2004: 12-14). 중-북 인적 교류의 특징이 북한을 방문하는 중국인이 압도적으로 많은 것이었다면, 중-러 인적 교류는 상호 방문 인원의 규모가 크게 차이 나지 않았다. 1996년에는 러시아를 방문한 중국인이 2,166명, 중국을 방문한 러시아인은 2,357명이었고, 2003년에는 각각 108,214명과 107,800명이었다(Hisako 2004: 14).

이러한 인적 교류에는 관광객도 포함되었다. 옌볜 지역의 외국 관광은 1980년대 말에 시작되었으며, 훈춘의 관광 코스(산업)는 크게 다섯 가지 유형으로 나눌 수 있었다: 한국인의 옌볜 관광, 중국인의 옌볜 관광, 중국인(옌볜 및 기타 지역)의 북한 관광, 중국(옌볜 및 기타 지역)인의 러시아 관광, 그리고 러시아인의 훈춘 및 중국 관광이다. 1990년대에는 첫 번째 유형이 위주였다가 이후 다른 유형으로 확대되었다. 관광은 훈춘 지방 정부의 노력뿐만 아니라 두만강 유역개발사업의 일환으로도 추진되기도 했다. GTI의 '2006-2015년 전략계획'에서는 두만강 지역의 관광객을 연간 10-15% 늘리는 목표를 세웠고(GTI, 2005b), '2012-2015년 전략계획'에서는 두만강 유역을 세계적으로 매력적인 관광지로 홍보하고 이 지역의 국경 관광객 수를 늘릴 필요가 있다고 강조했다(GTI, 2012). 이어 '2017-2020년 전략계획'에서도 두만강 유역을 세계적으로 매력적인 관광지로 홍보하고 동북아시아 국가 간 관광객 규모를 확대할 필요성을 제기했다(GTI, 2017).

훈춘은 국내외 관광객의 증가에 따라 조선족 문화를 부각시키고 이를 지역 관광산업의 자원으로 활용하고자 했다. 훈춘은 외부 방문객들에게 조선족 문화를 체험할 수 있는 기회를 제공하기 위해 지역 경관을 대대적으로 재건설했다. 팡촨의 민속촌화가 대표적인 사례로 꼽힌다. 팡촨은 두만강 하구에 위치한 훈춘시 징신진 산하의 마을로, 40여 가구 모두 조선족 주민으로 구성되어 있다. 지방 정부는 이 마을을 민속촌으로 개조하여 촌민들이 관광 수익을 창출할 수 있도록 지원했다. 현재 이 민속촌은 훈춘 지역의 민족문화자원 발굴의 대표적이고 성공적인 사례로 인정받고 있다(延边信息港, 2023; 人民网, 2022).

훈춘에는 조선족과 한족 외에도 약 2만 명 이상의 만주족이 거주하고 있다. 특정 민족 문화만 부각하는 것은 안정적인 다민족 사회 유지에 부정적일 수 있기에 훈춘은 만주족 문화도 적극 자원화하여 홍보했다. 대표적인 사례가 양파오만족향(杨泡满族乡)과 싼자즈만족향(三家子满族乡)이다. 훈춘의 만주족은 지역의 토착민 중 하나로서 오래된 전통과 문화를 지니고 있다. 옌벤 차원에서도 소수민족인 만주족 문화를 보존하기 위한 노력이 이루어지고 있으며, 이 두 만족향은 1950년대에 '만족향'이라는 이름이 붙여져 지역 만주족 공동체의 구심점 역할을 하고 있다. 지방 정부는 만주족의 전통 문화인 전지(剪纸), 무용, 놀이, 요리, 역사 고적과 문물 등의 유무형 문화재를 보호하는 데 힘쓰고 있다(延边晨报, 2011). 또한 훈춘시 정부는 농촌 인프라 건설, 주택 재건축, 위생 청결, 농가 소득 증대, 복지 시설 확충, 농업 생산 기술 보급 등 다양한 정책을 개발하여 만족향 주민의 삶의 질을 향상시키고 있다(延边网, 2014; 魏斯曼·蔡丽娜, 2021). 만주족 거주지역의 환경이 개선되고, 만주족 문화가 보존됨에 따라 이곳을 방문하는 사람들이 많아졌고, 지역의 관광 자원으로서의 가치가 더욱 커지고 있다(超级飞侠, 2024).

훈춘이 조선족 문화와 만주족 문화를 보존하고 관광 자원화한 데 이어, 최근에는 러시아 문화를 적극적으로 도입하고 재현하고 있다. 1990년대에 훈춘을 방문한 러시아 사람들은 주로 경공업 제품을 구입하기 위해서였다면, 2000년대 이후에는 관광 목적으로 방문하는 사람들이 증가했다. 체류 기간에 상관없이 이미 러시아 사람들은 훈춘 사회의 한 부분이 되었고, 이에 따라 지방 정부는 러시아 문화를 도시 경관에 적극적으로 접목시키고 있다(延边广播电视台, 2024). 그중 하나가 최근에 건설된 러시아 스타일의 테마파크인 와스토크(哇斯托克)다(동방을 뜻하는 러시아어의 중국어 음차). 이 테마파크는 2024년 5월에 개장했으며, 훈춘 통상구, 훈춘역, 창바이산역, 옌지역, 옌지공항 등에서 환승 없이 쉽게 도착할 수 있다. 테마파크는 입구부터 내부의 거의 모든 것을 러시아풍으로 꾸미며, 방문객들에게 독특한 문화 체험을 제공한다(人民网吉林频道, 2024).

V. 인구 및 산업 구조의 변화와 관문복지도시화

훈춘의 사회 및 경제 발전 수준은 소득과 저축 지표를 통해 확인할 수 있다. 도시 주민의 소득은 2006년 8,625위안에서 2023년에는 32,920위안으로 증가했고 농촌 주민은 2004년의 3,519위안에서 2023년 19,145위안으로 증가했다. 다른 한편, 훈춘의 전체 저축액은 2004년 33.8억 위안에서 2023년 293.17억 위안으로 증가했고, 가계 저축은 26.03억 위안에서 245.32억 위안으로 늘었다. 훈춘 주민들의 소득 증가가 가계 저축의 증가로 이어진 것으로 보인다. 그러나 기업 저축은 2004년 5.36억 위안에서 2016년 48.58억 위안으로 증가한 후 감소하기 시작하여, 2023년에는 29.30억 위안이 되었다(琿春市人民政府 참조). 앞에서 보았듯이, 이는 2015년 이후 2차 산업의 위축과 연관이 있다고 볼 수 있다.

훈춘의 경제 지표가 긍정적으로 보이지만 그 이면에는 발전의 혜택을 보지 못했거나 기회를 잡지 못한 사람들이 있기 마련이다. 대표적으로 2차 산업의 축소로 인해 발생한 실업 인구다. 훈춘에는 외래 노동력이나 전문 인력을 위한 정책이 마련되어 있지만(김민환·박철현, 2016), 중국의 다른 대형 관문도시와 비교했을 때 농민공과 같은 대규모 외래 노동력은 규모가 매우 작다. 따라서, 다른 대형 관문도시에서처럼 시민권 문제로 인해 제도적으로 차별과 배제를 당하는, 복지 사각지대에 놓인 외래 인구 문제는 거의 발생하지 않는다. 대신 훈춘은 현지의 노동력을 중심으로 노동 시장이 형성되어 있다. 2차 산업에서 실업 인구가 발생하더라도 이들은 현지 서비스업을 비롯한 3차 산업으로 쉽게 이동할 수 있는 구조다. 농촌 인구 역시 도시에서 실업하게 되면 농가로 돌아가 1차 산업에 종사하는 등 산업 사이의 '유연한' 이동이 가능하다. 또한 훈춘은 노동력이 유입되기보다는 감소하는 지역이며, 이로 인해 산업단지에 입주한 일부 기업들이 북한 노동자를 고용하고 있다(Park, 2023). 북한 노동자들 중 공식적으로 초청된 노동자는 북한과 중국 간의 관련 법 및 제도에 따라 고용되었기에 갑자기 훈춘의 실업 인구가 되거나 복지 사각지대에 놓이는 일은 거의 발생하지 않는다. 따라서 훈춘은 현지 주민인 실업 인구에 대해 최저생계 보장에 필요한 사회적 책임을 지면 되었다.[3] 두 번째로 주목할 집단은 노령 인구다. 훈춘의 연령별 인구 구성에서 0-17세 인구는 2016년의 12.9%에서 2023년에도 변하지 않았지만, 18-59세 인구는 68.6%에서 60.1%로 감소하였고, 60세 이상 인구는 18.4%에서 27.0%로 증가했다(珲春市人民政府). 세 번째 인구 집단은 경제 활동 참여가 어려운 성인을 비롯하여 최저빈곤층에 포함된 사람이다.

이처럼 훈춘의 경제 발전 속에서도 사회적 불균형과 경제적 약자의 존재는 해결해야 할 중요한 과제로 남아 있다. 이 문제는 사

---

[3] 사회질서의 격변기 또는 대규모의 유동 인구가 있는 관문도시에서는 이른바 '서발턴'으로 불리는 사회 하층민들의 문제가 발생한다. 이 인구는 때로는 거친 방식으로 도시에서 추방되고, 때로는 비우호적인 방식으로 관리된다. 중국의 이와 같은 사례에 대해서는 김지영·이홍규(2023), 장윤미(2024)를 참조하라.

회 불평등 문제를 해소하는 차원뿐만 아니라, 국경 지역 사회 안정, 나아가 안보를 위해서도 해결이 시급한 문제다.

훈춘의 최저보장인구는 2005년 20,946명에서 2009년 32,026명으로 증가하였으나, 2023년에는 8,547명으로 감소했다. 이 중 도시의 최저보장인구는 2007년 27,368명에서 2023년 5,338명으로 크게 감소했고, 농촌은 같은 기간 7,408명에서 3,209명으로 줄었다. 다른 한편, 최저보장인구가 감소하는 동시에 1인당 최저보장지급액이 꾸준히 증가했다는 점이 주목할 만하다. 1인당 전체 평균 지급액은 2005년 780위안에서 2023년 6,243위안으로 증가했다. 도시민의 1인당 평균 지급액은 2008년 1,351위안에서 2023년 7,177위안으로 상승했고, 농촌민의 경우도 430위안에서 4,690위안으로 증가했다(琿春市人民政府 참조).

훈춘에서는 정부가 최저생계보장을 책임지는 한편, 실업이나 고령으로 경제활동이 어려운 사람들은 다양한 사회 보장 제도를 통해 지원받고 있었다. 대표적인 방법이 보험 제도이며, 이는 훈춘 시민들의 생활 안정성을 높이는 데 중요한 역할을 하고 있다. 보험 제도는 훈춘시가 개발했다기보다 중국 정부 차원의 보험 제도다. 하지만 이러한 보험 제도에 가입을 독려하고, 시민들이 보험 제도의 혜택을 받을 수 있게 한 것은 지방 정부의 노력이 없이는 불가능하다. 최근 20년 사이의 보험 가입자 수를 보면 다음과 같다. 의료보험 가입자는 2005년 2.5만 명에서 2023년 18.8만 명으로 급증했고, 이는 전체 훈춘 시민의 약 85.5%에 해당한다. 양로보험 가입자도 2014년의 5.6만 명에서 2023년의 15.1만 명으로 증가했다. 그 외에 도시직공기본의료보험(5.5만 명, 2023년 기준, 이하 상동), 공상보험(3.0만 명), 실업보험(2.3만 명), 생육보험(3.5만 명, 2022년)이 있다(琿春市人民政府 참조).

훈춘은 또한 고령자와 신체적으로 불편함을 겪는 사람들을 위한 요양 및 복지 시설이 확충되고 있는 지역이다. 2005년에는 11개, 2023년에는 21개로 증가했다. 이 중 국영은 6개, 민영은 15개다. 2020년 당시에는 국영 시설 8개와 민영 시설 17개를 포함해 총 25개의 시설이 운영되었으나, 코로나19 팬데믹의 영향을 받아 2020년 이후 감소했다가 다시 증가했다(琿春市人民政府 참조).

VI. 결론

1980년대 이후 훈춘은 중국의 개혁 개방, 국제기구의 초국적 개발 사업, 그리고 지방 당국의 경제 사회 발전 정책 등을 동시에 경험했다. 본 연구는 훈춘의 관문도시 성격이 이와 같은 외부와의 연결성과 내부적 요인이 함께 작용함으로써 복합적으로 결정되었다고 보았다. 그 특징은 다음과 같은 측면이 있다.

첫째, 대외 개방을 둘러싼 중국 정부와 국제기구의 상호작용으로 형성된 관문무역도시적 성격이다. 훈춘은 1990년대 초에 개방도시로 지정되면서 경제적으로 중요한 위치를 차지하기 시작했다. 이후 훈춘에는 경제개발구가 설치되고, 국경 마을인 팡촨이 자유무역구로 지정되어 국제무역항으로 발전할 수 있는 제도적 기반이 마련되었다. 이러한 개발은 북한과 러시아와의 통상구가 재개통되면서 더욱 활기를 띠었으며, 특히 UNDP의 TRADP에 훈춘이 포함되면서 동북아시아 국제 협력의 핵심 지역 중 하나가 되었다. TRADP는 두만강 지역을 중심으로 경제적, 법적, 인프라 구축에 대한 다차원적 합의를 도출했으며, 이에 따라 훈춘은 공식적으로 중국 측 개방 지역으로 자리 잡았다. 이후 훈춘은 지속적으로 이 지역에서 초국적인 물적 이동을 촉진하는 지역으로 자리매김했다. 다른 한편 중국은 훈춘의 교통 인프라를 개선하고 통신 인프라를 구축하여 훈춘의 대외 무역을 활성화했다. 또한 교역 증진을 위한 출입국 절차 간소화, 관세 혜택 부여 등의 정책을 추진했다. 결과적으로 훈춘은 국제 기구와 중국 정부에 의해 대외 무역을 특화한, 중국의 동북아시아 지역 경제 협력의 중요한 거점으로 자리 잡음으로써 관문무역도시가 되었다.

둘째, 대외 개방과 지역 산업 발전을 중심으로 중앙과 지방이 상호작용한 결과로 나타난 관문산업도시적 성격이다. 1990년대에 건설된 이른바 산업단지들은 외자와 내자를 통해 제조업을 발전시키려는 목표를 세웠다. 입주 기업들은 세금 등 방면에서 다양한 혜택을 누릴 수 있었다. 외자 유치는 훈춘의 경제 성장을 견인하는 데 큰 몫을 했다. 2000년에는 훈춘이 중국의 대표적인 수출가공구 중 하나로 지정되면서 제조업 중심의 수출기업들이 훈춘에 투자를 확대했고, 지역의 제조업 발전에도 크게 기여할 수 있었다. 제조업 분야에 문제가 발생하자 다양한 정책적 자극이 추진되었고, 산업단지가 신설되기도 했다. 이러한 노력으로 훈춘의 2차 산업은 2019년 이후 반등하기 시작했고, 코로나19 팬데믹에도 불구하고 지속적인 성장을 이룩할 수 있었다. 요약하자면, 중앙과 지방 정부는 훈춘에 다양한 산업단지를 선후로 건설하여 내자와 외자를 유치했고, 이 자본들은 현지에서 제조업 중심의 산업을 발전키는 한편 수출산업을 견인하는 데 중요한 기여를 했다. 이런 측면에서 훈춘의 또 다른 특징은 관문산업도시라고 할 수 있다.

셋째, 지역 산업 발전과 다민족 관계 안정이라는 과제를 두고 국제기구와 지방이 상호작용한 결과로 형성된 관문관광도시적 성격이다. 1990년대 초부터 훈춘과 북한 간의 인적 교류가 증가했고, 이 교류는 2000년대 이후에도 지속되었다. 러시아와의 교류도 증가했는데, 특히 2000년대 이후 훈춘은 러시아 사람들이 증가함에 따라 러시아 스타일의 경관을 도시 개발에 반영했다. 이러한 초국경 인적 교류는 TRADP의 일환으로 다루어지기도 했다. GTI는 두만강 유역의 관광 산업을 적극적으로 개발하여 이 지역을 세계적인 관광지로 홍보하려고 했으며, 관광에 필요한 인프라 구축에 노력을 기울였다. 또한, 훈춘은 조선족, 만주족, 한족 문화가 공존하는 도시로서, 각 민족의 전통 문화를 보존하고 관광 자원화하는 데 주력했다. 훈춘의 주류 문화인 조선족 문화를 부각하여 관광 산업을 활성화하고자 했으며, 소수 민족인 만주족의 전통 문화 요소도 보호하면서 관광 자원으로 활용했다. 이러한 다양한 문화에 대한 자원화를 통해 훈춘은 관문관광도시로 자리 잡았다.

넷째, 지역 산업 발전과 사회 안정을 목표로 중앙과 지방이 상호작용한 결과로 나타난 관문복지도시적 성격이다. 훈춘 사회는 지표상으로는 꾸준히 발전했지만 2차 산업의 위축으로 인한 실업 문제가 발생했다. 훈춘은 다른 대형 관문도시와 달리 외래인구가 유입되는 도시가 아닌, 인구가 유출하는 도시였다. 이 같은 인구학적 특징으로 인해 훈춘에는 외래 인구가 사회 보장의 사각지대에 놓이는 일은 거의 발생하지 않았다. 대신 지방 정부는 현지 주민이자 노동력에 대한 사회 보장을 책임지면 되었다. 추가적으로 훈춘에는 고령 인구가 증가하고 있었다. 국경 지역 도시의 사회 안정은 사회 보장과 직결되는바, 지방 당국은 사회적 약자를 위한 최저생계보장을 강화했고, 의료보험과 양로보험 등 보험 제도의 수혜 대상을 확대 했으며, 요양 및 복지 시설을 증가했다. 이러한 측면에서 훈춘의 또 다른 특징은 관문복지도시라고 할 수 있다.

일본 간사이(関西)의 관문도시 고베(神戸)
: 근대화의 역사와 서발터니티

문명재

전체 글 요약

고베는 간사이의 관문도시로서 근대화에 성공한 대표적 도시이지만, 그 화려한 도시화 과정의 그늘에는 항만건설의 일용직노동자, 그리고 신카와슬럼 반초지구와 같은 피차별부락의 빈민촌이 존재했고, 이러한 서발터니티는 전쟁과 천재지변의 재난 시에 가장 취약한 존재였다.

I. 고베의 개요

고베시는 일본이 전 세계와 국제 무역을 하고 문화를 교류하는 중심지로서, 전략적 위치, 선진 인프라 및 풍부한 문화 유산을 바탕으로 지리적 경제적 문화적으로 중요한 역할을 하고 있는, 일본

〈그림 1〉 고베시의 위치[1]

의 대표적 관문도시라고 할 수 있다. 고베가 오늘날과 같은 근대화된 항구도시로 발전해온 역사를 더듬어보면 배경에 서발터니티의 존재를 확인할 수 있게 되어, 근대화의 빛과 그림자가 공존하고 있음을 알게 된다. 이러한 점에 착안하여 고베의 근대화 과정과 서발터니티의 관련에 대해 살펴보고자 한다.

고베시는 간사이지방에 속하는 효고(兵庫)현의 남동부에 위치하고 있고 효고현청의 소재지이기도 하다. 위치를 살펴보면 위 사진과 같다.

효고현은 오른쪽에 교토(京都)부와 오사카(大阪)부가 있고 왼쪽으로는 오카야마(岡山)현과 위로 돗토리(鳥取)현이 인접하고 있는데, 고베시는 현의 중심도시라고 할 수 있겠다. 모두 9개의 구(區)로 되어 있고 인구는 약 150만 정도의 도시인데, 북쪽의 산과 남쪽의 바다 사이에 동서로 좁고 길게 시가지를 형성하고 있다. 또한 수심이 충분한 부채꼴 모양의 항만인 고베항을 보유하고 있어 일본의 대표적인 항구도시로 잘 알려져 있다.

---

1   出典 : 新林   https://sin-rin.jp/new-forestory/meet/2158

〈그림 2〉 이쿠타신사의 정문[2]

고베라는 지명은, 현재의 중심 시가지인 산노미야(三宮)·모토마치(元町) 주변이 옛날부터 이쿠타(生田)신사에 귀속된 마을이었던 것에서 유래한다고 하는데, 위 사진은 고베의 대표적 관광지의 하나인 이쿠타신사의 정문 모습으로, 시내의 중심가이자 번화가인 산노미야에 위치하고 있고 역사적으로도 유서 깊은 곳이라서 항상 국내외 관광객의 발길이 끊이지 않는 곳이기도 하다.

고베시가 얼마나 큰 도시인가를 짐작하는 데 있어서 도움이 되도록 2024년도 예산을 바탕으로 한 재정 규모를 살펴봄과 동시에

---

2   出典 : フリー百科事典『ウィキペディア(Wikipedia)』

한일 양국의 예산과 수도인 서울 도쿄의 예산 규모를 대략 비교해 보면 다음 표와 같다.

대한민국	656조 6천억 원	일본	112조 717억 엔
서울특별시	45조 7405억 원	도쿄도	16조 5584억 엔
		고베시	1조 9270억 엔

이를 보면 일본 예산은 우리나라의 2배 정도 되고 도쿄는 서울시의 3.5배가 넘으며 고베시는 서울시의 절반에 약간 못 미치는 규모임을 알 수 있어, 상당히 큰 규모의 대도시라고 할 수 있을 것이다.

II. 관문도시로서의 특징

먼저 지리적 특징을 살펴보면, 고베항은 일본에서 가장 중요한 무역항의 하나로, 아시아 북미 유럽을 연결하는 국제 물류의 허브로서 기능하고 있다. 항구의 뛰어난 시설과 접근성에 의해 많은 화물이 고베를 경유하여 수출입되고 있다. 고베시 항만국에 의하면 2023년도 국내외 콘테이너 취급량은 283만 5128TEU(해외 219만1048, 국내 64만 4080TEU)이고, 참고로 한국의 부산항은 2275만 TEU이다. (별첨자료 참조, TEU는 20피트의 표준 컨테이너 크기를 말함)

다음으로 교통의 요충지임을 들 수 있다. 고베는 신칸센(新幹線)

〈그림 3〉 기쿠마사무네(菊正宗) 주조 기념관[3]

의 정차역이고 한신(阪神) 한큐(阪急) JR과 같은 전철망이 잘 갖추어져 있으며 버스와 포트라이너라는 무인 전철도 운용되고 있다. 그 밖에도 여객선 공항 고속도로와 같은 다양한 교통수단이 잘 정비되어 있어, 일본 각지와의 연결이 매우 양호하다. 특히 주변의 간사이국제공항, 오사카국제공항(=이타미[伊丹]공항)과도 가까워서 국내외로의 이동이 매우 편리하다.

이러한 편리한 교통망을 바탕으로 여러 산업도 발달하였다. 고베는 한신공업지대에 속하는 공업 도시로, 임해 지역을 중심으로 무역 자동차 조선 철강 기계 제조 고무 진주가공 관광 등의 산업이

---

3   나다노사케(灘の酒)로 유명한 나다고고(灘五郷)의 소재지 효고현은 청주 생산량에서 전국 1위를 자랑한다.(https://www.hyogo-tourism.jp/experience/83)

발달하였다. 패션 제빵 양과자 일본술 등의 전통 산업과 함께 최근에는 첨단 의료기술의 연구개발과 기업화에 주력하고 있다. <그림 3>은 일본 전통주로 유명한 기쿠마사무네(菊正宗)를 생산하는 주조 기념관의 모습으로, 내부에는 오사케(お酒)로 불리는 술을 비롯한 여러 제품의 술을 빚는 과정을 재현해 놓았고 전시 판매도 하고 있어, 많은 관광객들이 찾는 곳이기도 하다.

또한 고베는 전통과 근대가 공존하는 도시이고, 국제도시로도 유명하다. 시내 중심가인 산노미야에 위치한 이쿠타신사를 비롯한 사찰과 신사, 기타노이진칸(北野異人館), 난킨마치(南京町)로 불리는 중화가, 록코산(六甲山)의 야경, 아리마(有馬)온천 등의 관광 명소를 찾는 관광객과, 비즈니스 방문객을 위한 시설 등이 잘 갖추어진, 관광 산업이 발달한 도시이기도 하다. 시내에는 외국인 거주자가 많고 다문화가 공존하는 도시로 잘 알려져 있는데, 외국 문화가 융합된 이벤트나 축제(마쓰리)도 자주 개최되어 문화적 국제 교류가 활발하게 이루어지고 있다. 이러한 특징의 배경에는 일본의 근대화와 함께 항구도시로 발달해가는 과정이 있었는데, 당시의 상황을 구체적으로 살펴보도록 하겠다.

III. 고베의 근대화 과정

1868년 1월 1일 에도(江戶) 막부가 서구 열강과 체결한 조약에

<그림 4> 물고기비늘집[4]

의해 고베항은 개항장(불평등조약에 의해 개항된 곳)으로서 개항되었다. 그 이전인 1858년에 막부는 미국 화란 러시아 영국 프랑스의 5개국과 안세이(安政)5개국조약을 맺었는데, 영사재판권을 인정하고 관세자주권이 없는 불평등조약이었다. 이 조약에 근거하여 1868년부터 1899년까지 고베무라(神戸村, 지금의 神戸市中央区)에 외국인을 위한 특별 거주지가 설치되었는데, 행정 재정 등의 치외법권이 인정되었고, 무역의 거점과 서양 문화 유입의 역할을 하였다.

---

4 외벽을 둘러싼 천연석이 물고기 비늘처럼 보인다고 해서 이름이 붙은 [물고기비늘집]은 메이지 후기에 건축된 이진칸을 대표하는 건물. 내부 견학도 가능함. 出典 : マド

〈그림 5〉 풍향계의 집[5]

　　* 기타노이진칸(北野異人館) : 1868년 개항 후 재일외국인의 증가에 의해 주거지가 부족하게 되었다. 조약상 외국인 거주지를 늘리는 것은 치외법권구역의 확대를 의미하기 때문에 정부는 일정 지역에 한해 일본인과의 잡거(雜居)를 허용하였고, 기타노초(北野町)의 산기슭 고지대에 메이지시대부터 쇼와(昭和) 초기에 걸쳐 외국인 주택과 공관 건물이 주로 콜로니얼양식(colonial style, 17~18세기에 서구 열강의 식민지에 발달한 건축양식으로, 본국의 양식을 모방하여 식민지용의 실용성을 가미한 것이 많음)으로 세워졌다. (우리나라의 적산

　　リーム https://madream.jp/town/0071-kobe/#a01

5　　1904년에 독일인 무역상 Gottfried Thomas(1871-1950)의 개인주택으로, 네오바로

가옥과 비교됨)

　이후 1941년 일본의 태평양전쟁 참전으로 외국인들의 퇴거와 귀국, 제2차세계대전의 패전으로 인한 파괴가 있었지만, 전후에도 1960년경까지는 200채 가까운 이진칸(異人館)이 남아 있었다. 그러나 60-70년대의 고도성장기에 점차 빌딩과 맨션으로 개축되면서 이진칸 거리의 파괴가 진행되다가 1977년 NHK 연속드라마 『가자미도리노야카타(風見鶏の館)』로 이진칸의 존재가 알려지면서 일약 유명해지게 되었다. 1980년에는 문화재보호법에 의한 전통적건물군보존지구로 지정되어 건물과 거리가 정비되면서 관광지화하였지만, 1995년의 한신·아와지(阪神·淡路)대지진으로 큰 피해를 입게 되었다. 그래도 남은 30여 채의 건물은 복구가 되어 다시 관광지로서의 부흥을 이루었고, 현재와 같이 고베를 대표하는 관광지가 되었다.

　* 난킨마치(南京町) : 난킨마치는 1868년 고베항의 개항과 함께 시작되었다. 당시 청국은 일본과 조약비체결국이었기 때문에 외국인거류지에 살 수 없었다. 그래서 서쪽에 인접한 현재의 '난킨마치' 근처에 거주하면서 잡화상, 돼지고기정육점, 음식점 등을 시작하였고, 이후 중국인이 많이 사는 동네로서 '난킨마치'라고 부르게 되었다. 쇼와 초기에는 '난킨마치에 가면 뭐든지 다 있다' 라는 평

크 양식의 건축물. 出典 : フリー百科事典『ウィキペディア(Wikipedia)』

<〈그림 6〉 난킨마치[6]

판과 함께 '간사이의 부엌(関西の台所)'으로서 크게 번영하였다. 그러나 1945년의 고베대공습으로 모토마치 일대가 전소되었고, 전후에는 판잣집이 늘어선 암시장이 되어 마침내 외국인 바가 늘어선 뒷골목으로 변모해 버렸다. 1975년대에 이르러 난킨마치 일대가 고베시의 구획정리사업의 대상이 되면서 상점주들이 난킨마치를 부활시키자는 목적에서 '난킨마치 상점가 진흥조합'을 설립하였다. 이후 과거의 번영을 되찾기 위해서 중화가로서의 거리만들기(町づくり)를 시작하였고, 지금의 난킨마치를 이루었다.

○ 1868년 2월 4일 고베 사건 발생 - 일본 병사가 부대의 대열을 가로질러 지나간 프랑스 해병에게 부상을 입히는 충돌이 발생

---

6   出典 : フリー百科事典『ウィキペディア(Wikipedia)』

<그림 7> 포트아일랜드

하였는데, 당시 외국인거류예정지를 조사중이던 구미제국의 공사들에게도 총격이 가해져 외교 문제로 비화됨. 결국 다키젠사브로(滝善三朗)의 할복으로 수습. 이와 유사한 사건이 동년 3월 8일에 오사카의 사카이(堺)항에서도 발생.

○ 1945년 1월 3일 고베대공습 : 1945년 1월 3일부터 종전까지 약 8개월간 128회의 크고 작은 공습을 받고 많은 피해를 입음.

○ 1874년 관설철도(현JR西日本) 오사카역-고베역간 개통.

○ 1905년 한신전철이 최초의 도시간전기철도(인터어번) 고베(三宮駅)-오사카(出入橋駅)간에서 개업. 한신간 모더니즘의 시대를 엶.

○ 1920년 한큐전철이 오사카우메다역에서 고베산노미야역까지를 연결하는 고베본선을 개통.

○ 1922년 고베 포트터미널 완성. 고베항·신항에 건설된 일본

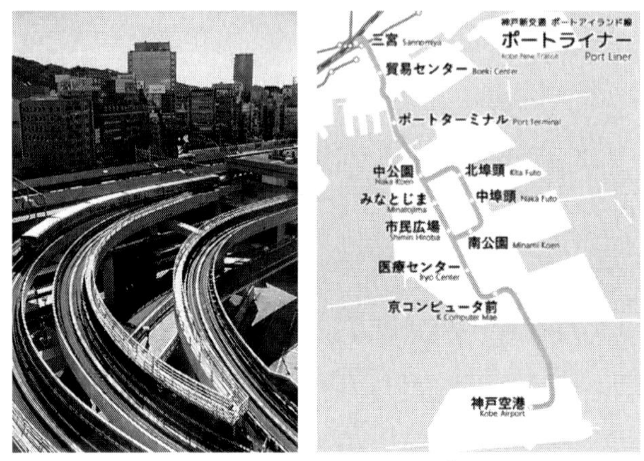

<그림 8> 포트라이너와 노선[7]

최대의 객선용 부두와 터미널 시설임.

○ 1939년 도쿄시·오사카시·나고야시에 이어 인구가 100만 명을 돌파함.

○ 1966년 한신고속도로가 개통됨. 포트아일랜드 착공.

○ 1973년 고베항의 콘테이너 취급개수가 세계 제일이 됨.

○ 1981년 포트아일랜드 제1기 준공. 포트라이너 개통. 고베 포트아일랜드 박람회 개최.

○ 1995년 한신아와지(阪神·淡路)대지진 발생 : 1995년(헤이세이 7년) 1월 17일 5시 46분 52초, 효고현의 아와지섬 북부(혹은 고베시 다루미(垂水)区 앞바다인 아카시(明石)해협(北緯34度35.9分, 東経135度2.1

---

7   出典 : フリー百科事典『ウィキペディア(Wikipedia)』

〈그림 9〉 NHK NEWS WEB[8]

分, 深さ16km)을 진원으로 하여, 매그니튜드7.3의 효고현 남부 지진이 발생했다. 특히 고베시의 시가지(東灘区, 灘区, 中央区, 兵庫区, 長田区, 須磨区)의 피해가 엄청났고, 근대도시에서의 재해로서 일본 국내뿐만 아니라 전 세계에 충격을 주었다. 사망자 6,434명, 부상자 43,792명, 주택피해 639,686동 등 피해총액 9조 9268억 엔(국가예산의 거의 1할. 참고로 2011년 3월의 동일본대지진의 피해액은 약 16조 9000억 엔)에 달했고 제2차세계대전 후에 발생한 자연재해로서는 동일본대지진이 발생하기까지는 최악의 재해였다.

○ 2006년 고베공항 개항.

고베시의 중심부인 산노미야의 남쪽 약 8킬로미터에 위치한 지

---

8   https://www3.nhk.or.jp/news/special/saigai/natural-disaster/natural-disaster_30.htm

〈그림 10〉 고베공항[9]

방관리 공항임. 간사이국제공항·오사카국제공항(伊丹空港)과 함께 간사이 3공항의 하나이다. 현재 고베복합산업단지가 있는 곳을 깎아서 생긴 토사와 세토나이카이 각지의 토사장에서 얻은 흙을 사용하여 해상도시 포트아일랜드 앞바다 약 1킬로미터에 조성된 인공섬인 고베공항도에 건설, 2006년 2월 16일에 개항하였다.

---

9   出典 : フリー百科事典『ウィキペディア(Wikipedia)』

IV. 도시화와 서발터니티의 공존

○ 개항과 항만노동자의 참상

1868년 개항을 계기로 외국인거류지가 정비되고, 기타노지구에 이진칸가, 모토마치 상점가와 비즈니스 중심의 사카에마치(栄町) 거리가 발전하면서 메이지시기에는 고베 도심의 골격이 형성되었고 고베시로의 인구 유입이 비약적으로 증대했다. 해외와의 무역이 확대됨에 따라 하역작업에 노동수요가 높아졌고, 거류지 건설을 비롯하여 시가지 도로정비 등의 공공사업에 필요한 토목작업에도 노동 수요가 늘어났다. 이렇게 노동력이 필요해지면서 유입된 인구의 대부분이 일용직노동자(日稼人足,히카세기닌소쿠)였고,

〈그림 11〉 모토마치(元町) 상점가[10]

---

10 出典 : 神戸元町商店街 https://www.kobe-motomachi.or.jp/about-us/

〈그림 12〉 지금도 지방에 남아 있는 기친야도(단바시노야마시, 현재는 폐업)[11]

이들은 노동과 함께 행상을 하면서 생계를 유지했다.

메이지30년(1897)대 초반까지 고베항 주변에는 이러한 일용직 노동자들이 비교적 쉽게 일자리를 얻기 위해서 항만의 하역작업장 근처에 거주하였는데, 이들은 우두머리의 관리를 받으며 기친야도(木賃宿)와 같은 열악한 숙소에서 생활하였다. 이러한 숙소는 막부 말기부터 유행한 콜레라의 온상으로 여겨져 위생 관리가 요구되기도 했는데, 당시 고베는 나가사키(長崎)나 요코하마(横浜)와 함

---

11   出典 : フリー百科事典『ウィキペディア(Wikipedia)』

께 항구도시의 숙명처럼 콜레라 유행의 발신지가 되어 있었다. 또한 새롭게 고베에 상륙한 페스트에 대한 공포와 함께, 지역 경제의 발전과 도시 중심부를 상업지역으로 정비해야 한다는 의견이 지배하면서 열악한 숙소를 없애는 등 슬럼가 대책이 강화되어 갔다.

○ 신카와(新川) 슬럼의 탄생

신카와 슬럼은 고베의 대표적 번화가인 산노미야에서 도보권에 있는, 현재의 이쿠타가와(生田川) 지구를 가리킨다. 1900년경에는 일본 최대의 슬럼가였지만 현재는 그런 모습은 볼 수 없고 풍치 있는 서민적 거리가 되었다.

유래를 살펴보면, 1899년 7월 외국인거류지제도 철폐를 계기로 도시 개혁이 추진되면서 그 일환으로 기친야도와 같은 불량 숙소와 거주지의 이전이 실행되었는데, 이전 장소로 지정된 곳이 신카와 지구였다. 이 지역은 건축 규제에서 벗어나 값싼 집을 짓기 쉬웠으므로 메이지30년대(1897)에 폭발적으로 인구가 증가하였다. 또한 이 지역은 도시에서 배출된 쓰레기 처분지가 되었고, 원래 소규모의 피차별부락을 노시 슬럼이 확장되면서 흡수하는 형태로 재편성되어, 신카와 슬럼은 메이지말기(1910년경)에는 약 2300호에 주민 약 15000명이 사는 일본 최대의 슬럼가가 되었다. 이 지구는 고베국제갱단의 전설적 두목인 스가타니마사오(菅谷政雄)를 비롯한 야쿠자 두목들의 출신지로도 알려져 있고 폭력단과의 관련이 깊은 지역이기도 하다. 이후 정부의 빈민부락개선사업과 가가와

토요히코(賀川豊彦)와 같은 기독교사회운동가의 노력으로 이 지역
의 생활환경이 개선되었다.

○ 반초(番町) 지구

고베시 나가타(長田)구 5번초, 6번초 일대를 가리키는 지역명.
1868년의 고베항 개항에 의해 고베에는 전국에서 직업을 구하러
빈민이 급증하면서 슬럼이 산재하게 되는데, 전염병의 유행 등 효
고현의 슬럼 대책에 의해 신카와 지구와 함께 반초 지구 주변에는
많은 빈민들이 이주하여 살게 되었다. 고베시에서 신카와 슬럼에
이은 두 번째 규모의 슬럼으로 알려져 있고, 1935년의 기록에 의

〈그림 13〉 고베시 슬럼의 하나인 나가타구 반초지구[12]

---

12 현재는 동화지구지정이 되어 있지 않음. 지금도 쇼와시대의 단층 주택이 많이 남아
    있는 동네 모습(2020年). 出典 : フリー百科事典『ウィキペディア(Wikipedia)』

하면 1057세대에 5262명이 거주했다고 한다. 신카와 지구와 마찬가지로 야쿠자 조직인 야마구치구미(山口組, 総本部·神戸市灘区), 고베야마구치구미(神戸山口組)와도 깊은 관련이 있다.

1995년 1월 17일에 발생한 한신아와지대지진 때에는 가장 진동이 심했던 지역의 하나였고 노후화된 목조 주택이 밀집해 있어서 큰 피해를 입었는데 그 상흔이 아직도 남아 있다.

V. 맺음말

1868년 개항 이래 일본 간사이 지방의 관문도시로서 번영해온 고베는 무역 조선 철강 관광 등 여러 산업의 발전을 이루었음은 물론, 일찍부터 서양과 접해왔기 때문에 의식주나 문화에 있어서도 많은 영향을 받은 도시이다. 그래서 살고 싶어 하는 도시 순위에서도 매년 10위 안에 들 정도로 인기가 있고, 멋있고 동경하는 거리라는 이미지를 자랑하고 있다.

하시만 오늘날과 같은 번영의 국제도시 고베의 역사를 돌아보면 그다지 순탄하지만은 않았다. 1945년의 고베대공습, 1995년의 한신아와지대지진과 같은 전쟁과 천재지변의 험난한 재난을 극복하고 다시 일어서기에 성공했기 때문에 지금의 도시가 존재하는 것이다.

이처럼 전반적으로는 화려하고 발전된 도시의 모습이지만, 도시화 과정의 이면에는 어두운 그림자처럼 상흔이 남아 있기도 하다. 세계적 무역항의 초기 역사에는 열악한 항만 일용직노동자들의 삶이 있었고, 기타노이진칸과 난킨마치와 같은 관광 명소의 탄생에는 외국인거류지문제가 있었으며, 현대적 패션과 비즈니스 오피스로 찬란한 거리와는 별개로 신카와 슬럼과 반초 지구와 같은 피차별부락에 기반한 빈민촌이 존재했다.

대부분 도시의 역사에는 빛과 그림자가 공존한다. 고베 또한 근대화에 성공한 대표적 도시이지만, 그 화려한 도시화 과정의 그늘에는 서발터니티가 함께 했었고, 특히 이들은 전쟁과 천재지변의 재난 시에 가장 취약한 존재였던 것이다.

사민문화로 그려본 관문도시 가오슝(高雄)
: 혼종성의 서사

강병환

전체 글 요약

사민(四民)문화는 원주민(原住民), 이민(移民), 식민(植民), 후식민(post-colonial, 後植民)문화를 포괄하는 개념으로, 필자가 대만문화를 총체적으로 조망하기 위해 설정한 하나의 인위적 분류 틀이다.

대만사를 거칠게 요약하자면, 원주민을 포함한 선주민이 후주민에 의해 지배와 착취를 당해온 역사다. 또한 대만사는 한 폭의 이민사이자 이주사로서, 남쪽에서 북쪽으로, 서쪽에서 동쪽으로 이어진 개간과 개척의 분투사라 할 수 있다. 특히 대만의 근대사는 원주민의 터전에서 이민과 식민이 동시에 이루어진 시기로, 이는 대만 원주민의 관점에서 본다면 네덜란드, 스페인, 정성공, 청나라, 일본, 중화민국이라는 외래 정권들에 의한 식민의 역사로 볼 수 있다. 따라서 사민문화는 대만의 역사와 서로 긴밀하게 얽혀 있다. 한편, 이 글에서 필자가 '후식민'이라는 용어를 채택한 배경에는 즉 식민 통치가 종료된 이후에도 식민지 문화가 지속되는 양상을 강조하기 위해 사용된 것으로, 따라서 본문에서는 '탈식민'보다 '후식민'이라는 표현을 선택했다.

대만사의 시작은 1602년 진제의 『동번기』에서 비롯된다. 물론 그 이전에도 대만을 가리키는 다양한 명칭이 존재했지만, 대만의 일상적 생활상을 엿볼 수 있는 유일한 문헌은 『동번기』에서부터다. 그만큼 대만은 비교적 늦게 역사의 무대에 등장했으며, 대만 전역이 통치자의 권역에 완전히 편입된 시점 또한 일제 강점기에 이르러서였다.

그럼에도 400년 대만 역사에서 남부의 타이난과 가오슝 일대는 약 300년 동안 중심 무대 역할을 해왔다. 특히 대만 북부의 타이베이가 정치·경제·문화의 중심지로 자리 잡은 시점이 대략 1876년 이후로 최근 100년에 불과하다면, 남부의 가오슝은 대만의 시작과 더불어 그 존재감을 가지고 있었다고 할 수 있다. 더구나 대만 남부 사람들은 자신들이야말로 '진짜 대만인'이라는 강한 자부심을 가지고 있다. 일반적으로 대만 남부는 자이(嘉義), 타이난(台南), 가오슝(高雄)을 핵심 지역으로 포함하며, 이들 지역의 민중은 대만인 정체성을 상징하는 주체라고 할 수 있다. 동시에 대만이 아시아의 네 마리 용으로 성장할 수 있었던 배경에는 이러한 점이 있기에 대만을 논할 때 남부의 관문도시인 가오슝을 빼놓고는 대만을 온전히 이야기할 수 없다.

관문도시는 출입도시로서 다양한 인구와 민족 집단이 섞이고 교류하는 공간이다. 대외적으로는 경제 교류가 활발하며, 통로 도시로 기능하기에 제국주의와 자본이 앞다투어 진출하는 장소가 되기도 한다. 이러한 과정에서 원주민과 이방인, 피압박 민족, 식민과 피식민, 이민, 난민 등 취약계층이 필연적으로 발생한다.

가오슝의 발전 또한 원래 원주민의 터전에서 이민과 식민이 동시에 이루어진 역사를 바탕으로 한다. 이민 사회의 개간과 개척 과정을 거치며 가오슝은 다인종, 다족군(multi-ethnic), 다언어 등 다양한 이질적 문화가 공존하는 사회로 형성되었다. 대만의 역사는 남쪽에서 북쪽으로, 서쪽에서 동쪽으로 확장되어온 개간과 개발의 역사로, 이 과정에서 원주민과의 충돌, 이민 사회의 독특한 문화, 한족 간의 갈등과 민란, 그리고 네덜란드, 정성공, 청나라, 일본, 중화민국 등 외래 정권들이 남긴 흔적이 그대로 드러난다.

이 글은 가오슝의 전모를 이해하기 위해 '사민문화'를 중심으로 가오슝의 혼종성과 이질성을 살펴보고자 한다. 구체적으로 가오슝의 원주민, 이민, 식민, 후식민문화를 통해 다양한 족군 관계와 역사적 궤적을 추적하며, 그 과정에서 드러나는 문화적 혼종성과 이질성을 고찰한다. 나아가 관문도시로서 가오슝이 지닌 특수성을 밝히고자 한다.

I. 서론

대만의 역사는 400년가량이다.[1] 더구나 400년 대만 역사에서 남부의 타이난과 가오슝 일대가 300년 동안 중심 무대였다. 북부의 타이베이가 대만의 정치경제문화의 중심이 된 지는 최근 100년 정도에 불과하다. 대만은 남에서 북으로, 서에서 동으로 개발한 역사며, 개간의 과정에서 원주민과의 충돌, 이민사회의 질박한 문화, 한족 간의 계투와 민란, 식민지의 역사가 고스란히 노출되어 있다.

대만의 전모를 이해하려면 대만 남부의 이해가 필요하다. 북부와는 다른 환경이 분명 존재한다. 이는 자연 지리적인 요소 외에, 역사적, 경제적, 정치적인 영향도 작용했다. 그렇다면 대만의 남북을 가르는 자연적인 기준은 무엇일까. 섬진강이 경상도와 전라도를 가르듯이, 탁수계(濁水溪)[2]는 대만의 남부와 북부를 구분하는 천

---

1 중국 사료에서 대만과 관련된 기록은 삼국시대의 '이주(夷州)'와 수나라 시기의 '유구(流求)'로 나타난다. 그러나 이주와 유구가 대만을 지칭하는지, 혹은 유구(琉球, 현 오키나와)를 의미하는지는 명확하지 않다. 설령 이 기록이 대만을 지칭한다고 해도, 이는 중국 왕조가 대만 원주민을 두 차례 노략질한 사실을 기록한 것에 불과하다. 대만 역사를 400년으로 한정 짓는 것은 무리가 있을 수 있다. 기록은 부족하지만, 대만에는 선사시대의 유적이 다수 존재하기 때문이다. 그러나 이 글에서 필자가 주장하는 대만의 '400년 역사'란 대만에 대한 구체적인 인문, 지리, 종족, 문화, 풍속을 담은 최초의 자료로서, 1603년 진제가 저술한 『동번기』를 기준으로 삼는다. 한편, 맑시즘 시각에서 대만 역사를 분석한 스밍(史明)의 역사서 역시 『대만인 4백년사』라는 제목으로 대만의 400년 역사를 정의하고 있다.

2 전체 길이는 186km로, 대만에서 가장 긴 강이다. 허관산(合觀山) 남쪽 기슭에서 발원하여 대만해협으로 흘러든다. 대만인들은 강(江)을 일상적으로 하(河) 또는 계(溪)로 표기한다. 물살이 느리고 유량의 변화가 적으며 물길이 규칙적인 경우에는 하(河)를

연 경계선이다. 탁수계 남쪽은 열대기후, 북쪽은 아열대기후를 띤
다. 농업도 남쪽은 사탕수수, 북쪽은 쌀을 주로 재배한다. 자연지
리가 인간의 생활환경에 영향을 미치듯이 탁수계를 경계로 해서,
남북 대만인의 성정과 풍습도 차이가 난다. 탁수계는 대만의 역사
만큼이나 수로가 불규칙적이고 진흙과 모래를 품고 있어 혼탁하
다. 그 때문에 탁하다는 이름을 얻었다. 난터우(南投)현, 장화(彰化)
현, 윈린(雲林)현을 흘러 400만 인구를 먹여 살린다. 식량과 채소,
과일의 주요 공급지며 대만의 젖줄이다.

대만인의 정치 성향도 탁수계를 기준으로 뚜렷이 갈린다. 남북
간 유권자 구조와 투표 행위의 차이는 매우 크며, 이를 '북람남록
(北籃南綠)' 현상으로 표현한다. 북부는 남색 깃발의 국민당이, 남
부는 녹색 깃발의 민진당이 각각 주도권을 잡고 있다.

남부는 본성인을 중심으로 한 대만 본토파와 민진당 지지자가
많고, 북부는 외성인을 중심으로 국민당 지지자가 주를 이룬다. 이
러한 차이는 남북 간의 사회 구조와 경제 발전 수준의 차이, 그리
고 집권당 교체에 따른 지역 정책 변화로 더욱 선명한 이념적 구분
을 만들어냈나. 이는 민중의 투표 행위에도 직접적인 영향을 미쳤
다. 이처럼 정치적, 문화적, 경제적으로 타이베이와 대비되는 지점
에 가오슝이 위치한다.

한족이 대만에 이주하여, 가장 먼저 개간한 곳이 남부 지구다.

사용하고, 반대로 물살이 빠르고 유량 변화가 크며 물길이 불규칙하면 계(溪)를 붙
인다.

가오슝은 정성공 시기에 개척되기 시작했다. 연해에서 내지를 따라 발전했다. 400년 역사에서 가오슝은 크게 두 차례 대전환을 맞는다. 첫째는 17세기 네덜란드 세력이 가오슝 항만의 가치를 알았고, 19세기 2차 아편전쟁 이후 톈진 조약과 베이징 조약에 의해 가오슝은 개항했다. 이처럼 가오슝은 관문도시의 성격으로 인해 구제국주의와 신제국주의 모두의 식민을 겪었다.

대만 남부의 핵심도시인 가오슝은 대만의 공업 요지며 농업지대다. 일제로부터 해방된 후, 장제스(蔣介石)의 국민당은 타이베이를 정치문화의 중심도시로 삼았고, 반면에 석유, 자동차, 철강, 조선 등의 중공업은 모두 남부에 마련했다. 이러한 공업의 경중(輕重) 역시 남북 차이를 강화했다. 과거 대만 남부는 농민, 노동자 계층이 주를 이룬다. 통치 계층과 자본가 계층이 주로 모여 있는 타이베이와는 다른 정서를 지니고 있다. 특히 대만 남부 사람들은 자신들이야말로 진짜 대만인이라고 자부한다.

일반적으로 대만 남부란 쟈이(嘉義), 타이난(台南), 가오슝(高雄)이 핵심이다. 이러한 역사는 대만 남부 민중이야말로 자신들이 진짜 대만인이라는 자부심을 가지게 만든다. 특히 2010년 가오슝현과 가오슝시가 합병한 이후로 대가오슝시는 한국의 부·울·경 지역을 통합한 것과 같은 유사한 면이 있다. 그만큼 대만을 이야기할 때 대만 남부의 관문도시인 가오슝을 빼고는 대만을 이야기할 수 없다. 관문도시는 출입도시이기에 다양한 인구와 민족집단이 섞이고 만나게 되어 있다. 또한 대외적으로는 경제교류가 빈번하고,

통로 도시로 작용하기에 제국주의와 자본이 앞다투어 진출하는 곳
이다. 이런 과정에서 원주민과 이방인, 피압박 민족, 식민과 피식
민, 인종, 성, 이민, 난민 등 취약 계층이 발생하기 마련이다. 무엇
보다도 가오슝의 발전은 원래 원주민의 땅에서 이민과 식민이 동
시에 진행되었다. 이러한 이민 사회의 개간과 개척의 과정을 거치
면서 다인종, 다족군(multi-ethnic)[3], 다언어 등 다양한 이질적 문화
가 공존하는 사회가 되었다.

본문은 가오슝의 전모를 이해하기 위한 방편에서 가오슝의 문
화적 독특성이 특히 두드러지는 가오슝의 원주민, 이민, 식민, 후
식민(post-colonial, 後植民)[4]문화를 사민문화로 칭하며 이를 통해서
가오슝의 역사와 문화의 혼종성을 고찰하고자 한다. 나아가 가오

---

3   강병환, 2022, 「다문화교육을 통한 대만인 정체성 구축」, 『중국지식 네트워크』, 국
민대학교 중국인문사회연구소, 재인용. 족군(族群, Ethnic Group)은 공동조상, 혈
연, 외모, 역사, 문화, 풍속, 언어, 지역, 종교, 생활습관과 국가체험 등을 공유한 일련
의 군체(群體)를 의미한다. 족군은 민족의 개념과 유사하나, 서구에서의 민족은 정치
적 함의가 내포된 반면에 중문은 중성적인 개념이다. 족군은 영문의 Ethnic group,
국족(國族)은 영문의 Nation으로 번역되나 완전히 일치하지는 않는다. 국족은 광
의의 집합체로 민족과 같은 개념이나 다른 점이 있다면 민족은 국가가 없어도 성립
하는 개념이며 국족 개념은 국가를 필요로 한다(范可, 2003年, 「中西语境里的族群
与民族」, 『广西民族学院学报(哲学社会科学版)』, 第25卷第4). 현재 중국에서 일련
의 학자들은 민족(民族)을 영문으로 'Minzu'로 사용할 것을 주장하기도 한다. 중국
의 56개 민족은 유럽국가의 민족(民族, Nation)과 다르며 또 족군(Ethnic group)과
도 어느 정도 차이가 있기 때문이다(광동성 민족종교사무위, http://mzzjw.gd.gov.
cn/mzzjw/dtyw/zmhd/wdzsk/mzsy/content/post_3288731.html(검색일,
2022.04.19)

4   황호덕, 2017, 「탈식민주의인가, 후기 식민주의인가」, 『상허학보』 51집, 상허학회,
315쪽.

슝의 다양한 족군 관계와 역사 궤적을 추적하여 중화권 관문도시 가오슝의 특이성을 살펴보고자 한다.

II. 가오슝의 원주민

1. 가오슝의 원주민

<표 1> 「대만」과 가오슝 명칭의 변화

시기	대만(臺灣)	가오슝(高雄)
송·원 시기	유구(流求), 유구(瑠求)	
명나라 초기	소유구(小琉求)	
명나라 중엽	계룡(鷄龍), 북항(北港) 동번(東番), 대원(臺員)	1603년 타구서(打狗嶼)
포르투갈	포모사 (Ilha Formosa, 美麗島, 미려도)	
스페인	Hermosa	
네덜란드	포모사	Tankoya 혹은 Tancoia
일본	고산국(高山國), 고사국(高砂國)	고사(高砂, 일본 발음은 Takasago)
정씨 왕조	동도(東都), 동녕(東寧)	타구(打狗), 타고(打鼓) 혼용
청나라	대만(臺灣)	타구(打狗), 타고(打鼓) 혼용
일제시기		1920년 고웅(高雄, 다카우)

(자료출처: 필자 정리)

가오슝(高雄)의 옛 이름은 다카우(打狗, Takau)다. 이 지명에 관한 가장 초기의 기록은 1603년 명 만력제 시기 진제(陳第)가 쓴

『동번기(東番記)』에서 찾아 볼 수 있다.[5] 다카우의 유래에 대해서는 여러 설이 있지만, 현재 다수의 학자들은 이노 카노리(伊能嘉矩)의 견해를 받아들이고 있다. 즉 다카우(打狗)의 명칭은 원래 이 지역에 거주하던 평포족(시라야족) 지파인 마카타오(Makatao, 혹은 Mkatatau)족 언어로 타카우(Takau)였고, 그 뜻을 죽림(竹林)으로 보고 있다.[6]

16세기 초, 대만 서부 해안과 중국 대륙의 동남 연해 일대는 왜구와 해적이 자주 출몰하며 곳곳에서 약탈을 일삼던 불안정한 시기였다. 당시 가오슝 일대에 거주하던 원주민들은 이러한 침입에 맞서기 위해 마을 주변 곳곳에 자죽림(刺竹林)을 조성해 방어 수단으로 삼았다. 이를 본 한인들은 이 지역을 '다꼬우(打狗)'라고 음역하였고, 동시에 이곳에 거주하던 시라야족의 마카타오 지파를 '타구사(打狗社)'라 불렀다.[7] 네덜란드인은 이를 음역하여 Tankoya 혹은 Tancoia라 칭했고, 또한 일부 학자는 지명에 대한 이론을 언급하기도 한다.[8] 다시 말해, 가오슝이라는 지명의 유래에 대해서는 다양한 설이 존재하며 학계의 견해도 일치하지 않는다. 명정(明鄭) 시기부터 청나라의 동치에 이르기까지, 이 지역은 '타구(打狗)'

<ol start="5">
<li>다음과 같이 기록되어 있다. "東方夷人不知所自始, 居澎湖外洋海島中, 起魍港、加老灣, 歷大員、堯港、打狗嶼、小淡水⋯⋯⋯皆居其也" (강병환, 2021, 『하나의 중국』, 부록 「동번기」 참고).</li>
<li>伊能嘉矩, 1985, 臺灣文化, 上卷, 臺中市:臺灣省文獻會.</li>
<li>사(社)는 원주민이 사는 마을을 의미한다.</li>
<li>張守真等編, 1996, 高雄港紀事, 高雄市:高雄市立文化管理處.</li>
</ol>

와 '타고(打鼓)'라는 명칭이 혼용되어 사용되었다. 이를테면 명말의 유학자 심광문(沈光文)은 그의 「평대만서(平臺灣序)」에서 가오슝 항을 '타구오(打鼓澳)'라 지칭한 바 있다.[9] 1697년 강희 36년 욱영하(郁永河)가 조정의 명을 받들어 대만 봉산현(현 가오슝)에서 유황을 채취했다.[10] 일반적으로 민간의 저술에는 타구(打狗)를 사용했고, 관방 편찬서에는 타고(打鼓)로 기록했다.[11]

일본 통치기에도 청대에 사용되던 지명이 그대로 이어졌다. 그러나 1920년, 일제가 대만총독부를 통해 지방 행정체계를 개편하면서 전 대만을 5주(州) 2청(廳)으로 구획하였다. 5주는 타이베이, 신주, 타이중, 타이난, 가오슝(臺北, 新竹, 臺中, 臺南, 高雄)이었고, 2청은 화롄강청(花蓮港廳)과 타이둥청(臺東廳)이었다. 가오슝주 아래에는 가오슝군과 가오슝가(街)가 설치되었다.

이 과정에서 '타구(打狗)'라는 명칭은 발음이 저속하다는 이유로 폐기되었고, 새로운 이름으로 '가오슝(高雄)'이 채택되었다. 일본이 '타구(Takau)'를 '가오슝'으로 바꾼 이유는, 'Takau'를 한자로 표기하면 '高雄'이 되며, 이는 일본어 발음으로 '다카오(たかお)'와 동일하기 때문이다. 더욱이 일본 교토에도 '다카오(高雄)'라는 지명이 존재해 상징성과 연관성 또한 고려되었음을 알 수 있다. 그리하여

---

9   余文儀, 1962, 「打鼓澳能生三倍之財, 曝海水以為鹽, 熱山材而為炭」, 847쪽.
10   郁永河 후에 그의 저작인 『비해기유(裨海紀遊)』에 이르길 "봉산현은 대만현의 남쪽에 있다(鳳山縣在臺灣縣之南)" 하였다.
11   曾玉昆, 1992, 高雄市各區發展沿革, 高雄市文獻會.

300여 년 동안 사용되어온 '타구'라는 이름은 1920년을 기점으로 '가오슝'이라는 새로운 이름으로 역사 무대에 등장하게 되었다.[12]

2010년, 가오슝현과 가오슝시가 통합되면서 '대가오슝시(大高雄市)'라는 이름 아래 행정구역이 하나로 통합되었다. 이 과정에서 가오슝현의 27개 향진(鄕鎭)과 가오슝시의 11개 구(區)가 합병되어, 총 38개 구를 포함하는 새로운 광역 가오슝시가 탄생하였다.

가오슝현의 27개 향진은 대체로 봉산(鳳山), 강산(岡山), 기산(旗山)을 중심으로 한 세 지역권으로 나뉘며, 각 지역은 행정과 생활권 면에서 뚜렷한 특색을 지닌다. 원래의 가오슝시는 11개 구로 구성된 도시 핵심부였고, 반면 가오슝현은 이른바 '3산(三山)'이라 불리는 세 지역이 중심축을 이루었다. 봉산지구는 중심 도심인 링야구(苓雅區) 인접 지역에 위치하고, 강산지구는 도시의 북서쪽, 기산지구는 북부 내륙 지역에 해당한다. 이로써 대가오슝시는 도시와 농촌, 평야와 산지, 해안과 내륙이 어우러진 다층적 공간 구조를 갖추게 되었다.[13]

역사적으로 가오슝현과 가오슝시는 현·시가 분리되기 이전, 명정(明鄭, 1662~1682) 시기와 청나라 통치기(1683~1894)에는 동일한 행정구역에 속해 있었다. 1661년(영력 15년) 3월, 정성공은 네덜란드 세력을 대만에서 몰아낸 뒤, 같은 해 5월에 1부 2현의 행정체제를 수립하였다. 이는 대만에서의 본격적인 한족 통치가 시작되

12　高雄市政府教育局, 2012, 『高雄文明史歷史編』, 新裕豊文化事業有限公司, 8-9쪽.
13　위의 책, 30-44쪽.

는 전환점이었으며, 오늘날 가오슝 지역 역시 이 시기부터 일원화된 지리적 범주 안에서 다루어지기 시작했다.[14] 즉, 오늘날의 가오슝—가오슝현과 시를 모두 포함한 지역—은 역사적으로 만년현(萬年縣)의 관할 아래에 있었다. 1683년(강희 22년), 정극상(鄭克塽)이 청나라에 항복함에 따라 대만은 청 제국의 정식 영토로 편입되었다. 이듬해 청 정부는 대만부(臺灣府)를 설치하고, 그 아래에 대만(臺灣), 봉산(鳳山), 제라(諸羅) 세 현(縣)을 두었다. 이 가운데 봉산현의 현청은 처음에 흥륭장(興隆庄), 즉 오늘날 줘잉(左營)의 옛 성내 지역에 자리 잡았다. 이는 가오슝 일대가 행정적 중심지로 기능하기 시작한 중요한 역사적 계기였다.[15] 그러나 1786년(건륭 51년), 임상문(林爽文)이 대규모 민란을 일으키면서 봉산현의 성이 큰 피해를 입게 되었다. 당시 현청이 있던 좌영(左營)은 방어가 어려운 데다 민가가 밀집해 있어, 행정과 군사적 관점에서 더 이상 적절하지 않다고 판단되었다. 이에 따라 현청은 하비두가(下鼻頭街, 현재의 펑산)로 이전되었고, 이곳에 새로운 성곽이 축조되었다. 이후 원래 좌영에 있던 성은 '구성(舊城)' 혹은 '옛 성'으로 불리며, 행정 중심지로서의 역할을 내려놓게 되었다.[16]

14　林能士編輯, 2013,『普通高級中學歷史第1冊』, 南一書局, 54-56쪽.

15　위의 책, 56쪽.

16　高雄市政府敎育局, 2012년,『高雄文明史歷史編』, 대북新裕豊文化事業有限公司, 8-9쪽.

2. 가오슝의 원주민족

1) 원주민족의 분류 및 명명(命名)

대만의 원주민은 남도어족 계통이 분포하는 지역 중 가장 북단에 위치해 있다. 이들의 족군(ethnic group, 族群)과 명칭은 시대에 따라 다소 차이를 보인다. 명정(明鄭) 시기에는 대만 원주민을 '토번(土番)'이라 불렀고, 청 초기에는 주로 깊은 산지에 거주하는 이들을 '야번(野番)'이라 지칭했다. 이와 달리 '토번'은 평지에 정착한 원주민을 가리키는 명칭이었다.

18세기에 들어서면서 청 조정은 원주민의 '한화(漢化)' 정도를 기준으로 '숙번(熟番)'과 '생번(生蕃)'으로 구분하였다. 한족 문화를 수용하고 세금을 납부하는 등 행정 체계 내에 포함된 이들을 숙번이라 불렀고, 반대로 한족 문화에 익숙하지 않으며 행정 통치의 영역 바깥에 있는 이들은 생번이라 하였다. 한편, 숙번과 생번의 중간 단계로 일정 부분 한화를 수용한 이들을 '화번(化番)'으로 분류하기도 했다. 이러한 구분은 당시의 통치 논리와 문화적 편견을 반영한 것이며, 원주민 사회 내부의 다양성과 복합성을 단순화하는 것이기도 했다.[17]

---

17 대만대백과전서, https://nrch.culture.tw/twpedia.aspx?id=11009.

<표 2> 대만 '원주민' 지칭의 변화

시기	원주민 명칭		비고
명나라 시기	동번(東番) 혹은 번(番)		점차 멸시의 뜻으로 변화함
에도시대(1603-1867)	고사족(高砂族)		
청나라	숙번(熟番), 평포번(平埔番), 화번(化番)	생번(生番)	한화 정도와 공납의무. 화번은 생번과 숙번의 중간
일제 강점기 초기	청의 호칭을 연용했으나 번(番)을 번(蕃)으로 개칭		
일제 강점기 중기	고사족, 평포족		
국부시기	산지동포, 산지원주민	평지원주민	
1994년	산지동포를 원주민으로 일괄 개칭		
1997년	다문화 조항 헌법 삽입		
1998년	원주민족교육법		
2001년	원주민신분법		
2005년	원주민족기본법 통과		

(자료출처, 필자 정리)

일제 통치 초기에는 청대의 명칭 체계를 그대로 이어받아 사용했다. 그러나 통치 후기로 접어들면서, 일제는 '생번'을 '고사족(高砂族)'으로, '숙번'을 '평포족(平埔族, 평지 원주민)'으로 재명명하였다. 제2차 세계대전 이후에는 장제스 정권의 국민정부가 '고사족'이라는 명칭을 '고산족(高山族)'으로 바꾸어 사용했다. 이 시기 평지에 거주하던 평포족 다수는 이미 한화되어 원래의 정체성을 점차 상실해갔다.

그 후에는 행정상 '산지산포(山地山胞)'와 '평지산포(平地山胞)'라는 명칭이 사용되었으나, 20세기 말 대만에서 민주화와 본토화 운동이 활발히 전개되면서 기존의 용어에 대한 비판이 제기되었다. 일련의 법률 개정을 통해 '산포(山胞, 산지 동포)'라는 표현은 '원주민'으로 공식 수정되었고, 이에 따라 원주민의 정체성과 권리를 되찾기 위한 '정명(正名)운동'이 본격화되었다. 그 결과, 현재 대만 정부가 공식적으로 인정하는 원주민족은 총 16개로 확정되었다.[18] 반면에 중국은 대만 원주민족을 하나로 묶어 자국의 56개 민족의 하나인 고산족에 포함시킨다.

대만의 원주민족은 원주민위원회가 출범할 당시만 해도 9개 민족으로 구분했으나, 원주민위원회를 원주민족위원회로 개명하고, 2000년대 이후 들어서서는 타오(邵)족, 카발란(噶瑪蘭)족, 트루쿠(太魯閣)족, 사키자야(撒奇萊雅)족, 시디크(賽德克)족이 추가로 인정되었으며, 2014년에는 카나카나부(卡那卡那富)족, 흘라알루아(拉阿魯哇)족이 인정되었다. 이로써 대만 정부가 인정하는 공식 원주민족은 총 16개다.[19] 하지만 현재의 미식별 족군이 중앙정부와 지방정부로부터 인정을 받는 추세는 향후 더욱 확산될 것으로 예상된다. 원주민 인구 비율이 가장 높은 지역은 대만 동남부에 위치한 후산(後山)이라 불리는 지역으로, 타이둥(35.4%), 화롄(27.4%), 핑둥(6.9%)의 세 현이 이곳에 해당한다. 이 세 현은 원주민 인구가 가장 밀집해 있는 곳이기도 하다.

---

18   원주민족위원회, https://www.cip.gov.tw/zh-tw/index.html.
19   원주민족위원회, https://www.cip.gov.tw/zh-tw/index.html(검색일, 2023.06.12.)

한편, 원주민은 한때 대만 전역에 걸쳐 넓게 분포하고 있었으
나, 한족의 이주와 정복 과정에서 많은 원주민들이 평지에서 한족
문화에 동화되거나 정체성을 잃게 되었다. 이로 인해 일부 원주민
은 한족과의 혼합으로 인해 문화적 뿌리를 상실하거나, 생존을 위
해 산지로 이주하게 되었다. 산지는 한족의 확장에 의해 상대적으
로 보호받을 수 있었고, 원주민들은 자연스럽게 그곳에 정착하게
되었다. 오늘날 원주민들은 대체로 대만의 산지 지역, 특히 동부와
남부의 고산지대에 집중적으로 거주하고 있으며, 이 지역은 여전
히 원주민 문화와 전통이 잘 보존된 곳으로 알려져 있다.[20]

<표 3> 대만 원주민의 구성과 분포

	공식인정 원주민족	주 분포지역	평지원주민 (평포족)	주분포지역
1	아미족(阿美, Amis 183,799명)	중앙산맥 이동, 대만동부 화롄, 타이둥, 핑둥현의 헝춘반도 인구최다 족군	카이다거란 凱達格蘭族 Ketagalan	타이베이 분지
2	파이완족(排灣, Paiwan, 88,323명)	북쪽으로는 다우산(大武山) 남쪽으로는 헝춘반도 등		
3	부눈족(布農, Bunun, 51,447명)	해발 500~1,500미터 중앙산맥 양측	다오카스 道卡斯族 Taokas	먀오리, 신주 평원 일대
4	루카이족(魯凱, Rukai, 11,911명)	중앙산맥 남단, 가오슝현, 핑둥현, 타이둥현	거샤우 噶哈巫族 Kaxabu	대만중부 푸리(埔里)분지 일대, 난터우현 런아이향
5	푸유마족(卑南, Puyuma, 11,850명)	타이둥현 일대	바저 巴宰族 Pazeh	먀오리현 이북, 타이중 펑위안(豐原)

---

20 위의 주.

6	초우족(鄒, Tsou, 6,733명)	아리산 구역	파포라 拍瀑拉族 Papora	타이중시 일대
7	시디크족(賽德克, Seediq, 6,606명)	중앙산맥에서 기원하여 난터우(南投縣) 런아이향 일대	바부자 巴布薩族 Babuza	장화(彰化)현 일대
8	사이시얏족(賽夏, Saisiyat, 5,900명)	苗栗三灣, 頭份等地	로야 羅亞族 Lloa	윈린(雲林), 쟈이(嘉義), 타이난 시 일대
9	야미족(Yami) 또는 다우족(達悟, Tao, 3,748명)	란위섬(蘭嶼島)	아리쿤 阿里坤族 Arikun	타이중(臺中)시 동측 산록, 난터우현 서측市
10	카발란족(噶瑪蘭, Kavalan, 1,218명)	화렌(花蓮縣) 신청(新城) 쟈리(嘉里) 쟈리촌, 쟈리완(加禮宛) 등	시라야 西拉雅族 Siraya	쟈난(嘉南) 평원에서 헝춘(恆春) 반도 사이 일대, 가오슝 일대 주거. 19세기 일부 시라야족 일부가 동쪽으로 천이하여 타이둥현, 화렌현 일대 거주
11	타오족(邵, Thao족, 693명)	난터우현 일대 (日月村) 與水里鄉大坪林聚落 (頂坎村) 等地	다우롱 大武壠族 Taivoan	타이난시, 가오슝시 구릉지대 일대, 2009년 88수재이전, 가오슝현 샤오린춘(小林村) 일대 거주
12	사키자야족 (撒奇萊雅, Sakizaya, 442명)	신청(新城) 북포(北埔, Hupu), 화렌 궈푸리(國福里, Kasyusyuan), 메이룬(美崙, Pazik) 일대	馬卡道族 Makatao	쟈난(嘉南) 평원, 가오슝, 핑둥 평원 일대
13	흘라알루아족 (拉阿魯哇, la'alua, 혹은 사아로아(沙阿魯阿, Saaroa) 족, 274명)	가오슝 타오위안구(桃源區) 가우중리(高中里), 타오우안리(桃源里) 및 나마샤구(那瑪夏區) 마야리(瑪雅里)		
14	카나카나부족 (卡那卡那富, Kanakanavu, 244명)	가오슝 나마샤구 (那瑪夏區)일대		
15	타이야족	대만중북부 산악지대		
16	타이루꺼족 太魯閣族, Truku)	타이루꺼 일대		

(출처, 대만원주민족위원회, https://www.cip.gov.tw/)

일제 강점기 동안 원주민 거주 지역은 '번지(蕃地)'로 불렸으나, 국민당이 대만에 들어서면서 원주민 거주구역은 행정 구역으로 재편성되었고, 이들은 모두 향(鄕)으로 명명되었다. 이 과정에서 많은 지명이 유교적 가치나 국민당의 정치적 이념을 반영한 이름으로 개명되었다. 예를 들어, '부흥(復興)', '삼민(三民)', '신의(信義)', '화평(和平)' 등은 모두 국민당의 이념을 상징하는 명칭들이다. 그러나 대만이 본토화와 민주화 과정을 거치면서, 원주민들의 문화적 자긍심이 고취되고, 일부 원주민 지명은 원주민들이 사용하던 전통적인 이름으로 되돌려지기 시작했다. 이는 원주민들의 역사와 정체성을 되찾기 위한 노력의 일환으로, 그들의 목소리가 점차적으로 공존하는 사회로 나아가는 중요한 이정표가 되었다.[21] 즉, 원주민의 정명(正名)운동은 비교적 성공을 거두었으며, 이 과정에서 신설된 행정 단위는 '산지향(山地鄕)'으로 불렸다. 오늘날에도 이 지역은 '산지 원주민 지구'로 지정되어 있으며, 해당 지역의 지방자치단체장은 반드시 원주민 가운데에서 선출되도록 법적으로 규정되어 있다. 이들 산지 원주민 지역을 모두 합치면 대만 전체 면적의 약 40%에 달하지만, 인구는 전체의 1% 남짓에 불과하다.

이러한 제도적 배려는 원주민의 정치적 대표성과 권리를 보장하기 위한 조치로, 입법위원(국회의원) 총 113석 가운데 6석이 원주민 몫으로 배정되어 있다. 이는 한때 주변부로 밀려났던 원주민이

21　「全臺第一三民鄕改名那瑪夏元旦掛牌」, 『聯合報』, 2007年12月11日, C1版。「三民鄕正名嗆聲中 那瑪夏揭牌」, 『聯合報』, 2008年1月1日, C1版.

점차 제도적 틀 안에서 독자적인 목소리를 내고, 정치적 주체로 자리 잡아가는 과정을 보여주는 하나의 중요한 지표라 할 수 있다.[22]

2) 가오슝의 평포족(平埔族)

평포족(平埔族)은 대만의 평야 지대에 거주하던 원주민을 일컫는 용어로, 이들은 한족 이주 이전까지 대만 서부 평원에서 활발하게 활동하던 주요 원주민 집단이다. 가오슝 지역은 이 평포족의 활동 무대 중 하나였으며, 역사적·지리적 맥락에서 대체로 다음과 같은 집단으로 구분할 수 있다.

첫째, 오랜 세월 가오슝 일대에 뿌리를 내리고 살아온 재래 원주민 집단이 있다. 둘째, 문헌과 기록이 상대적으로 부족하여 역사적 실체가 뚜렷하게 드러나지 않지만, 고유의 언어와 문화 체계를 지녔다고 전해지는 마카다오족(馬卡道族)이 있다. 셋째, 18세기 한인의 남하와 토지 압박에 밀려 타이난 지역으로 이주한 시라야족의 일부, 즉 신강사(新港社)와 대우롱사(大武壠社) 집단도 존재했다. 넷째, 핑둥 지역에서 가오슝으로 이주해 온 타로우사(塔樓社) 계열도 가오슝 평포족 구성의 한 죽을 이루었다.

이처럼 가오슝은 다양한 평포족의 이주와 정착, 그리고 상호 작용이 축적된 공간으로, 원주민 문화와 한족 문화가 교차하며 복합적인 민족지(民族誌) 지형을 형성해 왔다.[23]

22　위의 주.
23　戴寶村, 2010,「大高雄市人群之歷史形塑發展」,『高雄文獻』, 14쪽.

1954년 이후 대만 정부는 평포족을 더는 원주민으로 인정하지 않았다.[24] 평포족과 한인 사이의 경계는 역사적으로 매우 불분명한데, 이는 평포족이 비교적 빠른 속도로 한족 사회에 동화되었음을 보여준다. 이러한 동화 현상의 배경에는 크게 두 가지 요인을 들 수 있다.

첫째는 통혼(通婚)이다. 특히 대만 남부 지역의 평포족은 비교적 이른 시기부터 한인과 접촉했으며, 대만으로 초기 이주한 한인들 가운데는 단신 남성이 많았기 때문에 자연스럽게 평포족 여성과의 결혼이 활발히 이루어졌다. 이 같은 혼인은 단순한 가족 결합을 넘어, 양 집단 간 문화적·사회적 경계를 허무는 계기가 되었다.

둘째는 한족 중심의 문화 환경에 따른 동화이다. 한족이 주도하던 사회 질서와 문화 체계 속에서, 평포족 후손들은 점차 한족의 생활양식을 받아들이고, 공식적인 신분도 한인으로 전환되는 사례가 늘어났다. 그 결과 시간이 흐를수록 평포족 고유의 언어와 전통문화는 희미해졌고, 한화(漢化)는 가속화되었다.

이처럼 평포족은 한인과의 밀접한 접촉 속에서 문화적 경계를 잃고, 점차 한족 사회의 일원으로 흡수되었다고 볼 수 있다.[25] 네덜란드 통치 시기의 통계에 의하면 대만의 평포족은 대략 5만 명 전

---

24 林江義, 2003,「臺灣原住民族官方認定的回顧與展望」, 收錄於『臺灣平埔族』, 施正鋒、劉益昌、潘朝成編, 臺北 : 前衛出版社, 頁165.

25 Brown, Melissa J., *Is Taiwan Chinese? The impact of culture, power, and migration on changing identities*, CA : University of California press, pp. 66-130.

후였다. 청나라 가경(嘉慶)년간에 실시한 인구통계에 의하면 이미 이때는 평포족의 숫자를 확인할 수 없으며 모두 한인 호구에 편입되었다.[26]

과거 가오슝 평원에 거주하던 평포족에 대한 이해는 주로 네덜란드 통치 시기 작성된 『질란디아 일기(熱蘭遮城日記)』에 크게 의존하고 있다. 이 사료는 17세기 당시 대만의 사회와 문화를 생생하게 기록한 중요한 1차 자료로, 특히 평포족의 분포와 활동에 대한 정보를 다량 담고 있어, 가오슝 서부 해안과 인접 평야 지대에 정착했던 평포족 족군에 대한 인식을 한층 심화시켜 주었다.

『질란디아 일기』의 분석을 통해, 가오슝 현지에서 확인되는 주요 평포족 공동체로는 탑가리양사(搭加里揚社), 대걸전사(大傑顛社), 첨산사(尖山社), 타구사(打狗社), 아가사(阿加社) 등이 있으며, 이들은 오늘날 가오슝 서부 지역, 특히 해안선과 가까운 평야 지대에 분포해 있었던 것으로 보인다. 이들 집단은 각기 독자적인 사회 구조와 문화를 유지했으며, 네덜란드 통치자들과의 접촉을 통해 다양한 방식으로 식민 권력과 관계를 맺었다.[27] 특히 탑가리양사(搭加里揚社)는 1635년 12월, 네덜란드군과 평포족 신강사(新港社)의 연합 공격을 받아 마을 전체가 불에 타 전소되는 참화를 겪었다. 이 사건 이후 생존한 주민들은 오늘날의 핑둥 평원으로 거처를

---

26 위의 글.
27 高雄市政府教育局, 2012,『高雄文明史歷史編』, 台北新裕豊文化事業有限公司, 30쪽.

옮겨야 했다.[28]

심록 진영[29]의 견해에 따르면 대만인의 조상이 중국 대륙에서 온 한족이 아니라, 대만에서 태어나고 자라난 원주민들이라고 주장한다. 이들의 주장에 따르면, 대만 원주민은 한족의 동화 정책과 문화적 압력 속에서 어쩔 수 없이 '한족'의 정체성을 가장하며 살아가야 했고, 이는 생존을 위한 위장이었다는 것이다. 특히 만주족이 세운 청나라는 212년간 대만을 통치하면서, 산악지대의 생번(生蕃)을 평지에 거주하는 숙번(熟蕃)으로 전환시키기 위한 정책을 지속적으로 추진했다. 원주민들이 한화를 끝내 거부할 경우 생존조차 위협받았다고 이들은 말한다.

청대에서 한화의 정도는 몇 가지 기준으로 측정되었다. 한족의 성씨를 사용하고, 한족식 족보를 보유하며, 민남어 또는 객가어를 구사하는지가 그 기준이었다. 반대로 족보가 없거나 한족 언어를 사용하지 못하면, 원주민들은 '미개'한 집단으로 간주되어 사회적 멸시와 제도적 배제의 대상이 되었다.[30]

---

28 施雅軒, 2019,「高雄打狗子番的歷史地理考據」,『白沙歷史地理學報』第二十期, 91쪽.

29 강병환, 2021,『하나의 중국』, 학고방, 용어설명 부분 참조. 심록 진영은 급진타이두 노선을 따르는 세력을 말한다. 이 진영은 중국과 대만 즉 양안 간의 제대(臍帶)관계를 부정한다. 반면에 온건한 대만독립 노선을 견지하는 민진당은 현재 대부분의 대만인을 한인(漢人)혈통으로 간주한다.

30 『原住民電視臺網站』, http://www.titv.org.tw.

3) 가오슝의 산지 원주민과 평지원주민

〈표 4〉 가오슝 원주민 인구 수

				원주민 인구 수		
				합계	평지원주민	산지원주민
가오슝		2,731,635	2,694,961	36,674	13,784	22,890
	남	1,342,906	1,325,694	17,212	6,419	10,793
	여	1,388,729	1,369,267	19,462	7,365	12,097

(출처: 가오슝시 정부 민정국, https://cabu.kcg.gov.tw/Stat/StatRpts/StatRpt8.aspx)

현재 가오슝의 38개 행정구(區) 전역에는 원주민이 산재해 있으며, 그중에서도 집단적으로 거주하는 지역은 대체로 과거 가오슝현에 속했던 산지 원주민향(山地原住民鄕)에 해당한다. 이들은 주로 마오린(茂林), 나마샤(那瑪夏, Namasia), 타오위안(桃源, Ngani)구에 밀집해 있다.

특히 마오린구의 마오린(茂林, Teldreka), 뒤나(多納, Kungadavane), 완산(萬山, Oponoho) 세 리(里)에는 루카이족(Lukai)이 주로 거주하고 있으며, 이 지역은 대만 남부 루카이족의 전통적인 거주지 중 하나로 꼽힌다.

나마샤(Namasia)라는 지명은 이 지역을 흐르는 계곡의 원주민어 이름에서 유래한 것이다. 그러나 1957년 이후, 국민당 정권은 이 지역을 '삼민주의' 이념을 반영한 '싼민(三民)'이라는 명칭으로 개칭하여, 한족 중심의 국가주의적 색채를 강하게 드러냈다. 이후 대만의 민주화와 본토화 흐름 속에서 원주민 정체성 회복 운동이 전개되었고, 그 일환으로 2008년 원래의 이름인 '나마샤'로 다시 개칭되었다. 이는 단순한 행정구역 명칭 변경을 넘어, 대만 원주민의 주체성과 역사적 정통성을 회복하려는 중요한 상징적 조치였다.[31] 나마샤구 예하의 난사루(南沙魯, Nangnisalu), 마야(瑪雅, Mangacun), 타카누와(達卡努瓦, Tanganua)의 세 리의 주민은 주로 부눈족이 거주하며, 소수의 초우(鄒) 족도 주거하고 있다. 타오위안(桃源, Ngani)은 면적이 928km²에 달하는 가오슝에서 가장 넓은 구지만, 인구수는 4,227명에 그쳐 전국에서 인구밀도가 가장 낮은 구이다. 바오산(寶山, Ciusinlun), 젠산(建山, Tamahu), 가오중(高中, Rhlc), 타오위안(桃源, Salavang), 친허(勤和, Mizuhu), 푸싱(復興, Ua-asik), 라푸란(拉芙蘭, Lavulan), 메이산(梅山, Masuhuaz)의 8개 리에도 주로 부눈족 주민이 거주한다.[32]

III. 가오슝의 식민과 이민

1. 네덜란드인 이전 시기의 가오슝

대만은 지리적으로 중국 본토와 매우 인접해 있으며, 양안(兩岸)

---

31 원주민족위원회, https://www.cip.gov.tw/zh-tw/index.html(검색일, 2023.06.12.)
32 위의 주.

사이를 가로지르는 대만해협의 최단 거리는 불과 약 130킬로미터에 지나지 않는다. 이 해협 한가운데에는 전략적 요충지인 팽호(澎湖) 군도가 자리하고 있다. 또한 대만은 중국, 일본, 동남아시아를 연결하는 해상 무역 항로의 중심축에 위치하고 있어, 고대로부터 국제 해상교통의 요지로 기능해 왔다. 특히 송나라와 원나라 시기, 팽호는 중국 대륙에서 출발한 화물이 남양, 여송(루손), 자바, 수마트라 등지로 향하는 과정에서 중요한 중계지 역할을 수행했다.

이 시기 해상항로는 반드시 대만 서남부 해역을 거쳐야 했으며, 자연스럽게 타이난 인근의 안평(安平)과 가오슝 인근의 타구(打狗) 해역이 주요 기착지로 부상하게 되었다. 이러한 지리적·전략적 조건은 대만이 역사적으로 동아시아 해양 네트워크에서 핵심적인 위치를 점유하게 만든 중요한 요인 중 하나였다.[33]

명나라 말기, 중국 동남 해역에서는 해적 집단의 활동이 활발하게 전개되었으며, 이들은 연해 지역을 자주 약탈하였다. 이들 해적 집단은 단순한 약탈자가 아니라, 상업 활동과 해적 행위를 병행했던 반상(半商)·반적(半賊)의 성격을 지닌 세력으로 이해될 수 있다.

이러한 집단은 득히 가성(嘉靖, 1522~1566) 연간부터 꾸준히 중국 동남 연안을 배회하며 세력을 확장했고, 명나라는 이에 대응하여 강력한 해상 통제를 위한 해금정책(海禁政策)을 시행하게 되었다.[34] 그 결과, 원래 중국 동남 연해 지역에서 개척 활동을 해오던

---

33   高雄市政府教育局, 2012, 『高雄文明史 歷史編』, 新裕豊文化事業有限公司, 8-9쪽.
34   林能士編輯, 2013, 『普通高級中學歷史第1冊』, 南一書局, 52쪽.

주민들은 팽호를 떠나 고향으로 돌아가는 상황이 발생했다. 그러나 해금정책은 오히려 바다에 의존해 생계를 이어가던 백성들을 궁지로 몰아넣었고, 그로 인해 밀항자가 급증하게 되었다. 당시 명나라는 인구 증가로 인한 사회적 압박을 겪고 있었고, 해금정책으로 연안 지역 주민들의 생계가 막히자 이들은 왜구와 결탁하거나, 반상반적 성격을 지닌 해적 집단으로 변모하는 상황에 직면했다.

이들 해적은 필리핀(여송), 대만, 일본과의 무역을 주요 생업으로 삼았으며, 특히 복건성 남부 지역은 산지가 많고 농토가 부족해 양식이 부족한 상황에서 생활이 극도로 어려웠다. 더욱이 전란이 빈번히 발생하면서, 이 지역 주민들은 위험을 무릅쓰고 바다를 건너 대만으로 밀항하는 모험을 감행하게 되었다.[35] 이 과정에서 일부 주민들은 해적으로 변모하거나 왜구와 결탁하여 해상과 연해 지역을 노략질하게 되었다. 당시 해적 집단의 우두머리들 중에는 임도간(林道乾), 임풍(林鳳), 안사제(安思齊), 정지룡(鄭芝龍) 등 강력한 세력을 가진 인물들이 등장했다. 이로 인해 대만과 팽호는 유랑민의 피난처이자 해적과 왜구의 소굴로 변모하였으며, 그곳은 이쪽도 아니고 저쪽도 아닌 즉 중국도 아니고 일본도 아니며 중립적인 공간으로, 어느 한쪽에도 속하지 않는 장소가 되었다. 또한, 중·일 밀수 상인들 간의 교역의 중심지로 기능하기도 했다.[36]

16세기 말, 도요토미 히데요시가 임진왜란을 일으키자 명나라

---

35   위의 책, 52-53쪽.
36   高雄市政府教育局, 2012, 『高雄文明史 歷史編』, 新裕豊文化事業有限公司, 46쪽.

는 해안 경비를 강화할 필요에서 팽호(澎湖)에 주둔군을 증파하기 시작했다. 이에 따라 해적들의 중개 장소도 자연스럽게 팽호에서 대만으로 이동했으며, 이때부터 대만은 중국인과 일본인 간의 밀거래 무역의 거점으로 자리 잡았다.[37] 이와 함께 대만은 해적과 왜구가 집결하는 장소로 변모했다. 그중에서도 안사제(顔思齊)와 정지룡(鄭芝龍)이 이끄는 집단은 가장 강력한 세력을 구축하였다. 1603년, 도쿠가와 이에야스가 일본을 통일한 후 대만과의 주인선(朱印船)무역을 추진했으며, 그 무역 범위는 동남아시아까지 확대되었다.[38] 즉 17세기 초반, 네덜란드 세력이 대만에 진출하기 이전부터 대만은 이미 일본 해적과 상인의 활동 거점이 되었고, 반상인 반해적 성격의 해상 집단이 중국 연해에서 활발히 활동하고 있었다. 더욱이 대만 서남 해안은 한류와 난류가 교차하는 지역으로, 어종이 풍부하여 중국 동남 연해의 어민들에게 매우 중요한 어장이었다. 이 시기 타구항(打狗港, 가오슝항)은 해상 집단이 가장 먼저 정박하는 장소였으며, 중국 동남 연해 어민들이 주요한 어로 활동을 벌이는 곳이었다.[39] 다시 말해 네덜란드 세력이 대만에 발을 들이기 이전, 가오슝 지역은 이미 다양한 문명과 문화가 교차하는 해양의 중심지였다. 중국 동남 연해의 어민과 상인들은 이곳을 삶과

37　위의 책.

38　林能士編輯, 2013, 『普通高級中學歷史第1冊』, 南一書局, 26쪽.

39　高雄市政府教育局, 2012, 『高雄文明史歷史編』, 台北新裕豊文化事業有限公司, 46쪽.

생계의 터전으로 삼았고, 일본의 상인과 해적들은 새로운 기회를 찾아 이 항구에 모여들었다. 가오슝은 단순한 정박지가 아닌, 동아시아 해상 실크로드의 한 축으로 기능하며, 교역과 교류의 요충지로 자리 잡았다. 더구나 어종이 풍부한 서남해 연안은 한류와 난류가 만나 생명의 풍요를 이루는 바다였고, 이러한 자연의 은혜는 어민들에게 끊임없는 혜택을 제공했다. 특히 타구항은 바다를 누비는 해상 집단이 가장 먼저 찾아드는 안식처였으며, 다양한 이질적 집단이 만나는 다채로운 교류의 장이 되었다. 결국, 네덜란드인이 도래하기 전의 가오슝은 단순한 항구 도시를 넘어, 중국과 일본, 동남아시아를 연결하는 해양 네트워크의 심장부이자, 상업과 모험, 생존과 교류가 공존하는 동아시아 해역의 중요한 지점으로 우뚝 서 있었다.

2. 네덜란드 통치하의 가오슝

1) 네덜란드의 가오슝 복속

네덜란드의 대만 통치는 군사력을 바탕으로 한 무력 정복과 함께 성경을 통한 교화가 동시에 이루어졌다. 이 시기에 많은 평포족이 기독교로 개종하기 시작했다.[40] 한편, 네덜란드는 가오슝에서 본격적으로 경제적 착취를 진행했다. 당시 가오슝은 두 가지 주

---

40 위의 책, 47쪽.

요 자원을 제공하는 중요한 지역으로 부각되었다. 첫째, 가오슝은 석회의 주요 산지였다. 풍부한 석회암층을 자랑하며, 석회는 성루, 성벽, 주택, 교회당 건설에 필수적인 원료로 사용되었다. 『질란디아 일기』에 따르면, 1630년 네덜란드인들은 대원(현 타이난)에서 선박을 이용해 가오슝에서 채굴한 석회를 운반했다. 예를 들어, 1639년에는 총 27차례에 걸쳐 가오슝의 석회를 운반하기 위해 매번 1~3척의 선박이 동원되었다.[41] 둘째, 가오슝 해역은 풍부한 어장을 보유하고 있어, 매년 중국 연해를 포함한 각지에서 약 200척의 어선들이 몰려들었다. 특히 11월부터 1월까지의 숭어잡이 철에는 대륙 연해 어선들이 대원(현 안평)에서 등록 허가를 받은 후, 가오슝 인근 어장에서 어획 활동을 벌였다. 이후 이들은 어획물을 대원으로 다시 가져가, 어획물의 1/10에 해당하는 세금을 납부한 뒤 중국 대륙으로 돌아갔다. 이러한 과정을 통해 네덜란드는 중국 어선들이 납세를 제대로 할 수 있도록 불법 어로를 단속하고, 가오슝 해역 인근을 지속적으로 순찰했다.[42]

당시 중국 대륙 동남 연안의 어민들은 어로 철에 대만으로 이주하여 이획 활동을 벌인 후 다시 대륙으로 돌아갔다. 이는 계절적 이동의 일환이었다. 그러나 이들 중 일부는 대만에 정착하기 시작했고, 점차 거주지를 형성해 나갔다. 즉 17세기 네덜란드 통치 기간 동안 타구에는 일시적인 어료(漁寮, 숙소)가 등장했으며, 시간이

---

41 위의 책, 47쪽.
42 위의 책. 47-49쪽.

지나면서 이를 중심으로 어촌이 형성되었다.[43]

셋째, 농지 개간이다. 네덜란드 통치 시기 가오슝 평원의 개간은 이층항계(二層行溪, Erren River) 이남의 가오슝 일대에서 주로 이루어졌다. 1635년 12월, 네덜란드가 탑가리양사(搭加里揚社)의 원주민을 토벌한 이후, 원래 가오슝 평원에 거주하던 평포족은 핑둥 평원(屏東平原)으로 이주했다. 이로 인해 원주민이 떠난 땅은 네덜란드 세력에 의해 농지로 개간되었다. 당시 평포족 원주민의 농업 기술은 낙후되어 있었고, 소를 이용한 우경(牛耕)도 전혀 시행되지 않았다.[44] 더구나 평포족은 모계사회였고, 남자는 주로 수렵을 하였기에 여성 노동력이 주원천이었던 셈이다.[45] 이에 네덜란드는 가오슝 평원으로 중국대륙의 한인(漢人)을 모집해 개간을 진행했으며, 이들에게 인두세 등 각종 세금을 부과해 이익을 취했다. 또한, 네덜란드의 동인도회사 본부가 있는 인도네시아에서 소를 대만으로 들여와 우경 농법을 도입함으로써 대만 농경 기술에 획기적인 발전을 이루게 했다.[46] 그 결과, 경작 면적이 크게 확대되었으며, 개간된 토지는 모두 네덜란드 동인도 회사의 소유로 귀속되었다. 당시 가오슝 평원에서 농사를 짓던 농민들은 한인과 평포족을 막론하고 네덜란드 동인도 회사의 소작농(佃農)으로 전락했다.

---

43 『질란디아일기』 1643년 3월 21일 기재에 따르면 「打狗有小屋四間, 有許多中國人(大都是漁民), 睡於其中」이라 기록되어 있다.

44 강병환, 2021, 『하나의 중국』, 학고방, 부록 동번기 해제 참고, 415-425쪽.

45 위의 책.

46 林能士編輯, 2013, 『普通高級中學歷史第1冊』, 南一書局, 30쪽.

이들은 한인의 토지 소유를 허락하지 않았고, 이들의 영구 정착을 막기 위해 봄에 와서 가을에 돌아가도록 강제했다. 이러한 정책은 한인들 사이에 큰 불만을 야기했고, 결국 1652년 곽회일(郭懷一)의 항거 사건(郭懷一抗荷事件)이 발생했다. 이는 네덜란드 식민 통치기에 일어난 대표적인 한족의 민란이었다.[47]

가오슝 평원에 개간한 땅은 후일 명·정 시기의 둔전(屯田), 관전(官田), 사전(私田)으로, 청 통치기에는 관장(官庄)의 기반이 되었다. 넷째, 가오슝 연안에 소금이 생산되었고, 임목이 울창하여 목재, 장작, 넝쿨 등이 많이 생산되었다. 네덜란드인은 가오슝의 나무를 벌목하여 배에 싣고 대원으로 가지고 가서 건축재료와 연료로 활용했다. 이와 별도로 매년 2월 이후 비어수기 철에는 대륙 연해 어민과 가오슝 지역의 평포족 간 소규모의 교역도 진행하였다. 그 위치는 현재 가오슝 항 콘테이너 부두로 비정(比定)된다.[48]

3. 명·정 시기 가오슝

1661년 영력(永曆) 15년 4월 30일, 성성공(鄭成功)은 대군을 이끌고 녹이문(鹿耳門)을 통해 타이난에 상륙했다. 적감루(赤崁樓)를 점령하고, 질란디아 성을 포위한 지 9개월 만에, 정성공과 네덜란드 세력은 강화 협정을 체결하며 네덜란드의 38년간의 대만 통치

---

47   範勝雄, 1998,「郭懷一抗荷事件三地點試探」,『臺灣文獻』第49卷第1期, 91쪽.
48   楊玉姿, 2005, 高雄開發史, 高雄市:高雄文獻會.

를 마감했다. 이로써 가오슝은 명나라의 정통성을 자처한 정씨 정권의 통치 아래에 들어갔다. 흥미롭게도 이는 후일 국민당 장제스(蔣介石) 정부의 대만 천도와 유사한 양상을 보인다. 두 사례 모두 중국 대륙에서의 패퇴 이후 대만으로 쫓겨왔다는 공통점을 지닌다. 정성공이 반청복명(反淸復明)을 내세우며 대만을 반격의 거점으로 삼았던 것처럼, 장제스 또한 대만을 대륙 수복의 전초기지로 삼았다는 점에서 역사적 맥락이 서로 닮아 있다.

1) 농지 개간과 촌락 형성

정씨 정권은 반청복명의 기지 운영, 네덜란드 세력의 재침 방지, 그리고 군량과 권량(眷糧) 문제 해결을 위해 둔전정책(屯田政策)을 시행했다. 이 정책은 농병(農兵)정책의 일환으로, 네덜란드 통치기의 왕전(王田)을 모두 관전(官田)에 귀속시키고 군대를 동원해 둔전을 개간하는 형태였다. 병농정책은 평상시에는 농경에 주력하여 생산을 도모하고, 농한기에는 군사훈련을 시행하고, 전란이 발생하면 즉시 무장하여 전투에 참여하는 방식이었다.[49] 둔전의 개간은 곧 촌락 형성으로 이어졌다. 더불어 정씨 정권은 농업 생산을 증대시키기 위해 푸젠성 남부 지역의 유민을 대만으로 이주하도록 유도했다. 이는 대만 내 한인 인구의 증가를 초래했으며, 이후 민남(閩南) 사회의 기반을 다지는 계기가 되었다.[50]

---

49 高雄市政府敎育局, 2012,『高雄文明史歷史編』, 台北新裕豊文化事業有限公司, 51쪽.
50 위의 책, 55쪽.

정성공 시기에 개간된 둔간(屯墾)의 중심 지역은 이층행계(二層行溪, Erren River) 이남의 가오슝 평원 일대였다. 그러나 정경(鄭經) 시기의 둔간은 타이난 이북의 염수항(鹽水港), 육갑(六甲), 류영(柳營) 등지를 중심으로 이루어졌으며, 민간 개간은 승천부(承天府), 천흥(天興)현, 만년(萬年)현 등의 핵심 지역을 제외하고, 남쪽으로는 오늘날 가오슝 평산(鳳山)과 핑둥현 헝춘(恆春)까지 확장되었다. 북쪽으로는 신주(新竹), 딴쉐이(淡水) 등지에 군데군데 점식으로 개간이 이루어졌다. 즉 개간이 용이한 지역부터 점차적으로 농지로 변모한 것이다. 명정 시기의 군사 주둔은 대개 둔간 진영의 명칭을 사용하였다. 렌헝의 『대만통사』와 송증장(宋增璋) 『대만무간지(臺灣撫墾志)』에 따르면, 가오슝 평원은 네덜란드 통치기부터 이미 개간된 농업지대였으며, 명정 시기에는 군둔(軍屯) 지역으로 활용되었다.[51] 이는 또한 청나라 초기의 관장(官庄) 지역으로 기틀을 마련했고, 후에 취락으로 발전했다. 이러한 군둔 지역들은 많은 변화를 거쳐 현재까지도 그 지명이 남아 있다.[52]

2) 경제활동과 거주지 형성

명정 시기 가오슝 지역의 농업은 큰 진전을 이룩했으나, 여전히 어업이 중요한 경제 활동의 중심이었다. 청나라가 중국 연해

---

51 한대(漢代) 이후 둔병(屯兵)으로 하여금 주둔지에서 훈련을 하고 농사를 짓게 하는 조치.

52 《尋根探源―台灣開發史蹟展》專輯, 頁 38.

지역에 대한 해금 정책을 유지했음에도 불구하고, 가오슝 해역에는 어선들이 많이 모여 있었다. 가령, 1673년 복건성의 어민 서아화(徐阿華)가 태풍을 만나 가오슝(타구)에 도달한 후, 기후(旗後, 현재의 치진) 항구 일대에서 무주지인 사산(沙汕)을 발견하였다. 기후 지역에는 천연 장벽인 기후산(현재 치진 포대 부근)이 있어, 해변과 가까워 고기잡이가 용이하였다. 서아화는 처음에는 초료(草寮)에서 생활하다가 고향으로 돌아가 동향의 어민들인 채(蔡), 홍(洪), 왕(王), 리(李), 백(白), 반(潘) 등 6성(姓) 가족을 데려와 함께 정착하였다. 이후 이 지역은 점차 취락으로 발전하여 오늘날의 치친이 되었고, 아울러 묘우(廟宇, 사당)를 건립하고 본격적으로 거주하기 시작하였다.[53]

3) 명정 정권의 종결

정씨 정권이 대만에서 21년간 정권을 유지할 수 있었던 배경에는 청나라와 명·정(정씨 정권) 간 군사적인 차이가 있었다. 청나라는 본질적으로 기마 민족으로, 해전에서 상대적으로 약한 반면, 정씨 정권은 해상 세력으로 해전에서 강점을 보였다. 이러한 군사적 차이에 따라 청나라는 정씨 정권과의 강화 협상을 추진했으나 결국 실패로 돌아갔다. 정씨 정권이 고수한 협상의 최종 한계선은 조선과 동일한 대우를 요구하는 것이었다. 즉, 청나라가 정씨 정권에

---

53 高雄市政府教育局, 2012, 高雄文明史 歷史編, 新裕豊文化事業有限公司.

요구한 세 가지 조건은 등륙(登陸), 칭신(稱臣), 변발(辮髮)이었다. 당시 조선은 변발을 거부했으므로, 정씨 정권도 조선과 같은 대우를 지속적으로 요구했다. 그러나 변발 문제에서 청나라는 물러서지 않았고, 정씨 정권도 이를 받아들일 수 없어 최종 협상은 결렬되었다.

1681년, 정경(鄭經)이 사망한 후 정씨 정권 내부에서 정변이 일어났다. 풍석범(馮錫範) 세력은 12세의 정극상(鄭克塽)을 왕으로 옹립했으며, 이를 기회로 삼은 청나라는 1683년(강희 22년) 6월 14일, 시랑(施琅)을 사령관으로 하여 동산(銅山)에서 출병했다. 팽호 군도 수장 유국헌(劉國軒) 부대를 격파한 후, 대만에 있던 정극상은 순순히 투항하게 되었다. 이에 따라 정씨 정권은 종결을 맞이하게 되었다.

4. 청나라 통치기의 가오슝

1) 대만 기류(棄留) 문제

1683년 청나라가 대만을 정복한 후, 청나라 조정에서는 대만의 판도 편입 어부를 두고 '기(棄)'와 '류(留)'에 관한 논란이 일었다. 즉, 대만을 포기하자는 주장과 그렇지 않다는 주장이 상반된 입장을 보였다. 대만 포기론자들의 주요 주장은 세 가지였다. 첫째, 대만은 고립된 섬으로 방어가 어려워 군사적으로 불리하다는 점, 둘째, 원주민을 효과적으로 관리하는 데 어려움이 있다는 점, 셋째,

대만에 대한 관리와 행정에 과도한 정부 예산과 자원이 소모된다는 점이었다. 당시 대부분의 조정 관료들은 대만을 포기하는 것이 현실적인 선택이라 인식했다.[54] 그러나 시랑(施琅)은 다수의 의견을 제치고, 「대만기류이해소(臺灣棄留利害疏)」를 강희제에게 올렸다. 그는 대만을 포기하면 명나라의 잔당, 유랑민, 왜구 등이 대만을 차지하고 스스로 왕이라 칭할 것이며, 네덜란드 또한 기회를 틈타 대만을 재점령할 가능성이 있다고 주장했다. 이에 8개월에 이르는 대만 기류 논쟁을 거쳐 최종적으로 강희제는 시랑의 의견을 받아들여 1684년 대만을 청나라의 정식 판도에 편입시켰다. 대만부는 복건성에 예속되고, 제라현, 대만현, 봉산현 3현을 관할하게 되었다. 이 세 현 중 봉산현은 현재 대가오슝시(가오슝시, 가오슝 현 합병)지역에 해당한다. 당시 봉산현의 지역 범위는 매우 넓었다. 하지만 청나라가 대만을 통치하는 동안, 특히 청·프 전쟁이 발발하기 전까지, 청나라는 대만에 대해 소극적인 관리정책 태도를 일관했다. 그 주된 이유는 행정비용의 과다함이었다. 이에 따라 청나라의 초기 통치 기간 봉산현에서는 성곽 건설이 허용되지 않았다. 그 이유는 첫째, 정씨 정권의 잔여 세력이 다시 일어나는 것을 방지하기 위함이었고, 둘째, 성곽 건설에 따른 비용 부담이 컸기 때문이었다. 하지만 1721년(강희 60년) 주일귀(朱一貴) 민란이 발생하자, 방어적 차원에서 지역 여건에 맞는 토성이나 죽성의 건설이 허용

되었으며, 여전히 벽돌과 돌담을 쌓는 것은 금지되었다. 이후 여러 차례의 민란을 겪으면서 1733년부터 벽과 담장이 구축되기 시작했고, 제국주의 세력의 압박에 따라 포대 건설도 이루어졌다.

2) 청대의 이민과 개간

(1) 이민

청나라는 대만을 점령한 후, 1684년 대만을 청의 행정 구역에 편입시키고, 일시적으로 해금을 풀었지만, 대만으로의 이민을 엄격히 제한했다. 대만이민은 조정의 허가를 받아야 했으며, 식솔을 데려가는 것은 원칙적으로 금지되었다. 이로 인해 대부분 단신으로 대만해협을 건너게 되었다.

1684년부터 1760년까지 청나라의 대만에 대한 이민 제한 조치는 금지와 완화가 반복되었으나, 이러한 제한에도 불구하고 복건과 광동 즉 민월(閩粵)의 인구 과잉 문제로 인해 대만으로 이주하려는 민중은 증가하여 이들은 끊임없이 대만에 정착을 시도했다. 당시 대만은 말라리아가 창궐하는 장려지지(瘴癘之地)였지만, 그럼에도 불구하고 민월의 민중은 대만 개간에 뛰어들었다. 이민자 중 가장 많은 비율을 차지한 깃은 복건성 천주(泉州) 출신이었고, 그나음은 복건성 장주(漳州) 출신이었다. 객가인은 1696년, 강희 35년 시랑(施琅)의 사망 이후 비로소 대만으로 이민을 시작했다. 당시 청나라는 광동성 조주(潮州)와 혜주(惠州) 출신의 대만 이민을 허락하지 않았기 때문이다.[55] 특히 시랑은 이 지역의 주민들을 해적의 근원지로 간주했으며, 그로 인해 객가인들은 비교적 늦게 대만에 이주하게 되었다. 이들은 주로 대남부(臺南府) 일대의 민남인 지주들의 소작농이 되었으며, 당시 그들은 객자(客子), 즉 뜨내기 취급을 받았다. 객가인들은 수백, 수천 명이 모여 촌락을 형성하고, 이들 촌락을 '객장(客庄)'이라 불렸다. 현재에도 객가인 마을은 대만에서 그 흔적을 찾아볼 수 있고 그 당시의 생활상을 간직하고 있다. 당시 대만 남부에서 객가인이 개간할 땅은 부족했기에, 그들은 주로 원주민의 토지를 침범해 나가게 되었다. 이 과정에서 원주민도 일부는 한인 사회에 융합되고 동화되며 새로운 공동체를 형성했다.

(2) 청나라 통치기 가오슝의 사회상

① 도대금령(渡台禁令, 대만이주금지령)의 영향

1684년(강희 23년)부터 1874년(동치 13년) 도대금령이 완전히 폐지되기까지, 청나라 정부는 대륙인의 대만 이민을 엄격히 제한했다. 이는 허가제를 시행하고 가족 동반 이주를 금지하는 등의 방식을 통해 이루어졌다. 무엇보다도 청 조정은 대만이 도적·해적의 소굴로 전락할 가능성을 가장 크게 우려했다. 이러한 청나라의 소극적인 대만 정책 속에서 대륙인의 대만 도항은 철저히 규제되었다.

첫째, 대만으로의 도항을 희망하는 자는 반드시 원적지에서 도

---

55 대만사.

항 허가증을 발급받아야 했다.

둘째, 도항자가 가족을 동반해 대만으로 이주하는 것은 원칙적으로 금지되었다.

셋째, 광동 지역은 해적의 온상으로 간주되어, 광동인의 대만 이주는 복건성에 비해 더욱 엄격히 제한되었다. 이러한 조치는 대만 사회에 심각한 성비 불균형을 초래했다.

람정원(藍鼎元, 1680~1733)의 기록에 따르면, 1721년(강희 60년) 제라현(諸羅縣) 대포장(大埔莊)의 남녀 성비는 무려 256:1에 달했다. 이처럼 심각한 성비 불균형은 원주민과 한족 간의 통혼을 촉진하는 계기가 되었다.[56] 대만에 실시한 도대금령은 대만의 개발을 늦추었고 또 남녀인구 불균형을 조성했다. 게다가 직간접적으로 대만에서 나한각(羅漢脚)[57]의 출현하는 계기가 되었으며, '나한각'의 등장은 대만 치안 혼란의 주요 요인이 되었으며, 사회적 불안정성을 심화시켰다. 이러한 문제는 대만 사회가 당면한 구조적 어려움과 청나라의 소극적 통치 방침이 맞물려 빚어진 결과라 할 수 있다.

② 민란과 계투(械鬥)

대만으로 이주한 한인들은 주로 복건성과 광동성 연해 시역 출

---

56 陳豐祥, 2006, 『普通高級中學「歷史」』, 台北 : 泰宇出版, 52쪽.
57 청나라 통치기 대만에서는 집도 없고 아내도 없으며, 선비도 아니고 농부도 아니며, 일하거나 물건을 팔지도 않으며, 유랑하는 사람을 일컬어 나한각(罗汉脚)라 한다. 이들은 절도, 도박, 싸움을 일삼으며 이들은 독신으로 사방을 유랑하며 정해진 주거 장소도 없고, 옷도 바지도 제대로 입지 않고, 평생 맨발로 다니는 사람을 뜻한다.

신이었다. 이들은 대만에 정착한 후 본적, 종족, 직업 단체 등으로 나뉘어 집단 간 충돌, 즉 계투(械鬪)를 일으키곤 했다. 이러한 빈번한 계투는 당시 대만 사회가 얼마나 불안정했는지를 여실히 보여준다.[58] 계투가 발생한 원인은 크게 세 가지로 요약할 수 있다. 첫째는 경제적 요인이다. 개간 사회에서 생존 경쟁은 치열할 수밖에 없었고, 토지와 수원을 둘러싼 갈등이 일상적으로 발생했다. 둘째는 사회적 요인이다. 대만에는 유랑민이 많았고, 이들은 본적지나 언어, 생활방식에서 큰 차이를 보였다. 이러한 문화적 차이로 인해 사소한 분쟁이 큰 갈등으로 비화하기도 했다. 셋째는 정치적 요인이다. 대만의 행정구역은 광활했지만, 관청의 영향력이 미치지 못하는 곳이 많았고, 관료들의 부패와 탐욕이 갈등을 더욱 부추겼다.

계투의 유형은 다양했다. 본적지가 다른 집단 간 충돌, 예컨대 복건성과 광동성 출신 간의 갈등, 복건성 내에서도 장주와 천주 출신 간의 계투 등이 대표적이다. 또한, 서로 다른 성씨 집단, 직업 단체 간의 경쟁, 상업적 이익을 둘러싼 분쟁 등도 빈번했다. 이러한 계투는 민란의 발발과 진압 과정에서 더욱 격화되었고, 이후 또 다른 갈등의 불씨가 되기도 했다.

청대 대만 사회에서는 "3년에 한 번 작은 반란, 5년에 한 번 큰 반란"이라는 말이 나올 정도로 민란이 끊이지 않았다.[59] 청대 대

---

58 위의 책, 76쪽.
59 高雄市政府敎育局, 2012, 高雄文明史 歷史編, 新裕豊文化事業有限公司.

만 사회는 민란이 끊이지 않는 격랑의 시대를 겪었다. 복건성과 광동성에서 이주해 온 사람들이 대만 사회의 주류를 이루었으며, 그들은 각자의 고향 풍습과 언어를 함께 가져와 이질적 문화를 형성했다. 그러나 청나라 정부는 오랜 기간 대만 이민을 철저히 제한했고, 특히 가족을 동반한 이주를 금지했기 때문에 대만으로 건너온 이민자들은 주로 단신의 청장년 남성들이었다. 이들은 속칭 '나한각(羅漢脚)'으로 불렸으며, 생계를 위해 같은 동향, 같은 종족끼리 집단을 이루어 서로를 의지하며 생활했다.

그러나 처자식 없는 나한각들은 경제적 생존을 위해 토지와 자원을 둘러싼 치열한 경쟁에 뛰어들었고, 이로 인해 민란과 계투(械鬥)가 빈번하게 일어났다. 이러한 사회적 혼란은 가혹한 세금과 경제적 착취, 부패한 관리의 횡포, 무력한 반병(班兵)의 치안 유지 실패 등으로 더욱 격화되었다. 여기에다 유랑민과 비밀 결사체의 존재가 불씨를 키워 민란은 더욱 빈번하게 발생했다.

대만 역사에서 이름을 남긴 대규모 민란으로는 1721년의 주일귀 사건, 1786년의 임상문 사건, 1862년의 대조춘(戴潮春) 사건이 있다. 주일귀 사건은 오늘날 가오슝 지역에서 발발했으며, 임상문 민란은 창화(彰化)에서 시작되이 봉산(鳳山, 현 기오슝)에서도 큰 반향을 일으켰다.

특히 봉산현은 청대 대만에서 가장 일찍 개발된 지역 중 하나로, 이민 사회의 성격이 강하게 드러나는 곳이었다. 1721년 강희 60년부터 1853년 함풍 3년까지, 민란과 계투가 연이어 이 지역에서 발생했다. 봉산현은 오늘날 가오슝의 행정 구역에 속하며, 당시의 격동을 상징적으로 보여주는 무대였다.

봉산현에서 일어난 민란의 역사는 한 줄기 혼돈의 기록이라 할수 있다. 그 폭풍 속에서 사람들은 생존과 저항을 위해 서로 부딪히고 싸우며 역사의 흔적을 남겼다. 이는 대만이 단순히 이민자들의 낙원이 아니라, 치열한 투쟁과 갈등의 현장이었음을 극명히 보여준다.

<표 5> 청대 봉산현(鳳山縣, 가오슝)의 민란과 계투(械鬪)

	시기	발생지	만연지점	유형	명칭	사건인물
1	1721	봉산현	대만현, 봉산현, 제라현	민란, 민·월(閩粤) 계투	주일귀(朱一貴) 사건	주일귀
2	1732	봉산현	대만현, 봉산현	민란, 민월계투	오복생(吳福生) 반청 사건	오복생
3	1768	봉산현	대만현, 봉산현, 제라현	민란, 민·월계투	황교(黃敎)반청	황교
4	1786	창화현(彰化縣)	창화현 봉산현	민란, 장·천계투	임상문(林爽文) 사건	임상문
5	1805	봉산현	봉산현	해적 소란, 민란	채견(蔡牽)사건	채견
6	1824	봉산현	봉산	민란	허상(許尙)· 양양빈(楊良斌)사건	허상
7	1853	대만현	대만현 봉산현	민란	임공(林恭)사건	임공
8	1862	창화현(彰化縣)	창화현 봉산현	민란	대조춘(戴潮春)사건	대조춘

(자료출처, 高雄市政府敎育局, 『高雄文明史 歷史編』, 新裕豊文化事業有限公司, 63쪽)

3) 청대 후기 가오슝항의 발전

청대 가오슝은 주요 항구로 타구항(打狗港, 현재의 가오슝 항)과 만단항(萬丹港, 현재의 쥐잉 군항)이 중심을 이루었다. 당시 대만 행정의 중심지는 타이난이었고, 개항장은 타이난의 녹이문(鹿耳門)에 위치해 있었다. 타구항은 녹이문의 남쪽에 자리 잡고 있었으며, 뱃길로 약 세 시간이면 도달할 수 있어 남로 수륙 교통의 요충지로 기능했다.[60] 비록 가오슝의 기후(旗後)는 천혜의 항구 조건을 갖추고 있었으나, 1860년대 이전의 항만 관리 정책은 대도구안(對渡口岸) 방식에 의존해 발전에 한계가 있었다. 대도항(對渡港)은 청대 대만에서 대륙과 대만 간 교역을 위해 설립된 특별 항구로, 맞대응 항구 개념에 따라 운영되었다. 하지만 당시 가오슝항은 대륙과 직접 교역하는 항구가 아니었기 때문에 무역 활동에 많은 제한을 받았다.[61] 즉 당시 가오슝항은 중국과의 맞대응 항구가 아니었다. 따라서 중국 무역의 기능 역시 크게 제한을 받았다. 하지만 1842년 아편전쟁으로 난징조약이 체결되자 가오슝 또한 영국과 미국의 눈길을 받기 시작했다. 1854년 영국 함선이 이미 가오슝에 와서 수심을 측정하고 해도를 제작했다.[62] 1885년 미국 상인의 과학호(科學號)가 가오슝항에 몰래 정박하여 대만과 무역을 진행하였

60　황숙경(黃叔璥)의 『대만사차록(臺灣使槎錄)』에 언급하기를 「近海港口哨船可出入者, 只有鹿耳門, 南路打狗港」으로 기록되어 있다.

61　대륙과 대만 간 맞대응 항구로 무역함. 대도항(對渡港)은 청나라 시기 대만 지구 특별히 설립한 항구.

62　高雄市政府教育局, 2012, 『高雄文明史歷史編』, 新裕豊文化事業有限公司, 64쪽.

다. 후에 미국의 가오슝에서의 경영은 좋지 않아 결국 1860년 미국은 가오슝에서의 자산을 영국의 전덕양행(甸德洋行)에 처분했고, 이로써 가오슝에서의 무역을 영국이 독점했다. 이후 영·프 연합군은 2차 아편전쟁을 일으키고 청 조정을 압박하여 1858년 톈진조약을 체결하였고, 1860년 북경조약을 체결한 후, 이 조약에 근거하여 1863년 대만의 기륭, 담수, 안평, 타구(가오슝)를 국제항구로 개방하였고, 대만 남부 가오슝에 영사관을 설치하였다. 이후 1864년 가오슝에 해관을 설립하고, 정식으로 항구를 개방했다.[63] 가오슝 항이 개항된 후, 대외무역은 대폭 증가하였을 뿐만 아니라 차(우롱차), 사탕수수, 장뇌는 당시 대만의 수출 품목 중 94%를 차지했다.[64]

4) 청대 후기 가오슝 지역의 주요 외교 사건들

1864년 가오슝항이 개항된 후, 상업적 번성과 동시에 여러 대외 사건도 발생했다. 이 시기 대만의 운명을 가른 역사적 사건들은 대부분 가오슝 지역에서 발생한 것이며, 일부 사건은 가오슝의 전략적 입지를 국제무대에 알리는 계기가 되었다.

첫째, 로버호(羅妹號, Rover) 사건이다. 1867년 3월 미국 상선 로

---

63 영국은 먼저 가오슝에 부영사관을 설립하고, 그다음 해 1865년 영사관으로 승격되었다. 첫 영사는 Robert Swinhoe다. 가오슝 기후(旗後)에 천리양행(天利洋行)을 임시 판공실로 사용했다. 이후 초선두(哨船頭) 산상에 영국영사관과 관저를 완공했다.

64 陳豐祥, 2006, 『普通高級中學「歷史」』, 台北 : 泰宇出版, 85쪽.

버호가 대만해협을 통과 시, 태풍을 만나 핑둥 해역 칠성암 암초에 부딪혀 침몰했다. 조난자들은 구자각(龜仔角, 오늘의 어란비鵝鑾鼻) 해안 일대에 등륙하는 과정에서 원주민의 공격을 받아 선장 헌트 (J.W.Hunt) 부부 등 13명이 살해당했다. 유일하게 목숨을 건진 광동적 선원이 가오슝 관부에 보고해서 알려졌다. 미국이 청 정부에 항의하자 청 정부는 이 지역의 원주민은 화외지민(化外之民)이라 거절했다. 즉 자국의 교화가 미치지 않는다는 것이다. 이에 미국은 군사력을 동원하여 원주민을 공격했지만 실패했다. 결국 당시 미국 하문(샤먼) 영사 이선득(Le Gendre)과 원주민 대표가 평화협상을 체결했다. 최종적으로 스카로(斯卡羅)족과 미국은 비공식적인 타협 기록인 '남갑의맹(南岬之盟)'을 체결하고 일단락되었다.[65]

둘째, 장뇌 사건(안평사건)이다.[66] 장뇌는 화약의 원료로 널리 사용된다. 1868년, 대만인과 영국 상인 간에 장뇌를 둘러싼 분쟁이 발생했다. 이 과정에서 교당이 파괴되고, 선교사들은 구타당하며, 신도들은 피살되는 사태가 벌어졌다. 이 사건을 계기로 영국 상인과 선교사들은 영국 함대의 출동을 요청했고, 영국 함대는 가오슝 항에 입항했다. 이후 중국과 영국은 협의를 통해 장뇌 매매를 둘러싼 분쟁을 해결하게 되었다.

65 　郭素秋, 2019,「從羅妹號事件到南岬之盟 : 誰的衝突？誰的和解？」,『原住民族文獻』第41期, https://ihc.cip.gov.tw/EJournal/EJournalCat/487.

66 　「樟腦戰爭一八六八年」, https://www.taiwanus.net/history/3/76.htm(검색일, 2023.06.13)

셋째, 목단사 사건(牡丹社事件)은 1874년, 유구인들이 폭풍을 만나 대만에 표류한 후, 대만 목단사 지역의 원주민에 의해 살해된 사건이다. 이에 일본은 당시 헝춘(恒春) 지역의 목단사와 고토불사(高土佛社) 원주민 마을을 공격했다. 이 사건은 일본군의 대만 침략을 정당화하는 구실을 제공했으며, 당시 청나라가 대만의 원주민을 화외지민(化外之民)으로 분류하고 있었기 때문이다.

이 사건을 계기로 청나라는 대만 해상 방어의 중요성을 인식하게 되었고, 방어 정책을 적극적으로 전환했다. 1875년, 청나라는 심보정(沈葆禎)을 대만에 파견하여 방어를 강화했으며, 같은 해 영국의 엔지니어를 초빙해 가오슝항 연안에 서양식 포대 두 곳을 설치했다. 이 포대들은 오늘날까지도 남아 있는 기후포대와 웅진포대(雄鎮北門)이다.

넷째, 청·프 전쟁이다. 1884년 청프전쟁 기간에, 유오(劉璈)는 프랑스군의 침입을 막기 위해, 가오슝 기후포대에 옹벽을 쌓고, 호구를 뚫어 공격력을 강화하였다. 1886년 대만 순무 유명전(劉銘傳)은 청·프 전쟁을 계기로 가오슝 지역에 대한 방어 임무를 한층 강화했다. 타구산에 대평정포대(大坪頂砲台)를 건설하였고, 기후 및 항구포대와 함께 고, 중, 저 3층 보호망을 구성하여 가오슝항을 보호했다.[67] 무엇보다도 청·프 전쟁 기간 프랑스가 대만해협을 봉쇄하자, 청나라는 비로소 대만의 전략적 가치를 제고하게 되었다. 이

---

67   高雄市政府敎育局, 2012, 『高雄文明史歷史編』, 新裕豊文化事業有限公司, 68쪽.

로부터 청나라는 대만을 공식적으로 중국의 한 개 성으로 승격시켰다. 즉 대만이 중국의 한 개 성으로 된 시기는 1884~1894년 간 겨우 10년 정도에 불과했다.

다섯째, 청일전쟁이다. 1894년 6월, 청나라와 일본은 한반도에서 동학 농민 운동이 발생하자, 조선의 요청에 따라 청나라가 조선에 출병하게 되었고, 이에 따라 텐진조약에 의거해 일본도 조선으로 출병하였다. 이로 인해 두 나라는 전쟁에 돌입하게 되었다.

청일 양국 간의 긴장 관계가 고조되자, 청나라 조정은 대만 순무 소영겸(邵永濂)에게 대만 방어 임무를 비밀리에 강화하도록 지시했다. 또한, 복건 수사제독 양기진(楊歧珍)과 총병 유영복(劉永福)을 대만 군사 업무에 도움을 주도록 배치하였다. 전쟁이 본격적으로 발발하자, 대만 순무 당경숭(唐景崧)은 가오슝 일대의 방어를 맡았고, 유영복이 소속된 흑기군은 동강(東港)과 헝춘 일대를 방어하였다.

1895년 일본이 팽호를 점령하자, 당경숭은 남대만의 방어 임무를 변화시켰다. 유영복은 봉산에 주둔하였고, 만국본(萬國本)은 안평(현, 타이난)을 수비했다. 1895년 4월 17일 청일 양국은 마관조약(시모노세기조약)을 체결하고 청나라가 팽호열도와 대만을 일본에 할양했다. 하지만 대만 민중은 이에 불복하고, 5월 25일 대만 민주국을 건립하고 당경숭을 초대 총통으로 추대했다. 5월 29일 일본군이 대만 동북각의 아오디(澳底)에 상륙하여 대만을 접수할 준비를 하고, 6월 3일 기륭이 함락되자 당경숭은 중국대륙으로 도망갔다. 6월 7일 일본군은 저항 없이 타이베이 성에 진입했다. 이 시기 대만 민주국은 와해되었지만, 대만 남부에서는 항일운동이 그치지 않았다.[68] 최종적으로 10월 16일 가오슝도 일본에 함락당했다. 이로부터 가오슝은 51년 동안 일본의 식민지로 전락했다.

5. 일제 시기의 가오슝

1) 일제 강점기 가오슝의 경제변천

일제 점령기의 대만에 대한 경제 정책은 크게 두 시기로 나눌 수 있다. 전기(1895~1935년)에는 "공업 일본, 농업 대만"이라는 기조 아래 대만을 일본 내지의 농산물 생산 기지로 활용하였다. 대만은 쌀, 사탕수수, 파인애플, 바나나 등을 대량 생산하여 일본에 저렴하게 공급하며, 본토 농업의 부족을 보충했다. 특히 쌀과 사탕수수는 대만 농업의 핵심 품목으로 자리 잡았다.[69]

후기(1931~1945년)에는 "공업 대만, 농업 남양"이라는 정책으로 전환되었다. 이는 일본의 군사 확장을 뒷받침하기 위한 것으로, 동남아시아 등 남양 지역의 군사기지를 지원하기 위해 대만에 공업 시설을 집중적으로 건설했다. 이 시기에 가오슝은 현대화 공업의 중심지로 성장했다.[70]

68　林能士編, 2013, 『普通高級中學「歷史」』, 台北 : 南一書局, 108-110쪽.

69　高雄市政府敎育局, 2012, 『高雄文明史歷史編』, 新裕豊文化事業有限公司, 83쪽.

70　위의 책.

이런 과정에서 첫째, 가오슝의 제당업은 크게 발전했고, 둘째, 가오슝항이 새로 건설되었다. 일제 초기 대만총독부는 북부의 지롱항을 먼저 확장 건설하고, 그다음으로 가오슝항의 건설에 나섰다.[71] 셋째, 가오슝의 철로 건설이다. 일제 시기 가오슝의 철로 건설은 두 단계로 나눌 수 있다. 첫 단계는 군대의 통행과 군수품의 운송을 위해서다. 대만총독부는 1895년 12월 가오슝에서 타이난에 이르는 경전철을 완성했다. 1896년에는 가오슝에서 펑산까지의 철로선을 연장했다.[72] 경철도는 먼저 군대 운송, 군수용으로 활용하다가 후에 민중에 개방했다. 1899년 이후 대만의 정세가 점차 안정되자, 대만총독부는 대만의 경제 및 산업기지를 후식하기 위해서 종관철로 건설에 착수했다. 이는 제2단계의 철로 건설이다. 1900년 11월 가오슝에서 타이난까지 철로가 개통되었다. 1908년 10월 타구역(오늘의 가오슝항 역)을 완공했다. 이 시기 가오슝에서

---

71 축항 공정은 대략 3기로 나눌 수 있다. 제1기는 3,000톤급의 선박이 진출하고, 연간 화물 처리량 45만 톤 달성을 목표로 했다. 1908년부터 시작하여 1912년에 완공했다. 사업 완공 후, 타구항의 무역액은 안평 및 담수를 초월했다. 남대만 제1항이 되었다. 북쪽의 기륭과 더불어 남북 양대 항구의 국제무역항이 되었다. 1912년에는 제1기 공정 완공 후, 이어서 10년 기한의 제2기 축항 공사에 들어갔다. 후에 재정 긴축을 맞아, 제1차 세계대전, 물가파동 등 요소의 영향으로 계획이 감축되었다. 제2기 공정 역시 1937년에서야 완공되었다. 제2기 공정이 완공된 후, 1만 톤급 선박 26척 정박 가능, 연간 물동량 140만 톤에 달했다. 1937년 7월 일본이 중국에 대한 전면적 침략전쟁을 시작하자, 전쟁의 수요에 부응하기 위해서 제3기의 축항공정을 실시하기로 결정했다. 후에 1941년 일본이 태평양전쟁을 발동하고, 가오슝항을 남진기지로 전초로 삼고, 제3기 축항공정은 완전히 정체되었다. 겨우 항만 유지 공사만 할 뿐이었다.
72 高雄市政府教育局, 2012, 『高雄文明史歷史編』, 新裕豊文化事業有限公司, 82쪽.

지롱까지의 종관철로 또한 동시에 완공되었다.[73]

넷째, 가오슝 공업의 발전이다. 가오슝 축항의 성공과 철로의 개통으로 인하여 비교적 완비된 교통체계를 갖추었고, 여기에 광활한 복지가 있어서 가오슝은 이른 시기에 공업화를 건설한 지역이 되었다.[74]

다섯째, 인구의 대량 이입으로 가오슝의 신시가지가 확대되었다. 일제 시기 가오슝항 준항과 매립 지역이 확대되자 항구의 규모가 계속 확대되었고, 항구의 신시가지도 확대되어 새롭게 변했다. 여기에 더하여 가오슝의 공업발전과 동시에 대량의 인구가 가오슝으로 유입되었다. 타이난인과 펑후인은 주로 오늘의 옌청, 구산, 싼민, 링야구에 각기 취락을 형성했다. 펑후인은 주로 부두 노동과 인력거꾼에 종사했다. 가오슝 북문구역에는 우차공과 삼륜차부가

---

73 총독부는 봉산, 아후(阿猴, 屏東), 반저료(蕃薯寮, 오늘의 旗山)의 물산을 개발하기 위해서 1907년에 타구에서 구곡당까지의 지선을 깔았다. 1913년 12월 아후(阿猴)까지 연장되고, 1923년 조주까지 연장되어 조주선(潮州線)이 되었다. 이후 남쪽으로는 1941 팡랴오선(枋寮線) 연장되어 통행했고, 1920년 타구를 가오슝으로 개명했다. 그래서 타구역을 가오슝역으로 개명했다.

74 1909년 메이농(美濃竹子門) 발전소를 완공하고, 가오슝 공업 발전 초기에 필요로 하는 전력을 공급했다. 1913년과 1923년에 제1화력, 제2화력 발전소를 완공했다. 여기에 더하여 가오슝주정주식회(高雄酒精株式會社), 아마노시멘트(淺野水泥株式會社), 대만철공소주식회사(臺灣鐵工所株式會社), 미쯔비시중공업(三菱重工株式會社), 동양제관(東洋製罐株式會社), 가오슝제빙주식회사(高雄製冰株式會社), 일본식료공업주식회사(日本食料工業株式會社) 등이 계속해서 가오슝 지역에 들어섰다. 이와 별도로 1935년 일본 알루미늄주식회사 가오슝공장(日本鋁業株式會社高雄工廠)도 설립되었다. 이곳에서 군용기의 골격을 제조하였으며, 전성기에는 거의 4,000명의 직원이 근무하였으며, 당시 가오슝에서 가장 큰 공장이었다.

주거했고 이 중 타이난 출신이 가장 많았다.[75] 이러한 신이민 구조
는 청나라 시기의 천주인, 장주인, 객가인, 복주인 등 과거의 이민
인구 구조를 바꾸어 놓았다.[76]

2) 미군의 공습과 가오슝

일제 강점기 동안 일본은 가오슝항의 현대화를 위한 기반을 닦
았다. 그러나 제2차 세계대전 당시 연합군의 집중적인 공습으로
인해 가오슝항은 항구로서의 기능을 거의 상실하게 되었다. 이
는 미군이 태평양 전쟁에서 병력 손실을 최소화하고 일본 본토
로의 진격을 가속화하기 위해 채택한 '도도 전략(跳島战略, Island
Hopping Strategy)'에 따른 결과였다. 이 전략은 필리핀과 오키나
와를 점령한 뒤 대만을 건너뛰는 방식을 취한 것이다. 대만에 상륙
하지 않는 대신 미군은 대규모 공습 작전을 감행했다.

미군 제5 항공대(Fifth Air Force)의 기록에 따르면, 가오슝에는
총 2,559.2톤에 달하는 폭탄이 투하되었다.[77] 특히 가오슝항은 미
군 전투기가 오키나와 폭격 후 필리핀으로 복귀하는 항로에 위치
해 있었기 때문에, 남은 폭탄을 소진하기 위해 가오슝에 잉여 폭탄

---

75 현재의 쟈리(佳里), 쉐쟈(學甲), 시강(西港), 치구(七股)다.

76 1920년 가오슝에 가(街)를 설치할 시에 인구는 대략 3만 5천 명, 1924년 시를 설치할
때의 인구는 4만 천 명으로 당시 남대만 최대의 도시가 되었다. 1935년 도시계획에
따르면 장차 가오슝시 포용 인구를 40만의 대도시로 계획했다. 장차 신시가지의 중
심을 아이허(愛河) 서쪽에서 가오슝천으로 이동했다. 1939년에는 가오슝 시청을 현
재의 가오슝 역사박물관 자리로 옮겼다.

77 高雄市政府教育局, 2012, 高雄文明史 歷史編, 新裕豊文化事業有限公司.

을 투하하는 일이 빈번했다.

제2차 세계대전 말기 미군의 집중 공습으로 가오슝항과 도심은 심각한 피해를 입었다. 미군 제5 항공대 자료에 따르면, 대만에서 폭탄 투하량이 가장 많았던 5대 도시는 가오슝, 타이난, 지룽, 신주, 타이중 순이었으며, 타이베이는 상대적으로 폭격이 적었다.

1944년 10월 12일부터 1945년 8월 10일까지 대만총독부의 통계에 따르면, 미군의 폭격으로 대만 전역에서 발생한 사망자는 5,582명, 실종자는 419명, 중상자는 3,667명, 경상자는 5,093명에 달했으며, 이재민은 총 277,383명에 이르렀다. 이 중 가오슝에서는 사망자 1,662명, 실종자 15명, 중상자 1,031명, 경상자 1,385명으로, 총 4,093명이 피해를 입었다.[78] 위의 통계는 당시 가오슝이 전략적 요충지로서 얼마나 큰 피해를 입었는지를 여실히 보여준다.

6. 중화민국 시기의 가오슝

1945년 8월 15일, 일본은 포츠담 선언을 받아들이고, 무조건 투항을 선언함으로써 제2차 세계대전은 종결되었다. 맥아더는 1945년 9월 2일 전후처리를 위한 '미국육군 태평양지역 총사령부 일반명령 제1호(General Order No. 1)'를 포고한다.[79] 이 명령에 따라 중

---

78   위의 책.
79   FOREIGN RELATIONS OF THE UNITED STATES: DIPLOMATIC PAPERS,

국 전구 사령관인 장제스는 천이를 대만 행정장관으로 파견하여 대만에서의 일본군의 항복을 받았다. 따라서 대만은 국민당 정부에 의해서 순조롭게 접수되었다. 국민정부는 대만행정장관공서(臺灣行政長官公署)를 설치하고, 일제 시기의 5주 3청에 의거해서 접관위원회(接管委員會)를 설치하여 일본으로부터 대만을 접수한 후, 국민정부는 일제 말기의 행정구획 체제를 대부분 그대로 유지했다. 다만, 일부 명칭을 변경하는 데 그쳤다. 구체적으로 주(州)는 현(縣)으로, 군(郡)은 구(區)로, 가(街)는 진(鎭)으로, 장(莊)은 향(鄕)으로 개칭되었다.[80]

가오슝의 지명은 독특하면서도 기억하기 쉬운 이름들로 유명하다. 이 이름들은 사실 1945년, 민정국 소속 직원이었던 린진쯔(林金枝)가 지은 것이다. 황삐딴에 따르면, 원래 가오슝의 길 이름은 일본인이 사용하던 마치(町, 目) 같은 명칭이 사용되었다. 그러나 1945년, 렌모우(連謀)가 가오슝 시장으로 부임하면서 길 이름 개편 작업이 시작되었다. 이 작업의 실질적인 책임자는 당시 20대였던 린진쯔였다. 그는 민정국에서 작은 관직에 있었지만, 길 이름을 새로 짓는 중책을 맡게 되었다. 그는 깊이 고민한 끝에 고진직이고 의미 있는 10개의 도로명을 제안했고, 상부의 승인

1945, THE FAR EAST, CHINA, VOLUME VII, https://history.state.gov/historicaldocuments/frus1945v07/d390.

80 가령 가오슝의 길이름은 모두 중국색채가 농후한 단어로 대체되었다. 거리 이름은 一心, 二聖, 三多, 四維, 五福, 六合, 七賢, 八德, 九如, 十全 등 의미 있고 잘 기억되는 것으로 바꾸었다.

을 받아 오늘날까지 사용되고 있다.

예를 들어, 아라비아 숫자로 붙여진 일심(一心), 이성(二聖), 삼다(三多), 사유(四維), 오복(五福), 육합(六合), 칠현(七賢), 팔덕(八德(팔덕), 구여(九如), 십전(十全)로 등은 중국고전에서 유래된 이름들이다.[81]

1) 가오슝에서의 2·28

2·28 사건[82] 이후, 국민정부는 일련의 청향 소탕 작전을 전개했

---

81 一心、二聖、三多、四維…超好記的高雄路名怎麼來的？竟然跟一位小科員有關. 羅立邦 + 追蹤 2019-10-19, https://www.storm.mg/article/1845661. 가령, 이성(二聖)은 문성(文聖) 공자와 무성(武聖) 관우를 가리킨다. 삼다(三多)는 『장자(莊子)』「천지(天地)」편의 구절로, 다복(多福), 다수(多壽), 다남(多男)을 뜻하며, 재물, 자식, 장수를 기원하는 축복의 의미를 담고 있다. 사유(四維)는 예(禮), 의(義), 염(廉), 치(恥)를 상징하며, 오복(五福)은 다섯 가지 복, 즉 수·부·강녕·유호덕·고종명을 뜻하는 단어로, 중국 고전 『서경』의 「홍범편」에서 나온다. 육합(六合)은 장자의 제물론에 출전을 두고 있으며 천지와 사람 곧 우주라는 뜻이 있다. 칠현(七賢) 죽림7현이다. 팔덕(八德)은 충(忠), 효(孝), 인(仁), 애(愛), 신(信), 의(義), 화(和), 평(平)을 의미한다. 십전(十全)은 『주례(周禮)』의 '십전십미'에서 비롯된 것이다. 기존에는 이러한 도로명들이 1950년대 고공(高雄工程隊) 직원 장천(張洣)이 지었다고 알려졌으나, 새로운 연구에 따르면 실제로는 린진쯔가 명명한 것으로 밝혀졌다.

82 2·28 사건은 1947년 2월 28일부터 같은 해 5월 16일까지 대만 전역에서 일어난 민중봉기 사건이다. 국민당 정부의 폭압에 맞서 대만의 본성인(本省人)들이 불만을 표출하고 항쟁을 일으키자, 중국 국민당을 위시한 외성인(外省人)들은 본성인을 폭압적으로 학살했다. 가오슝 지역도 2·28 사건의 소용돌이 가운데로 휘말려 들어갔다. 3월 3일 가오슝의 군중은 시 경찰국 및 옌청 파출소 등을 습격했고, 가오슝의 크고 작은 공공기관을 점령하였다. 이와 별도로 펑산, 강산, 동강(東港), 헝춘 등 각 구의 구사무소도 모두 시위 군중에 점령당했다. 아울러 3월 4일 민간에서는 「가오슝 2·28사건 처리위원회」가 조직되었다. 이 위원회가 가오슝 요새사령부(高雄要塞司令) 펑멍지(彭孟缉) 사령관과 교섭하자, 펑멍지는 이들을 즉시 체포하였고, 아울러 군대로 동원하여 가오슝 시민을 진압했다. 2·28처리위원회의 투광민(涂光民), 린지에(林介), 쩡

다. 이 사건은 전 대만이 영향을 받았지만, 특히 가오슝 지역에 깊은 상처를 남겼다. 이 사건 이후 대만의 민중은 물론 엘리트 역시 더는 정치에 대해 말할 수 없었고, 특히 가오슝 지방의 정치 엘리트들은 2·28을 계기로 정계에서 퇴출당했다. 특히 2·28 사건은 타이두가 발흥할 수 있는 온상을 제공했다. 2·28 사건으로 탄압받았던 대만 엘리트는 주로 일본과 미국을 망명지로 선택했다. 따라서 초창기 타이두 운동의 본영은 일본과 미국에 있었다. 예를 들어 랴오원이(廖文毅)는 일부 미국의 적극적인 지원과 협조하에서, 1947년 3월 4일 대만혁신협회(台灣革新協會)의 대표로 대만 2·28참안 연합후원회(台灣二二八慘案聯合後援會)를 발족하였다. 나아가 「전국 동포에게 고하는 글」을 발표하고, 당시 대만 행정장관 천이(陳儀)의 사퇴, 2·28 사건 조사원 파견, 전매제도 취소를 요구하였으나 실패했다. 오히려 그는 천이가 작성한 2·28사변 반란범 명단(二二八事變首謀叛亂犯在逃主犯名冊) 30인에 포함되었다. 랴오원이, 랴오원꿰이(廖文奎) 형제가 천이가 작성한 블랙리스트 오르자, 이들은 현상 수배범으로 전락했다. 그 결과 랴오 형제는 홍콩으로 도주한 후 다시 일본으로 망명하여 대만독립임시정부를 수립하여 수반이 되었다.[83]

펑밍(曾鳳鳴) 등 3인은 총살되었고, 나아가 거리의 무고한 시민을 총살했다. 아울러 진압군이 가오슝시 정부, 역, 가오슝 중학교 등에 난사하여 다수의 대만 엘리트와 무고한 시민을 죽였다.

83 「廖文毅」, 『華夏經緯網站』, 2012.7.25, http://hk.huaxia.com/lasd/hxrwk/ddrw/tw/ 2012/07/2936889.html(검색일, 2023.06.13.)

2) 계엄체제하 가오슝에서의 민주화 운동

1949년 12월 국민정부가 대만으로 천도한 이래, 국민당은 대륙에서 실패한 경험을 교훈 삼아 당과 군을 재정비하고, 동년 4월 임시조관(臨時條款)을 발표하여 헌법상의 모든 기본 권리를 동결했다.[84]

1950년 국민정부는 계엄법을 빌미로 숙청비첩(肅清匪諜)의 백색공포 테러를 발동하여, 누구든지 당국에 의해서 사상 불순자, 반정부 행동자, 반란자로 규정될 수 있었으며, 언제든지 당국에 의해서 사건이 조작될 수 있었다. 국민정부는 이의분자들에게 적과의 내통, 내란, 외환, 반란의 죄명을 씌워 감옥으로 보내거나, 무기징역, 사형을 언도하기도 하였다.[85]

백색공포 기간, 가오슝 지역에서 무고하게 체포되어 실형을 선고받은 수난자는 첫째, 1950년 10월 가오슝현 공위회(工委會)의 반장제스안(反蔣案)에 52인이 연루되었고, 연루자는 주로 가오슝, 핑동, 타이난 남부 지역에 분포했다. 류터선(劉特慎), 리펀(李份), 주쯔후이(朱子慧), 딩카이쥐(丁開拓), 허위린(何玉麟), 천산수이(陳山水), 천청파(陳成法) 등은 사형당하고, 그 나머지 연루자들은 5~10년 형

---

84 「動員戡亂時期臨時條款」, 『全國法規資料庫』, https://law.moj.gov.tw/LawClass/LawHistory.aspx?pcode=A0000005(검색일, 2023.06.13.)

85 張炎憲, 陳美蓉 編, 2009, 『戒嚴時期白色恐怖與轉型正義論文集』, 吳三連台灣史料基金會, http://www.twcenter.org.tw/publications/a02_07/a02_07_08(검색일, 2023.06.13.)

에 처했다. 이는 전후 가오슝 지역에서 최초의 백색공포 정치 사건
이다.[86]

둘째, 1952년 9월 대만성 공위회(工委會) 옌차오(燕巢) 지부 황
원공(黃溫恭) 사건이다. 황원공은 농민을 선동하여 지주를 타도하
자고 주장하며, 중국공산당이 토지개조에 성공하였다고 선전하는
등의 죄목으로 몰려 가담자 9명이 체포되어 형을 선고받았다. 그
중 천팅샹(陳廷祥), 쉬쓰롱(許土龍), 천칭치(陳淸祈) 등은 사형을 당
했다.

셋째, 1954년 쑨리런(孫立人)안이다. 국민당 당국은 쑨리런 및
그 부하 600여 명을 간첩죄로 뒤집어씌웠다. 넷째, 1961년 가오
슝 여중 영어교사 커치화(柯旗化)가 두 차례나 사상범으로 몰려 17
년 동안 감방 생활을 했다. 다섯째, 1962년 흥대회(興台會)안이다.
가오슝 중학생 천싼씽(陳三興) 등 10여 인이 수난을 당했다.[87] 여섯
째, 1962년 스밍더를 영수로 하는 대만독립연맹 사건이다. 여기에
는 대만 육군사관학교 생도(陸軍官校學生) 30여 명이 연루되었다.
일곱째, 1979년 1월 22일의 가오슝현 챠오터우(橋頭事件)사건이
다. 위등파(余登發) 부자는 이적죄 죄목으로 체포되었다. 이 사건은
1949년부터 시행된 계엄령 이후로 처음으로 일어난 시위다. 국민
당 정부가 조사국 직원들을 동원하여 75세의 전 현장인 위등파의

---

86 위의 주.

87 林世華, 2008, 『一九六〇年代臺灣白色恐怖政治案件之硏究 : 以興臺會與亞細亞
　　同盟案為例』, 東海大學歷史研究所碩士論文.

집으로 파견하여 그를 체포시킨 뒤 소환했고, 그의 아들인 위레이옌(余瑞言)도 같은 날 당시 가오슝 현장 황여우런(黃友仁)의 집에서 체포되었는데, 그 사유는 '오태안(吳泰安)의 반란'에 가담한 혐의였다.[88] 이 사건을 계기로 당외 인사들은 계엄령의 위협에도 불구하고 시위에 참가했다. 천쥐(陳菊), 천완쩐(陳婉真) 등의 당외 인사들은 생명의 위험을 감수하고 가오슝 챠오터우로 향해 "정치적 박해에 저항한다"는 플래카드를 들고 시위에 동참했다. 특히 이 사건은 이후 대만 민주화의 발판이 되는 시발점이 되었다. 이 사건은 연쇄작용과도 같이 대만에서 이어지는 일련의 민주화 운동을 일으켰다. 쉬신량(許信良)은 이 사건의 시위 행진에 참여한 것을 이유로 타오위안(桃園) 현장 직위에서 탄핵되었고, 후일 황신제(黃信介), 스밍더(施明德), 뤼슈렌(呂秀蓮) 등과 함께 가오슝 미려도잡지사(美麗島雜誌社)를 설립했다. 이어 동년 연말에 미려도 사건이 폭발했다.

여덟째, 가오슝 미려도(美麗島) 사건이다. 1979년 12월 10일 미려도 잡지사는 세계인권일 기념대회에 맞춰 가오슝에서의 시위를 기획했다. 1월 10일 미려도 직원이 선전 유인물을 돌리다가 가오슝 구산분국(鼓山分局) 경찰에 체포당했다. 미려도 사건은 대만 사회가 봉쇄에서 개방으로, 권위주의 체제에서 민주체제로 나가는 역사적 사건이다. 이 사건은 대만의 자유와 민주화를 추동시켰다.

---

88 「台灣民主化運動的開端」,『自由時報』, 2021. 01. 19 , https://talk.ltn.com.tw/article/breakingnews/3422478(검색일, 2023.06.13.)

이후 국민당 일당독재의 국면에 저항했다. 국민당 정부는 이 민주화의 열기를 억제하기 위해 1980년 린이슝(林義雄) 일가 살인사건(林宅血案), 1981년 천원청(陳文成) 사건, 1984년 강남(江南) 사건 등 주목할 만한 사건들이 연이어 발생시켜 국제사회를 동요시켰다. 국민당 정부 역시 국제 여론과 당외 인사들의 이중 압력 속에서 비로소 계엄령을 해제하고 당금(黨禁)과 보금(報禁)[89]을 해제함으로써 대만 사회가 점차 민주화로 향하게 되었다. 결국 1996년 대만에서 처음으로 총통 직선제가 실시되고 민주화가 결실을 맺을 수 있었다. 황신제, 스밍더, 뤼슈롄, 천쥐, 등 미려도 사건의 피해자와 당시 이들의 변호를 맡았던 천쉐이벤, 쑤정창, 씨에창팅 등 변호사 출신들이 민주화 이후의 대만 정계를 주도했다.

Ⅳ. 타이두와 가오슝의 후식민문화

1. 후식민(post-colonial)

황호덕은 포스트 콜리니얼은 식민주의에의 저항히고 그 극복과정을 강조하는 맥락일 때는 '탈식민주의'로 번역하며, 식민전후의

---

89 당금은 독재 및 권위주의 정치의 한 형태로 국민들이 자유롭게 정당을 조직하고 정당에 참여하는 것을 금지하는 것이며, 보금은 신문, 언론, 출판을 금지하는 것을 의미한다.

연속성과 식민지의 유제(遺制)나 식민주의의 현재성을 강조할 때
는 '후기 식민주의'로 번역한다.[90] 대만에서는 후기 식민주의를 '후
식민'으로 칭한다. 다시 말해 식민과 후식민은 식민을 전제로 성립
하는 개념이다. 식민이 끝나는 시점이 곧 후식민의 시작점이기 때
문이다.

대만의 식민 경험은 '연속식민(連續殖民)'이라는 역사적 연속성
과 '다중식민(多重殖民)'이라는 복합적 지배 구조라는 두 측면에서
특징지어진다. '연속 식민'은 네덜란드, 명나라 정성공, 청제국, 일
본 제국, 국민당 정권으로 이어지는 지배의 지속성을 의미하며,
'다중 식민'은 외래 정권인 식민 모국·한족 이민자·원주민 사이의
복합적인 지배 구조를 의미한다.[91]

'연속 식민'은 지정학적 위치상 다중 제국의 경계지로서 대만이
처한 구조적 여건의 산물이다. 비유해서 말하자면, 대만은 "제국
사이의 틈새에 놓인 파편(帝國夾縫中之碎片)"이다.[92] 청제국, 일본,
중화민국이라는 세 제국은 차례로 대만을 자국의 일부로 흡수했으
며, 냉전 시기에는 미국의 보호 아래 중국 본토에서 탈출한 국민당
정권이 대만을 지배하는 소수 통치 체제가 형성되었다.

'다중식민(多重殖民)'은 다족군 이민 사회로서의 대만의 성격을
반영한다. 역사적으로 대만은 식민 모국이 동시에 착취와 이민을

---

90   황호덕, 「탈식민주의인가, 후기 식민주의인가」, 『상허학보』 51집, 2017, 315쪽.
91   吳叡人 台灣後殖民論綱 : 一個黨派性的觀點 思想, (3), 2006, p.95.
92   吳叡人 台灣後殖民論綱 : 一個黨派性的觀點 思想, (3), 2006, p.95.

수행한 대상이었다. 식민지로서 대만은 '이민 식민지', '착취 식민지', '혼합형 식민지'의 속성을 모두 갖고 있으며, 이에 따라 식민 모국(외래 정권), 다양한 이민 집단(한인, 일본인), 그리고 원주민이 공존하는 계층적 지배 구조가 형성되었다.[93]

'연속식민'과 '다중식민'은 대만에서 두 집단의 한족 이민자를 만들어 냈다. 이들은 각각 토착화되었거나 현재 토착화 중인 집단으로, 하나는 1945년 이전에 대만에 정착한 '본성인', 다른 하나는 주로 1949년 이후 중국대륙에서 이주해 온 '외성인'이다. 전자는 전형적인 토착화 이민 집단으로서, 원주민에 대한 식민지배와 동시에 청, 일본, 국민당에 의한 피식민 경험을 공유하였다. 이는 남·북미, 호주의 유럽계 이민자들과 유사하며, 대만에 정착하는 과정에서 '대만 민족주의'를 발전시켰다. 반면 '외성인'은 비자발적 이민자 또는 정치적 난민이며, 이들은 중국 국민당과 함께 이주해 온 결과, 국민당 정부와 구조적 공생관계를 유지하였고, 많은 이는 여전히 중국 대륙에 대한 정체성을 보유하고 있다.[94] 즉 대만사에서 나타나는 '연속식민'과 '다중식민'이라는 특성은 단일한 관점으로 대만의 '포스트 식민'을 정의하기 어렵게 만든다. 서로 다른 족군 간 중층적인 식민 역시 구조 속에서 차지하는 위치는 해당 집단이 '식민', '반식민', '탈식민', '포스트-식민'이라는 개념을 어떻게 이

---

93 위와 같은 주.
94 위와 같은 주.

해하는지에 깊은 영향을 미친다.[95] 가령 원주민을 민족 해방운동의 관점에서 보자면, 이들에게 후식민화란 수 세기 동안 다양한 외래 정권 아래 지속적 박탈되고 지배당해 온 하위 종속적 지위로부터 벗어나 민족 자결을 실현하는 것을 의미한다. 원주민은 1999년 각 민족 대표와 민진당 대통령 후보였던 천수이볜이 체결한 「원주민족과 대만 정부 간의 새로운 동반자 관계 조약」이 정치적으로는 대만 원주민 탈식민화의 상징적 출발점이라 할 수 있다. 그러나 민족 자결을 위한 해방운동은 여전히 진행 중이며, 후식민화는 아직 실현되지 못한 꿈으로 남아 있다.

'본성인', 즉 토착화된 한족 이민자를 주체로 한 대만 민족주의의 관점에서 보자면, 탈식민화란 외래 정권인 국민당의 지배로부터 벗어나 '대만은 대만인의 대만'이라는 민족 해방의 목표를 실현하는 것이다. 이러한 대만 정치의 탈식민화는 1990년대 리덩후이(李登輝) 정권 하에서의 민주화와 정권의 본토화 과정에서 시작되어, 2000년의 정권 교체를 통해 하나의 전환점을 맞이하게 된다.

'외성인' 혹은 '대륙인', 즉 아직 토착화되지 않은 한족 이민을 주체로 하는 중국 민족주의 관점에서 보자면, 1945년 10월 25일은 국민당이 일본으로부터 대만을 접수한 날(광복절)이 바로 대만이 정치적으로 식민지를 벗어나는 시점(후식민)으로 간주한다. 그러므로 외성인들에게 언제부터가 '후식민' 시기인가의 문제는 간

---

95   吳叡人台灣後殖民論綱 : 一個黨派性的觀點 思想, (3), 2006, p.96.

단하다. 식민이 있으면 식민지를 벗어난 날이 후식민이 시작되는 날이다. 대만에서 문제가 되는 것은 각 족군별 그 역사의 기억이 다르고, 족군에 따라 후식민의 시기는 다르다는 점이다.

다시 각 족군별로 정리하면, 원주민 민족 해방운동의 관점에서 보자면, 민족 해방, 즉 반식민과 탈식민은 아직 실현되지 못한 과제로 남아 있다. 이 목표는 정치적인 동시에 문화적인 것이다. 정치적 주체성의 목표가 민족 자치(또는 독립)라면, 문화적 주체성의 목표는 원주민/한족 간의 분리, 즉 탈한화(去漢化)를 통해 민족 고유의 문화를 수립하는 데 있다.

현재 본성인은 정치적 탈식민의 목표는 이미 달성되었지만, 문화적 탈식민은 아직 미완인 상태다. 이는 식민자의 문화적 패권, 즉 중화 중심주의가 여전히 해체되지 않았고, '대만 문화'의 우위가 아직 확립되지 못했다. 바로 대만 민족주의와 중국 민족주의의 투쟁이 현재 대만에서 벌어지고 있다. 한편 '외성인'/'대륙인'을 주체로 하는 중국 민족주의의 시각에서는, 대만 민족주의의 부상 자체가 '본성인'들 사이에 잔존하는 일본 황민(皇民) 의식의 표현으로 해석된다.[96] 이는 수십 년에 걸친 중국의 동화 정책에도 불구하고, 대민의 문화적 탈식민화——즉 탈일본화——는 아직 완수되지 않았음을 의미한다. 따라서 동시대의 포스트식민 비판은 '본성인'의 일본 인식에 대한 비판에 주력해야 한다.[97]

---

96 吳叡人台灣後殖民論綱 : 一個黨派性的觀點 思想, (3), 2006, 98쪽
97 위와 같은 주.

현재 대만에서 문제가 되는 것은 그 식민문화가 연장된다는 점에서 필자는 이를 후식민(post colonial)으로 사용하고자 한다. 후식민 현상은 형식적으로는 식민통치를 벗어났지만, 식민지 문화가 연장되는 데 있다. 과거 식민모국의 정치적 압박과 경제적 박탈을 탈피하지 못하고, 민주적 국제관계를 수립하지 못하는 현상이다. 특히 대만에서의 친일적 역사의식은 타이두 사상과 맞물려 있다는 게 필자의 판단이다.

그럼 왜 대만은 일본인에 대한 태도가 한국과는 다른가? 우루이 런의 질문에 따르면 이 문제는 복잡하면서도 간단하다. 즉 대만과 한국의 역사가 다르다는 점이다. 한국은 독립적인 국가를 추구하는 과정에서 일본의 식민지배를 받았다. 일본 통치를 받기 전에 이미 민족의식과 국가의식이 있었다. 때문에 한국인에게 있어서 일본과의 병탄은 치욕적인 민족사의 굴욕이다. 반면 대만은 400년 역사에서 국가를 이룬 적이 없다. 대만은 청 제국의 주변으로서 청 제국에 의해서 일본에 할양된 것이다. 그럼 청나라는 왜 대만을 일본에 할양했나. 청일 전쟁에 패하면서 대만은 중국에 의해서 버림을 받았기 때문이다.[98] 즉 대만은 팔아넘겨진 것이다.

분단의 지형도 다르다. 역사의 아버지는 지리다. 한국은 그야말로 허리가 갈라지고 뼈가 으스러지는 골육상잔의 아픔을 겪었다. 반면 양안의 분단은 대만해협을 사이에 두고 있다. 대만해협이라

---

98 최원식·백영서·신윤환·강태웅 엮음, 『제국의 교차로에서 탈제국을 꿈꾸다』, 창비, 2008, 337쪽.

는 존재는 한국과는 전혀 다른 성질의 분단이다. 공산당의 관점에서 국공내전과 외래세력의 개입이 양안 분단의 원인이다. 물론 민진당은 샌프란시스코 조약에서 그 문제를 찾고 있다. 하지만 한국의 분단은 국제협약이라는 과정을 거친다. 외부세력이 우리의 동의도 없이 일반명령 1호에 의해서 그어졌고, 후에 한국전쟁을 거치면서, 유엔과 김일성, 중국 간 정전협정으로 분단되었다. 그렇기에 한국과 대만은 그 시작이 다르다. 또한 해방 후의 국민당 통치는 형식적으로 봤을 땐 동일민족의 통치지만, 실제적으로는 식민통치의 연속이었다. 따라서 대만의 정체성이 혼동을 갖고 있는 것은 바로 이런 복잡한 역사적인 요소가 있는 것이다.[99]

한국은 해방 후 미군이 주둔하였다. 미군은 한국인에게 이방인이었고 '코쟁이'였다. 반면 국민당은 한족이었고 대만의 피식민인과 동일 민족이다. 우루이런의 관점에 따르면, 대만은 일본에 대한 청산을 한 적이 없다. 1945년 전쟁이 끝난 후 친일분자와 전범에 대한 재판은 두 가지로 진행되었는데, 친일분자에 대한 청산에서는 대만인이 아닌 중국인의 입장에서 청산을 한 것이고, 전범에 대해서 청산을 할 때는 외국인으로서 심판을 했던 것이다. 즉 대만인은 전범과 친일의 두 신분의 경험이 있다고 말할 수 있다.[100]

---

99 최원식·백영서·신윤환·강태웅 엮음, 『제국의 교차로에서 탈제국을 꿈꾸다』, 「우루리런의 대담」, 창비, 2008, 338쪽.

100 최원식·백영서·신윤환·강태웅 엮음, 제국의 교차로에서 탈제국을 꿈꾸다, 창비, 2008, 338쪽.

2. 타이두(臺獨, 대만독립)와 후식민 문화의 상관성

대만은 네덜란드, 스페인, 명나라 정성공 정권, 청나라, 일본, 중화민국의 통치를 거쳐왔다. 타이두(臺獨) 이론의 핵심은 대만의 역사를 외래인들의 통치로 설명하는 데 있다. 즉 대만은 항상 외세의 지배를 받으며 식민지로서의 역사를 살아왔다는 것이다. 따라서 대만인들은 외래 통치자들을 타도하고, 자신들의 국가를 건설해야 한다는 주장으로 타이두 이론은 전개된다. 이 논리는 전형적인 타이두의 논리로, 대만의 정치적 독립을 주장하는 근거가 된다. 특히 1999년 이전, 「대만전도결의문」이 통과되기 전까지 민진당은 중화민국을 외래 통치 집단으로 인식하고 있었다.[101] 물론 원주민의 입장에서 대만을 본다면 지금도 외래식민정권의 연장에 있다.

타이두 운동의 뿌리는 2차대전 이전으로 거슬러 올라가지만, 전후 타이두 운동은 본질적으로 변화가 있었다. 2차대전 전에는 일본 제국주의에 대한 항거가 중심이었으며, 이는 대만민족운동으

---

101 대만전도결의문은, 민주진보당이 1999년 5월 8일에 개최한 제8차 전당대회 기간에 채택한 문서로, 대만해협 현황과 당의 이념과 노선을 밝힌 것이다. 민진당의 당론 결집의 중요한 이정표이며, 2000년 총통 선거에서 민진당이 집권하는 데 기반이 되었다. 즉 대만은 주권 독립 국가이며, 그 주권 영역은 타이완, 펑후, 진먼, 마주와 그 부속도서, 국제법에서 정의한 해상과 인접 수역에 한정된다. 대만은 현재 헌법에서 중화민국으로 부르지만, 중화인민공화국과 상호 속하지 않으며, 그 어떠한 독립 상태와 관련된 변경도 대만 전체주민의 국민투표로써 결정한다. 더는 중화민국을 외래정권으로 규정하지 않고 있다.

로까지 발전했다. 그러나 전후 타이두 운동의 주된 대상은 초기에
는 국민당 통치 집단이었으며, 이후 점차 중국공산당으로 전환되
었다.[102]

민진당은 창당(1987)부터, 타이두 강령(台獨綱領)을 통과시켜 공
개적으로 타이두 건국(台獨建國) 즉 '대만공화국' 건국을 목표로 삼
았다. 따라서 민진당은 대만의 기층 민중을 건당의 지지 기반을 삼
았다. 특히 대만 남부지대인 타이난, 가오슝, 핑둥현이 민진당의
주된 지지지역이었다. 다시 말해 민진당은 외래정권에 맞서는 약
자의 권익을 보호하는 운동적 정당 색채를 띠고 출범했다. 그 결과
자연스럽게 민진당은 대만인의 '비정(悲情)' 정서를 자극하는 감성
적 노선을 견지해 왔다. 선거철이 되면 민진당은 기층 서민의 눈물
을 호소하며, 대만 문화를 강조하고 대만인이 겪은 역사적 수난과
굴곡, 가련한 처지를 부각시킨다. 동시에 국민당을 매국 세력으로
규정하고 날을 세운다.

현재 타이완 독립(타이두)을 가로막는 가장 큰 장애물은 중국공
산당이다. 베이징은 대만의 주권이 자신들에게 있다고 주장하며,
역사적·문화적·국제정치적 논리를 동원해 그 정당성을 합리화하
려 한다. 이에 맞서 타이두 진영은 중국이 주장하는 역사적·국제법
적·문화적·정치적 근거에 대해 반론을 제기하며, 대만은 본질적으
로 중국과 다르다는 논리를 편다. 그들은 대만의 독자적 경험과 문

---

102 許維德, 2001, 「中國民族主義, 帝國主義, 台灣獨立運動簡評, 三本90年代出版的台
    獨研究」, 台北 : 人文與社會科學雜誌, 頁 89-164.

화적 특수성을 의도적으로 강조함으로써 '대만은 중국이 아니다'라는 정체성을 공고히 하려 한다. 이것이 곧 탈중국화의 실체다.

따라서 민진당이 당강(黨綱)에서 대만 독립 노선을 포기하지 않는 한, 민진당의 집권은 필연적으로 중국공산당과의 갈등을 초래할 수밖에 없는 구조다.

이와 더불어 민주화 과정에서 대만의 모순은 점차 악화하기 시작했다. 예를 들어 선거 기간 경쟁의 과열로 인해 대만의 성적(省籍)문제가 왜곡되어 국가정체성 문제로 변질되었다. 타이두 세력의 선동과정에서, 본성인과 외성인의 모순은 사회 족군(族群)의 대립으로 전화되고, 대만 내부의 안정과 단결을 파괴시켰으며, 정치 진영 간 상호 격렬한 권력투쟁 역시 대만 내부의 서로 다른 군체 간의 모순을 확대이용, 재생산시켰다. 따라서 타이두를 당강으로 채택하고 있는 민진당이 집권하면 가능한 양안 간의 교집합적인 부분을 삭제하고자 한다. 이러한 사고의 연장에서 특히 장제스로 대표되는 국민당의 통치는 무단폭정이었고, 백색테러(우익테러), 소신주화(小神州化, 대만을 중국화 시킴) 등의 교육을 통해서 본성인을 탄압했다고 인식한다.

따라서 타이두 사상은 대만문화, 대만민족문화 및 대만인의 언어(민난어)를 강조한다. 이런 상황에서 북부의 타이베이와는 달리 남부의 가오슝은 의도적으로 민난어를 쓰는 경향이 강하다.

원래 '타이두'라는 단어는 장제스와 장징궈로 상징되는 권위주의 시기에는 금기어로 여겨졌다. 그러나 대만 민주화가 진전되면서 비로소 타이두에 대한 공개적인 논의가 가능해졌다. 타이두의 주 무대이자 핵심 지지 기반은 대만 남부, 특히 타이난과 가오슝이다. 선거철이 되면 '애대(愛台, 대만을 사랑함)'와 '매대(賣台, 대만을 팔아넘김)', '친중(親中)'과 '반중(反中)'이라는 이분법적 구도가 자연스럽게 위력을 발휘한다.

타이두의 족군(族群) 정체성은 중국공산당에 대한 공포감과 대만인이 내면에 지닌 중공에 대한 심리적 불안, 즉 일종의 공황 반응을 자극한다. 이러한 정서가 선거 때마다 '매국노', '대간(台奸, 대만의 간신)', '오삼계', '시랑(施琅)'과 같은 단어들을 반복적으로 소환하게 만든다. 이는 곧 대만 사회가 아직까지도 국가 정체성, 즉 국민 정체성과 민족 정체성 사이에서 완전한 통합을 이루지 못했음을 보여준다. 이런 맥락에서 가오슝은 여전히 성(省)적 갈등과 족군 간의 긴장이 완전히 해소되지 않은 지역이라 할 수 있다.

현 여당인 민진당은 1999년 '대만전도결의문(台灣前途決議文)'을 채택하기 전까지 중화민국을 외래 정권으로 규정해왔다. 대만의 역사를 식민지 역사로 간주하고, 대만은 독립되어야 한다는 주장을 전개해왔다. 실제로 1992년 형법 제100조가 폐지되기 전까지만 해도 타이두에 대한 발언은 법적으로 금기된 영역이었다. 그러나 1980년대 말부터 민주화와 본토화가 진행되면서 타이두는 더 이상 금기의 언어가 아니게 되었다.

사실 민진당은 1987년 창당 당시부터 '대만공화국' 건국이라는 독립 노선을 당강(黨綱)에 명시해 두고 있었다. 바로 이 점이 한국과 대만 정치 구조의 가장 큰 차이 중 하나다.

3. 가오슝의 후식민문화

황호덕은 포스트 콜리니얼(post-colonial)은 식민주의에의 저항 및 극복과정을 강조하는 맥락으로 사용될 때는 '탈식민주의'로 번역하며, 식민 전후의 연속성과 식민지의 유제(遺制)나 식민주의의 현재성을 강조할 때는 '후식민주의'로 번역한다.[103] 필자는 서두에서 밝힌 바와 같이 현재 대만에서 문제가 되는 것은 그 식민문화가 연장된다는 점에서 후식민(post colonial)으로 사용하고자 한다. 후식민 현상은 형식적으로는 식민통치를 벗어났지만, 식민지 문화가 연장되는 데 있다. 과거 식민모국의 정치적 압박과 경제적 박탈을 탈피하지 못하고, 민주적 국제관계를 수립하지 못하는 현상이다. 특히 대만에서의 친일적 역사의식은 타이두 사상과 맞물려 있다.

1945년 일본이 투항한 후, 당시 대만에 진주하고 있던 소장파 일본 군인들은 일본 천황의 항복 문서가 가짜라는 것을 빌미로 대만의 친일파 사신(士紳)을 결집하여 대만 독립자치운동을 획책했다. 당시 대만에 상존하는 일본군의 힘을 빌려 제2의 만주국을 건설하고자 한 것이다. 그러나 당시 대만 총독 안도 리키치(安藤利吉)는 성공하기 어렵다는 현실적 판단을 하게 되고, 이들 소장파의 행

---

103 황호덕, 2017, 「탈식민주의인가, 후기 식민주의인가」, 상허학보 51집, 315쪽.

동을 저지했다. 제2의 만주국은 실현되지 못했지만, 1947년 2·28 사건 후, 대만 민중 대다수가 국민당에 반감을 지니게 되고, 외성인을 배척하는 것으로 나아가자, 대만 내에서는 타이두 사상이 증가하게 된다.[104] 결국 타이두는 국민당과 중공을 배척하는 것으로 나아가고, 중국공산당의 대척점에 있는 일본의 극우, 미국의 보수와 손을 잡는다. 이 과정에서 과거의 식민문화는 오히려 칭송의 대상으로 변모하게 된다. 가령 2022년 7월 8일 일본 수상 아베가 피습으로 사망하자, 차이잉원 정부는 아베의 대만에 대한 공헌과 우호를 기념하기 위해 조기 게양을 결정했다. 각부의 기관, 공립학교에 조기를 달고 아베의 죽음을 애도했다. 국민당도 마찬가지다. 국민당 중앙 당부에 아베 추모를 위한 조기를 달았다. 민간단체도 마찬가지다. 가오슝 펑산구 바오안당(保安堂)에서는 자발적인 모금을 통해 아베 동상을 세웠다.[105]

가오슝의 명칭만 해도 그렇다. 1920년 8월, 일본 통치하의 대만 총독부는 대만의 정치제도 개편 정책에 따라 기존 지명인 '타구(打狗)' 또는 '타고(打皷)'를 '고웅(高雄)'으로 변경하라는 명령을 내렸다. 이는 단순한 명칭 변경을 넘어 상징적인 의도가 담긴 조치였다. 타구의 뜻은 저속하다는 이유를 명분으로 당시 일본인들은 '높고 용맹한(又高又雄)' 이미지를 연상시키는 이름을 통해 이 지역의

---

104 위의 글.

105 民間自發造銅像 高雄紅毛港保安堂設安倍晉三紀念園, https://www.cna.com.tw/news/aloc/202209160252.aspx

새로운 위상을 강조하고자 했다.

실제로 당시의 문서와 신문 기록을 검토하면, 이후 고웅주(高雄州) 지사로 임명된 인물과의 인터뷰에서도 이를 뒷받침하는 내용이 발견된다. 인터뷰에 따르면, 일본과 대만 총독부는 가오슝을 남중국해로 통하는 전략적 요충지이자, 대동아 공영권 구상에 부합하는 중추적 항구로 발전시키려는 의도를 명확히 드러냈다. 가오슝(고웅)이라는 지명은 단순한 행정적 변경을 넘어 일본 제국주의의 팽창과 대동아 전략을 상징적으로 표현한 이름이었다. 일본은 이 지역이 제국의 발전을 선도하며, 남중국해를 향한 전략적 교두보로서 중요한 역할을 하기를 기대했던 것이다.[106] 하지만 공식적으로 다카오를 고웅으로 변경된 이유에 대한 현재까지 확인된 유일한 설명은 '음변'에 의한 것이며, 원주민 언어의 'TAKAU'와 일본어의 'TAKAO(高雄, 타카오)'를 음역하여 지명으로 정하고, '고웅'이라고 명명한 것이다.

1937년에 당시 고웅시에서 발간된 『고웅시 요람(高雄市要覧)』에는 현재 고웅시 고산구에 위치한 수산(壽山, 쇼우산)에 대한 기록이 담겨 있다. 수산은 원래 '고웅산(高雄山)'으로 불리던 산이었다. 그러다가 1923년 4월, 일본 왕세자 히로히토가 대만을 방문한 것을 기념하여 그의 생일을 축하하는 의미로 수산(壽山, 쇼우산)으로 개명하였다. 이는 단순히 이름을 바꾼 것이 아니라, 제국 일본의 상

징적 의미를 부여하고 그 권위를 대만의 지형과 연결하려는 정치
적 의도가 담긴 행위였다. '쇼우산'이라는 이름은 장수를 상징하
며, 당시 일본 왕실의 위엄과 축복을 이 땅에 영구히 새기고자 한
의지의 표현이었다.[107]

하마싱(哈瑪星)은 대만 가오슝시 구산구(鼓山區)에 위치한 지역
으로, 이 지역은 일본 통치 시기에 개발되었으며, 대만 남청 타구
지청, 가오슝 군청, 가오슝 가청(高雄街役場), 가오슝 시청이 모두
이곳에 위치했던 적이 있다. 한때 가오슝의 정치·경제 중심지였으
나, 오늘날에는 가오슝의 관광지 중 하나로 자리잡고 있다.

하마싱은 원래 해역이었으며, 대만 일본 통치 시기에 일본 당국
은 가오슝에 항구를 건설하고 항로를 깊게 하기 위해 퇴적물을 이
용해 간척 작업을 하여 이 지역을 형성했다. '하마싱'이라는 이름
의 유래는 두 개의 해안 철도가 상업항, 어항, 어시장을 연결하는
데, 일본어로 '빈선'(濱線, はません, Hamasen)이라고 불렸으며, 현
지 주민들이 대만어로 이를 번역하여 하마싱이라 부르고 있다.

타이두 운동가들은 일본 정치인의 야스쿠니 신사 참배 문제나
센카쿠 열도 문제에 대해 일관되게 침묵을 지켜왔다. 심지어 일본
극우파와 동조하는 모습도 보인다. 사실, 초기 타이두 운동론자들
의 주요 활동 무대는 일본이었으며, 일본 극우파와 타이두 근본주

---

107 京都「高雄」的由來　胡煒權, 又高又雄？談「京都高雄」和「台灣高雄」的由來與偶遇
　　2020/06/11, 日本史專欄@胡煒權 https://www.thenewslens.com/
　　article/136315

의자들 사이의 일치성은 매우 뚜렷하게 드러난다. 이러한 맥락에서 일본 극우파가 대만 문제에 대해 암묵적으로 대만을 지지하는 이유를 이해할 수 있다. 다시 말해, 현재 타이두 운동의 가장 큰 장애물은 중국공산당이다. 이 과정에서 중공과 대립 관계에 있는 일본과의 교류가 증대되며, 이는 중공을 자극하는 또 다른 요인이 된다. 또한, 일제시기를 미화하는 경향이 나타나고, 이는 각 당파의 이해관계와 맞물려 대만 내부의 정치적 분열을 심화시키는 결과를 초래한다. 탁수계를 기준으로, 대만 남부와 북부 간의 차이는 확연히 드러난다. 이는 마치 한국의 전라도와 경상도의 지역 감정과 유권자들의 투표 성향을 연상시킬 정도로, 탁수계 이남, 즉 타이난, 가오슝, 핑둥현과 같은 대만 남부의 주요 도시는 '녹색'으로 상징되며, 특히 대만 남부의 최대 도시인 가오슝이 녹색으로 상징하는 대만을 대표한다.

V. 결론

본문의 목적은 사민문화를 통해서 대만 남부의 관문도시인 가오슝(高雄)의 역사와 문화의 혼종성을 고찰하고, 이를 통해 가오슝의 다양한 족군(族群) 관계와 역사궤적을 고찰하고자 하였다. 특히 가오슝의 역사와 문화를 관찰할 때 두드러지는 점은 원래 원주민의 땅에서 이민과 식민이 동시에 진행되었다는 점이다. 가오슝은 네덜란드 이전 시기부터 이민사회의 개간과 개척의 과정을 거치면서 다인종, 다족군(multi-ethnic), 다언어 등 다양한 이질적 문화가 공존하는 사회가 되었다.

가오슝은 관문도시로, 출입도시이기에 다양한 인구와 민족집단이 섞이고 만났다. 또한 대외적으로는 경제교류가 빈번하고, 통로도시로 작용하기에 제국주의와 자본이 앞다투어 진출하는 곳이었다. 이런 과정에서 원주민과 이방인, 피압박 민족, 식민과 피식민, 인종, 성, 이민, 난민 등 취약계층이 발생하기 마련이다.

가오슝은 해양문화를 근기를 삼고, 네덜란드와 스페인의 식민무역, 명·청의 한족과 원주민 간의 통혼, 일본의 식민통치문화, 장제스·장징궈 부자의 중화 문화, 2차대전 이후의 미국 문화 등과 최근 주로 동남아에서 온 이민 노동자, 결혼으로 이주해 온 신이민 문화 등 혼합적이고 다양한 문화적 색채를 띠는 그야말로 다양한 문화가 공존하는 이질적 혼종적 다문화 사회라고 말할 수 있다. 특히 가오슝은 네덜란드 식민 이래, 이민과 개간, 민란과 계투, 국부시기의 2·28, 백색테러, 성적갈등, 1979년 미려도 사건, 80년대 말의 민주화와 본토화 운동, 90년대 말의 다문화족군 운동 등에서 첨예한 갈등을 경험하고 이제 다족군의 융합 추세로 진행하고 있다.

무엇보다도 가오슝 해역은 해양세력과 대륙세력의 충돌지대, 중화세력과 반중화세력의 단층선에 놓여 있기에 여러 제국의 식민을 경험하였고 이 과정에서 대만인의 비애가 싹텄다. 여러 민족의 점령과 충돌, 식민의 역사에서 발생한 대만인의 깐까(尷尬, 난감함),

우나이(無奈, 어찌할 도리가 없는), 기형, 비정상 국가, 결손 국가, 아시아의 고아 의식, '이쪽도 아니고 저쪽도 아닌' 주변부 의식이 자라는 배경이 되었다.

현재 대만 내부에는 대만 민족주의와 중국 민족주의가 갈등하고 있다. 필자의 판단으로 볼 때 대만은 아직 네이션(nation)의 구축이 미완으로 남아 있으며, 이는 여러 이질적 문화가 완전히 융합하여 다족군 다문화의 민주화된 사회로 진입하지 못하였음을 의미한다. 그러므로 대만 내부에서는 통독 논쟁 격화, 중국과 다른 대만 자체의 역사 강조, 문화적 정체성을 구축하려는 시도가 진행된다. 이는 근원적으로 대만을 구성하는 족군의 복잡성과 원주민, 선이민, 후이민, 신이민의 역사, 여러 제국주의의 식민지를 경험하면서 누적된 문화적 기억이 아직 미해결의 상태에 처해 있기 때문이다. 가오슝은 원주민, 식민, 후식민, 이민 문화가 그 기저에 깔려있기에 이렇듯 다문화적 잡회성을 띠고, 이로 인한 인구, 족군, 언어, 이민, 등 여러 방면에서 충돌과 갈등을 보인다. 특히 대만 남부는 북부와 달리 이러한 요소들이 더 선명하게 각인되어 있고, 남부의 최대 도시인 가오슝이 더욱 그렇다. 대만의 역사는 곧 식민과 이민의 역사며 이들 요소가 켜켜이 쌓여 형성된 이질적인 문화 맥락이 지금까지 이어져 오고 있다.

관문도시의 역사적 특징
: 이동과 권력 그리고 서발턴 존재

전성현

전체 글 요약

서구 제국주의를 추동한 식민 권력인 일제는 제국주의와 식민주의의 침략, 침탈의 장인 식민지 조선을 제국과 정치적으로든 경제적으로든 동일한 자유로운 공간으로 만든다는 표면적인 눈속임으로 동화(同化)를 정책적으로 추진했다. 하지만 사실 동화는 표면적인 정책과 수사에 지나지 않았고 철저한 이화(異化)를 토대로 불평등하고 차별적인 위계서열적 공간을 구축했다. 이를 토대로 자국의 자본주의적 발전에 식민지 조선을 이용했기 때문에 그 공간적 경계는 언제나 차별적 이동통치기 집중되는 장소였다.

이를 위해 일제는 이동통치의 집행 기구로서 경찰을 통한 이동의 감시 통제 구조를 만들었다. 나아가 그 법적 제도의 뒷받침을 위해 외국 여권 규칙과 여행증명서 및 도항증 제도, 그리고 이동 경찰제를 실시했다. 이에 기반해 일제는 일본과 조선의 치안 및 안보라는 정치, 일본의 자본주의 발전이라는 경제적 상황에 따라 이동의 감시와 감독, 그리고 통제를 자의적으로 운영했다. 그 최초, 최종지인 관문도시의 수상경찰서, 특히 부산수상경찰서가 법과 제도를 활용해 이동통치의 집행에 최선봉이 되었다.

하지만 이동을 둘러싼 관계는 양가적이라고 할 수 있다. 이동은 분명, 식민 권력에 의한 통치의 장이었다. 하지만 이 통치에 지배당하면서도 이를 이용하고 활용하는 사람의 입장에서는 그 틈새를 발견하고 균열내고 저항하는 정치의 장이기도 했다. 즉, 이동은 '지배하고, 변화시키고, 항의하고, 해방시킬 수 있는 권력의 행사'인 것이다. 따라서 이동의 불균등성, 경계 권력의 이동통치가 공권력의 폭력을 통해 억압하고 배제하고 다시 재분배할 뿐만 아니라 그 반대의 대응에 의해 불법과 무법이 그 틈새를 비집고 나와 이를 균열내거나 저항하는 '이동정치'도 관문도시에서 출현할 수밖에 없었다.

따라서 이동통치의 장은 이동정치의 장일 수밖에 없고 이 과정에서 주체, 객체, 비체로서 서발턴과 같은 존재가 관문도시에 출몰했다. 이른바 합법·불법·무법 도항자, 도항위조단, 도항 저지에 따라 열악한 처지에 빠진 세궁민, 유망민은 물론이고 불순분자(불령선인), 밀항자, 밀수자 등 이동통치와 이동정치가 부딪히는 관문도시는 서발턴 존재의 모습을 확인하고 이를 토대로 식민 권력의 모습과 그에 대한 대안의 장도 확인할 수 있다.

I. 들어가며

일반적인 의미의 바다나 해양, 그리고 지정학적 차원의 해역은 지역적 차원에서 지역민에게 삶의 터전이었으며 그 삶을 위한 이동의 장이었다.[1] 그런데 특별히 규정하든 그렇지 않든 국가적 차원에서 바다, 해양, 그리고 해역은 전통 시대든 근대 시대든 국가 권력에 의한 부동의 경계, 장벽이었다. 특별한 공무(조공무역) 또는 이동 체계(절차와 제도)와 공간(출입국 장소)에 의해서만 이동의 장이 되었다. 물론 전통 사회와 근대 사회의 이동 역량 차이는 분명히 존재했다. 다만 근대 사회는 전통 사회보다 명확한 영토 관념과 이에 의한 경계를 토대로 이동도 제도적 장소(개항장, 관문도시)와 장치(출입국 관리법, 비자, 여권 등)를 통해 진행될 수밖에 없어 제한적이라고 할 수 있다. 이러한 제도적 장소와 장치도 권력에 의해 인종/계급/젠더적으로 불평등할 뿐만 아니라 "시민들에게 이동할 권리가 주어진 지 한참 후"의 일이었다.[2] 이처럼 이동/부동은 권력과 밀접한 관계를 지녔던 것이다.

그런데 근대 세계는 표면적으로 이동의 자유를 개인의 권리에

---

1 『漂人領來謄錄』 ; 안드레 군더 프랑크, 이희재 옮김, 2003, 『리오리엔트』, 이산 ; 하네다 마사시, 조영헌 옮김, 2013, 『바다에서 본 역사』, 민음사 ; 프랑수아 지푸루, 노영순 옮김, 2014, 『아시아 지중해』, 도서출판 선인.
2 피터 애디, 최일만 옮김, 2019, 『모빌리티 이론』, 앨피, 215쪽.

포함하는 자유주의 서사를 통해 형식적으로 인정하며 이동의 평등성, 보편성을 주장했다. 하지만 자유주의 서사는 서구 백인 남성과 자본주의로부터 기원했기에 애초부터 불균등한 이동, 이른바 서구 백인 남성 및 자본주의 "이동의 자유가 곧장 타자의 착취"로 이어진다는 사실을 은폐했다. 이처럼 서구에서 시작된 근대 자유주의에 의하면, 개인의 권리인 이동의 자유는 "인종화된 노예제"와 "젠더화된 의존성"을 토대로 서구 백인 남성에게만 균등한 자유를 부여했다. 그들 이외의 "타자들은 신체적으로 통제받고 지배당하면서 강제로 이동당"할 뿐이었다.[3] 이른바 이동은 권력에 의해 인종, 계층(계급), 젠더 "차이적으로 접근"되었다.[4] 이를 가장 잘 보여주는 곳이 식민지였다.

동아시아에서도 일본은 재빠르게 서구를 추동하며 제국주의 국가로 전환하면서 이웃 나라와 지역을 식민지화하는 한편, 식민지와 본국 사이의 이동에 대해 서구 제국주의 국가와 같은 불균등성과 차이적 접근을 드러내 놓고 노골화했다.[5] 즉, 일본은 조선을 식민지화하는 과정에서 자유로운 이동을 보장한다는 개항을 강요하며 통상의 자유를 주장했다. 이는 자신들의 입장에서 사람과 물자

---

3   미미 셸러, 최영석 옮김, 2019, 『모빌리티 정의』, 앨피, 134쪽 ; 피터 애디, 앞의 책, 184~185쪽.
4   피터 애디, 앞의 책, 181~182쪽 ; 하가르 코테프 지음, 장용준 옮김, 2022, 『이동과 자유 - 자유주의적 통치와 모빌리티의 계보학』, 앨피, 41쪽.
5   피터 애디, 앞의 책, 103쪽 ; 월터 D. 미뇰로, 김영주 등 옮김, 2018, 『서구 근대성의 어두운 이면』, 현암사.

의 자유로운 왕래를 토대로 한 것이었다. 이를 위해 서구와 같이 개항장을 개설했고 거류지를 설정했으며 이를 토대로 조선을 경제적, 영토적으로 침탈하기 시작해 결국 군사·정치적으로까지 식민지화했다. 이와 같은 조선의 식민지화를 통해 일본은 식민지와 본국 사이의 이동에 대해서 서구 제국주의와 같이 불균등성과 차이/차별적 접근을 드러내놓고 노골화했다.

물론 영토의 확장과 식민지/제국이라는 관계를 특유의 내지(內地) 연장과 그에 따른 동화(同化)라는 수사적 이데올로기('내지연장주의'와 '동화주의')를 동원하며 이전의 국가적 경계와 장벽이 없는 자유로운 이동을 표면적으로 전제했다. 하지만 식민지와 제국 즉, 조선과 일본을 외지와 내지, 법외역(法外域, 국적법)과 법역(法域)으로 구분하는 공간적, 민족적 차별을[6] 이면화하면서 불균등한 이동(이동과 부동의 정치학)을 심화시켜 제도화했다. 그렇다면 식민지화는 제국의 입장에서 차별적 재영토화라고 할 수 있다.[7]

특히 식민 권력의 불균등하고 차별적 이동이 첨예하게 작동하는 공간은 개항장으로부터 시작된 관문도시였다. 식민 권력에 의한 이동 체제로 말미암아 관문도시에서는 불평등한 이동의 통제와 부동의 권력이 작용할 수밖에 없었다. 이 글에서 사용하는 관문

---

6   遠藤正敬, 2010, 『近代日本の植民地統治における國籍と戶籍』, 明石書店, 51~73쪽.
7   요시하라 나오키, 이상봉 등 옮김, 1010, 『모빌리티와 장소』, 심산출판사, 6~7, 69~76쪽.

도시는 단순히 이해되는 사람과 물자의 교통 결절지를 넘어 이동과 부동을 둘러싸고 불평등하고 차별적으로 이동을 통제하는 권력이 기민하게 관여하는 경계 지대를 의미한다. 그런데 그 가운데서도 식민지와 본국의 가장 중요한 이동의 경계인 부산은 그 권력의 실상을 보다 잘 보여주는 상징적 장소라고 할 수 있다. 따라서 이 글은 이동과 권력의 경계 지대로서 관문도시의 역사적 특징을 일제강점기 이동의 전반적 추이 및 제도를 다루는 한편, 인구 이동의 불평등성을 가장 잘 드러내는 내지 도항과 이에 대한 권력의 이동통치가 가장 노골화되는 부산항에 집중한다.

일제강점기 이동통치와 관련된 법과 제도, 그리고 기구에 대해서는 연구가 일정 정도 진행되었다. 기존 연구는 여권 및 도항증과 해외/내지 도항과 관련된 법적 제도적 장치에 집중했다. 그런데 이들 연구는 대부분 개항 이후 한말에 집중되었고 일부 일제강점기 연구라도 제도사적 차원이나 조선인 유학 등에 한정되는 등 이동통제라기보다는 주로 근대성의 한 단면에 집중했다.[8] 따라서 근대성을 넘어 본격적인 이동통제와 관련해서는 연구가 제대로 진행되지 못했다.[9] 또한 도항증과 내지 도항에 대해서는 관부연락선과 밀

---

8 해외 여행과 여권에 대한 주요한 연구로는 김설하, 2009, 「여권의 기원과 등자응로 본 개항기 한국의 근대성, 1883~1905」, 중앙대학교 석사학위논문 ; 민회수, 2016, 「개항기 사증으로서의 '호조'제도의 도입과 운영」, 『역사학보』, 역사학회, 229쪽 ; 김도형, 2019, 「한국 근대 여행권(여권)의 제도의 성립과 추이」, 『한국근현대사연구』, 한국근현대사학회, 77쪽.
9 1910년대 국경 출입과 통제의 관점에서 시작된 해외 도항 연구로는 문지현, 2024, 「1910년대 전후 '外國旅券規則' 제정과 조선인의 해외 도항 통제」, 『이화사학연구』,

항과 관련된 연구가 축적되어 있을 뿐[10] 이동통제 제도와 기구에
대해서는 거의 연구가 이루어지지 못했다. 특히 이동통제 기구와
관련해 최근 수상경찰서에 대한 연구가 제출되었지만 이는 단순한
조직과 기구를 파악하는 정도에 그쳤다.

이 글은 기존 연구 성과를 토대로 근대적 현상으로서의 이동
이 지닌 권력의 문제를 식민 권력의 이동과 관련된 법과 제도는
물론 기구를 통해 확인하고자 한다. 이를 토대로 식민 권력의 이
동통치는 물론 그 권력의 신경이 집중된 관문도시의 역사적 특징
을 드러내고자 한다. 또한 이를 토대로 이동통치에 대항하는 존
재와 이동 정치를 통해 식민지 조선의 역사를 입체적으로 조망하
는 한편, 식민성을 이면으로 둔 근대의 한계를 조금이나마 문제
화하고자 한다.

II. 관문도시와 이동

강제 개항과 불평등 조약이라는 표현에서도 확인되듯이 자유로
운 사람의 이동과 물자의 통상을 전제한 조일(朝日), 조청(朝淸), 조

이화여자대학교 이화사학연구소 68쪽 참조.

10 최영호 외, 2007, 『부관연락선과 부산』, 논형 ; 이승희, 2012, 「조선인의 일본 '밀항'
    에 대한 일제 경찰의 대응 양상」, 『다문화콘텐츠연구』, 중앙대학교 문화콘텐츠기술
    연구원, 13쪽 ; 김승, 2022, 「일제시기 조선인의 밀항 실태와 밀항선 도착지」, 『역사
    와 경계』, 부산경남사학회, 124쪽.

영(朝英), 조미(朝美) 등 근대 초기의 통상 조약은 표면적으로는 쌍방이지만 사실 우리가 아니라 그들의 입장에서 조선을 경제적으로 영토적으로 침략하고 침탈하고자 한 수사에 지나지 않았다. 이를 위한 이동의 경계 공간으로서 물리적 장소는 개항장이었으며, 그 심화되고 노골화된 형태가 관문도시였다.[11] 이 관문도시는 이동의 경계 공간으로서 식민 권력에 의해 사람과 물자 등 식민지와 제국 사이의 불평등하고 차별적인 관계가 항상 노정되는 공간이었다고 할 수 있다.

한반도의 첫 개항장인 부산으로 비롯해 전역의 개항장은 일본에 의해 이처럼 자유로운 통상의 공간인 것처럼 표면화되었지만 언제나 제국주의 및 식민주의 권력에 의해 침략과 침탈의 교두보였으며 식민지로 전환된 이후 식민 권력에 의해 불평등하고 차별적인 경계 공간으로 기능했다. 즉, 일제는 자본(원료 및 노동력시장)과 전쟁(인적, 물적 동원)을 기초로 식민지와 본국, 식민지와 식민지 간 이동에 가장 중요한 경계 공간으로서 관문도시에 집중했고 권

11　개항장 단계에서 이동과 부동의 관계는 해당 당사국의 힘의 관계 속에 있었다. 따라서 일방적인 불평등과 차별의 이동이라기보다는 상호 (불)평등한 이동 체계라고 할 수 있다. 즉, 국가 대 국가 간의 관계에서는 이른바 관세와 출입국 관련 제도가 일반적으로 상호적이라고 할 수 있다. 물론 이 상호적이라는 것도 표면적이며 이면에서는 국가 간의 위계와 만국공법의 이해 부족에 의해 불평등하고 차별적일 수밖에 없다. 그럼에도 불구하고 이러한 이동의 불평등하고 차별적인 체계를 명확하게 보여주는 것이 식민지 체제이며 식민지와 본국과의 이동이었다. 따라서 관문도시의 이동 체계를 문제화할 때 식민지의 역사적 경험이 유용하며 본 연구는 그러한 이유 때문에 식민지와 본국 사이의 경계인 관문도시에 주목한다.

력적으로 관여했다. 폭력적인 포섭의 차별적인 관리라고 할 수 있는 이동을 감시하고 통제하는 방식으로 식민 권력에 의한 이동 체제는 관문도시를 통해 관통했다. 결국, 조선과 일본 간 바다, 해양, 해역은 일제의 관점에서 확장되고 수직화된 영토의 연결을 의미하는 반면, 식민지 조선의 관점에서 제국적 위계 질서에 기초한 차별적 재영토화를 촉진하는 심화된 불균등한 이동의 장소였고 그 권력의 예민한 시선이 끊임없이 작동하는 장소가 관문도시였다. 따라서 관문도시를 통한 인구 이동 추이는 주목될 수밖에 없다.

인구 이동은 개항 이후 조선에 의해서도 이루어졌다. 즉, 제국주의 열강이 동아시아를 식민지로 개척하면서 조선은 역으로 서구(문명)을 알기 위해 외국을 경험하기 시작했다. 물론 이 시기 해외로 여행은 대부분 공무와 관련된 사신 행렬이거나 유학이었다. 조약 체결에 대한 사신 파견은 물론이고 개화 정책과 관련한 대규모 사절단의 파견 등도 이에 포함되었다. 이 과정에서 유학도 전개되었다. 이처럼 일본, 중국, 서구에 의해 열린 개항장이었지만 조선도 이를 활용해 공무와 유학에 활용했던 것이다. 하지만 이 제도는 조선이 식민지가 되면서 일본 중심으로 전환되었다. 일본은 내지였기 때문에 해외 도항이 아니라 소위 표면적으로는 국내(내지) 도항이 되었다. 압도적으로 해외 도항보다 일본 도항이 많았다. 여기서는 식민지 시기 인구 이동으로서 도항과 관련해 해외 도항, 일본 도항, 그리고 명령항로의 여객으로 구분해 살펴보자.

1. 해외 도항

일제는 조선을 식민지로 만들자 곧바로 해외 도항과 관련한 법적 제도를 다시 정비했다. 즉, 조선총독부령 제27호로 '외국여권규칙'을 마련한 것이다. 이 제도 이후 식민지 조선에서도 식민지-제국 영역 밖의 해외 도항이 식민지 법적 체제 아래에서 전개되었다. 하지만 만주사변과 국제연맹 탈퇴를 거쳐 중일전쟁이 발발하는 1937년에 이르면, 이와 같은 해외 도항은 공식적으로 금지된 것으로 보인다. 따라서 해외 도항과 관련해서는 아래 <표 1>과 같이 1911년부터 1936년까지의 흐름을 통해 그 특징과 의미를 살펴볼 수 있다.

<표 1> 해외 도항자 직업별 분포도

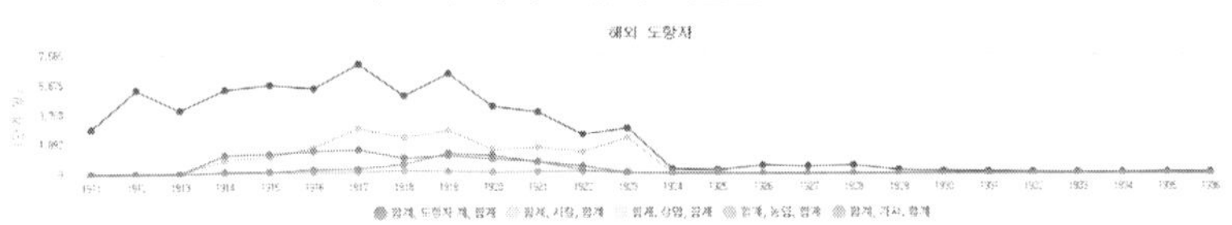

[출전] 조선총독부통계연보 각연도판 참조

식민지 시기 해외 도항은 공식적으로 1911년부터 1936년까지 진행되었고 이를 크게 두 부분으로 구분할 수 있다.[12] 먼저, 1911년부터 1923년까지로 이때의 해외 도항은 적게는 2,000여

---

12   조선총독부, 1911~1936, 『조선총독부통계연보』

명에서 많게는 7,000여 명에 이르기까지 매년 해외 도항이 진행되었다. 당연하겠지만 조선인들의 도항이 전체의 90%를 넘었다. 이 시기 대표적인 도항지는 역시 90% 이상이 러시아 또는 러시아령 연해주였다. 러시아(령)으로 해외 도항은 내용상 상업이 40~50%로 가장 많고 시기적인 차이는 있지만 20~30%의 노동과 10~20%의 가사가 그다음으로 많으며 소수이지만 어업과 농업이 뒤를 이었다.[13]

조선인의 러시아 및 러시아령 도항은 한말부터 진행된 것으로 영토의 경계 지대인 함경북도가 거의 90% 이상을 차지하여 표면적으로는 일시적 경제 이동이라고 할 수 있다. 이는 공식적인 차원에서 확인된 것이고 비공식적인 것을 포함하면 대부분 경제적 문제 때문이며 식민지 조선에서 진행된 본원적 축적이라는 토지조사사업 등에 의해 토지로부터 유리된 수많은 조선인들의 해외 도항이라고 할 수 있다. 이 경우 계절적이고 일시적인 이동에서 영구적인 이동으로 전환되었으며, 주지하다시피 만주와 연해주로의 대규모 이동은 비공식적인 이동(이주)이 10배 이상 많았다.[14]

러시아(령) 이동 이외의 지역 이동은 1~2%의 소수에 지나지 않지만 그나마 주목할 만한 이동이 하와이로 이동이었다.

---

13 조선총독부, 1911~1923, 『조선총독부통계연보』

14 이미 함경도 주민의 만주 및 연해주 이주는 19세기 말부터 진행된 것으로 양 지역을 오고 가는 이동은 식민지 시기에도 이어졌다. 반병률, 2006, 「한국인의 러시아이주사 ― 연해주로의 유랑과 중앙아시아로의 강제이주」, 『문화역사지리』 18-3, 한국문화역사지리학회.

1903~1905년 사이 대한제국에 의해 조선인 노동자들의 하와이 이민이 이루어졌다. 러일전쟁 이후 일본이 권력을 장악하면서 조선인의 하와이 이민은 금지되었다. 그런데 강제 병합 이후 다시 하와이로의 이동이 이루어졌는데, 이는 미일 간의 외교적 차원에서 앞 시기 이민을 떠난 남성노동자들을 위한 여성의 이민을 허용했기 때문이었다. 이른바 사진신부의 하와이 이동은 하와이 한인 사회를 통제하려는 일본의 식민지적 통제라는 차원과 맞물려 진행되었다.[15] 반면 일본인의 이동은 그 숫자가 전체의 3% 정도로 미비하지만 주로 상업과 시찰이 많은 것은 주목된다.[16] 상업은 조선인과 비슷한 추세이며 특히 주목되는 것은 시찰인데 이는 대부분 관료였기 때문에 공무로 인한 것이고 아마도 조선인의 이동을 감시 감독하는 것과 관련된 것으로 볼 수 있다.

1924년부터는 해외 도항이 그 이전 시기보다 10% 정도 대폭 축소되었다. 이는 여러 가지 요인이 있을 텐데 일차적으로는 이미 함경북도가 중심된 러시아(령)에 대해 상당한 수의 이주가 이루어졌기 때문에 더 이상 일시적 이동이라는 해외 도항은 줄어들었다고 할 수 있다. 또한 1922년 12월 30일 러시아가 소련으로 변경되고 1924년부터 스탈린이 정권을 장악한 것도 영향을 미쳤을 것

---

15 조은정, 송병건, 2011, 「20세기 초 하와이 한국인 이민의 요인과 이민자의 특성」, 『경제사학』 51 ; 노선희, 2023, 『사진신부 이야기 - 한인여성 디아스포라: 인종, 민족, 젠더의 교차』, 북토리아.
16 조선총독부, 1911~1923, 『조선총독부통계연보』

으로 보인다. 어쨌든 1924년부터 1936년까지 조선인의 해외 도항은 많을 때는 500여 명 정도 적은 때는 100명 미만까지 소수에 지나지 않았다. 특히 1931년 만주사변 이후 국제연맹 탈퇴 등에 의해 고립된 외교 정책으로 해외 도항은 점차 줄어들었다고 할 수 있다.[17]

이동의 추세는 이전과 비슷하게 소련령이 초기에는 많지만 압도적이지는 않았고 1930년대로 접어들면 점차 줄어들었다. 반면 초기 소련령보다는 적지만 오히려 미국과 하와이 등으로 도항이 지속되고 있다는 점도 주목된다. 대체적으로 소련령은 이전과 같이 경제적 이동이라면 구미의 경우 하와이는 이민이고 미국은 일본인은 공무, 조선인은 시찰 및 연구 유학이었다고 할 수 있다.[18]

이상을 통해 볼 때 조선인들의 해외 도항은 상당히 제한적이었고 그나마 상업, 노동, 가사 등 경제 이동에 의한 러시아(령)에 집중되었다고 할 수 있다. 이는 식민지 생활 상태를 전제한 것이기도 했고, 그 일시적 해결을 위한 이동이 영구적 이동으로 전환되는 상황을 상징적으로 보여준다고 할 수 있다. 또한 소수에 지나지 않지만 서구 등 시찰과 함께 연구 유학 등도 주목되는데, 서구 문명의 이해를 위한 식민주의가 관철되는 도항이었다고 할 수 있다.

---

17   조선총독부, 1924~1936, 『조선총독부통계연보』
18   조선총독부, 1924~1936, 『조선총독부통계연보』

2. 내/외지 도항

한편, 식민지 시기 대규모 이동은 두말할 것도 없이 내지 도항이고 일본 도항이었다. 식민지 이전에는 조선의 입장에서 일본은 해외였지만, 조선이 식민지가 되면서 일본은 제국과 식민지를 내/외지로 구분하고 일본을 내지로 하여, 법적 차원에서 법역(내지)과 법외역(외지)으로 구분했다. 따라서 식민지 조선의 입장에서 본국 일본으로 도항은 내지 도항이며 일본에서 조선으로 도항은 외지 도항이었다. 표면적으로는 국내 이동이라고 할 수 있지만, 이면적으로는 제국과 식민지라는 내/외지의 구분이 명확했다고 할 수 있다. 따라서 민족과 지역의 상황에 따라 내지와 외지 간의 이동은 불균등하고 차별적 이동일 수밖에 없었다.

즉, 일본인의 식민지로 외지 도항은 이주 식민의 정책적 추진에 따른 자유로운 이동이었다. 물론 일본의 자본주의적 발전에 따른 계급적 차원에서 이주 식민이기 때문에 이 또한 차별을 은폐한 자유로운 이동이라고 할 수 있다. 그럼에도 불구하고 제국과 식민지, 내지와 외지의 이동만을 가지고 이야기한다면 식민자로서의 자유로운 이동이라고 할 수 있다. 이 경우에도 자유 의지와 식민지의 정치적 상황(예를 들어 3.1운동 등)에 따라 그 이동의 규모가 약간 주춤할 수 있었다.[19]

---

19 동양척식주식회사편, 1917, 『조선이주안내』.

반면, 조선인의 일본으로 내지 도항은 일제의 토지조사사업 등 식민지 자본주의의 본원적 축적에 의해 토지로부터 유리된 조선인들이 새로운 노동시장으로 흘러 들어가는 노동력의 수급이라는 차원에서 차별을 은폐한 자유로운 이동이면서 물리적 차원에서 자유로운 이동도 가능한 듯했다. 하지만 관동대지진과 함께 조선인 혐오에 따라 도항이 일시 금지되었다. 이후 1925년부터 본국의 일본인 노동력 보호를 위해 도일 규제가 본격화되었다. 1929년에는 일본으로 도항했던 조선인의 '일시귀선증' 제도도 실시되었다. 이른바 자본주의 발전에 따른 말그대로 자유로운 이동이 추진되다가 정치적, 경제적 사정에 따라 이를 통제하는 제도가 본국의 이해에 따라 통제된 이동이 추진되었다고 할 수 있다. 이런 상황은 전시체제로 들어가면 전시 동원 인력의 강제 동원이라는 상황에서 다시 도항이 촉진되는 한편, 도항 제한은 전면 철폐되었다. 이와 같은 상황이 <표 2>와 같이 관부연락선을 통한 공식적인 내외지 도항의 흐름에 포함되었다고 할 수 있다.

<표 2>를 보면, 식민지 시기 이동의 대부분은 앞의 해외 도항과 비교하더라도 그 숫자와 규모에서 관부연락선을 통한 내/외지 이동이 압도했다. 관부연락선은 1905년부터 운행되었는데, 이때는 조선과 일본이라는 각각의 국가 간의 이동이었다면 1910년 이후는 식민지와 제국, 외지와 내지 간의 이동이었다.[20] 민족별 구분

---

20 최영호 외, 2007, 『부관연락선과 부산』, 논형.

〈표 2〉 관부연락선 승선 인원

| | 조선행 | | | | | | 일본행 | | | | | |
| | 도해 도수 | 승선 인원 | | | | 지수 | 도해 도수 | 승선 인원 | | | | 지수 |
		1등	2등	3등	계			1등	2등	3등	계	
1910	542	2090	9711	62054	73855	143	542	2020	9216	52405	63641	137
1911	569	2380	11922	77760	92062	178	568	2271	10680	65667	78618	169
1912	736	3155	14021	86473	103649	201	736	3119	13047	77273	93439	201
1913	741	3240	13520	85597	102357	198	741	3511	13153	78506	95170	205
1914	741	2808	13758	84201	100767	195	741	3125	13454	78597	95176	205
1915	731	2923	13977	84223	101123	196	731	3026	13790	76826	93642	202
1916	739	3457	14843	83749	102049	198	738	3436	14960	83764	102160	220
1917	826	4131	22205	101262	127598	247	826	4986	22600	115580	143166	308
1918	816	5285	26993	131540	163818	318	816	5564	28332	142429	176325	380
1919	790	7333	38238	160707	206278	400	789	8448	38746	156541	203735	439
1920	723	9193	43978	175241	228412	443	723	10038	45773	171966	227777	490
1921	712	7735	41669	173755	223159	433	712	8096	42551	176513	227160	489
1922	736	7517	46526	196471	250514	486	735	7933	49596	220897	278426	600
1923	928	6648	41013	246518	294179	570	928	7418	44476	258599	310493	669
1924	1018	6056	35953	224915	266924	517	1019	6607	39912	271544	318063	685
1925	1022	5661	37487	257804	300952	583	1022	5885	39173	272793	317851	684
1926	1024	5453	38637	243560	287650	558	1024	5395	39353	249345	294093	633
1927	1040	5737	41159	257280	304176	590	1039	5971	43117	286922	336010	724
1928	1065	6164	47225	289097	342486	664	1065	6443	49330	324369	380142	819
1929	1055	7185	52536	290223	349944	678	1055	6354	54856	330910	392120	844
1930	1033	5702	48159	284348	338209	656	1033	5524	48123	258096	311743	671
1931	1057	4897	44122	241245	290264	562	1056	4766	45645	243056	293467	631
1932	1037	4800	47523	256784	309107	419	1038	4622	47537	257048	309207	486
1933	1063	5784	59762	289918	355464	481	1063	5491	58738	299716	363945	572
1934	1083	7172	62983	291094	361249	489	1081	6657	74930	326138	407725	641
1935	1085	9720	70514	308435	388669	526	1087	9094	89989	308610	407693	640
1936	1139	11383	76586	324690	412659	559	1139	11409	107013	344567	462989	728

[출전] 조선총독부통계연보 각연도판 참조

이 명확하게 드러나지 않아, 이동의 구체적인 실상을 확인하기 어려운 것은 사실이다. 다만 일반적인 추세를 볼 때, 조선행은 일본인, 일본행은 조선인으로 볼 수 있고 계급, 계층적인 차원에서 1, 2등석은 일본인, 3등석은 조선인으로 보고 전반적인 상황을 파악할 수밖에 없다.

1910년 542회의 왕복 운항에 13만여 명 정도의 도항이 이루어졌다면, 이후 점차 늘어나 1936년 1,139번의 왕복 운항에 87만여 명 정도의 도항으로 확대되었다. 단순 비교이긴 하지만 조선행은 지수 600대를 정점으로 1930년대부터 내려가다가 서서히 회복했다면, 일본행은 지수 800대를 정점으로 1930년대부터 내려가는 경향은 비슷하다가 급속도로 회복되고 있다. 이를 통해 볼 때, 조선에서의 일본행이 일본에서의 조선행보다 수치적으로 많았고 이는 조선인의 일본으로의 이동이 그만큼 컸다고 할 수 있다. 물론 이와 같은 이동의 추이는 앞에서도 언급한 것처럼 이동의 제도적 통제와 관련해 다소의 변화도 있었음은 주지의 사실이다. 또한 1930년대로 접어들면 그 이동의 내용에서도 차이가 있었다. 중일전쟁 등 전시체제에 들어가면 일본에서 조선으로 이동은 군과 함께 만주 이주의 정책적 이동과 관련이 있었다면, 조선에서 일본으로 이동은 강제 동원에 의한 이동이 중심이 되었다. 따라서 1940년대를 전후하면 100만 명 이상의 도항자가 지속되었다.[21] 이 이

---

21 『朝鮮新聞』 1940.2.1.「(渡航者指導へ) 半島人內地渡航 百萬人を突破せん」

동의 관문이 식민지 조선의 부산과 제국 일본의 시모노세키였다. 전시체제기에 연합군의 어뢰 등의 공격으로 기존의 여수를 강화하거나 새롭게 울산 등을 추가하려고 했지만,[22] 패전까지 중심적인 관문도시는 여전히 부산이었다.

3. 명령항로와 인구 이동

명령항로는 정부와 해운업자 사이에 계약을 맺고 정부가 정해놓은 항로를 중심으로 운항하도록 한 항로였다. 일본은 메이지유신 이후 근대화를 추진하면서 철도 건설에 많은 시간과 예산이 소요되었기 때문에 해운을 통한 산업화에 집중했다. 이때 활용한 것이 해운업자에게 선박을 불하하고 항로보조금을 지급하는 것이었다. 이 제도가 명령항로였다. 이를 통해 일본의 해운업은 정부로부터 명령항로를 획득한 일본우선주식회사와 오사카상선주식회사를 중심으로 확대되었다.[23] 여기에 조선이 식민지가 되자, 조선총독부는 식민지 지배의 효율적 운영을 위해 그간 각 지역에 흩어져 있던 일본인 해운회사들을 모아 조선우선주식회사를 설립했다.

22　『동아일보』 1930.12.20. 「明二十日부터 關麗連絡開通 하로에 한번씩 출범한다 三等三圓五十五錢」; 『조선신문』 1939.8.2·4. 「一段落を告げた關麗連絡航路(上·下)」

23　日本郵船株式會社, 『日本郵船株式會社五十年史』, 1935 ; 大阪商船株式會社, 『(創立參拾年記念)吾社之實力』, 1914 ; 大阪商船株式會社, 『大阪商船株式會社五十年史』, 1934.

이를 통해 한반도의 연안항로는 물론이고 일본, 중국 등 내외지 및 외국과의 항로를 운영하도록 함으로써 제국 일본을 중심으로 하는 동아시아 해운시장에서의 역할 분담을 맡도록 했다.[24] 이처럼 조선총독부를 비롯한 식민 권력의 해운 정책에 따라 명령항로를 수명받은 회사는 한반도는 물론이고 일본, 중국, 대만 등을 잇는 해운 항로를 경영했다.

대체로 이들 명령항로는 물자의 유통에 필요한 항로였지만 <표 3>과 같이 승객의 입출입도 이루어졌기 때문에 주목할 필요가 있다. 강제 병합 직후인 1911년 조선총독부 명령항로는 부산기선주식회사, 목포 거주 일본인, 원산 거주 일본인에게만 수명되었기 때문에 연안항로로서 화물은 물론이고 여객의 수도 39,045명으로 많지 않았다.[25] 앞에서도 언급한 것처럼 조선총독부의 식민지 지배 정책의 일환으로 민간 해운업자들의 합병에 의해 설립된 조선우선주식회사가 탄생하자 화물과 여객의 수가 5배 정도 확대되고 있음을 알 수 있다. 이때부터 항로는 연안항로에만 그치지 않고 내지 및 외국항로(근해항로)까지 포함하는 형태로 확대되었다. 다만 이들 연근해 명령항로는 물자의 유통이 중심이었고 1930년대를 거치면서 이짐에 집중힘으로씨 여객의 수는 1918년 33만어 명을 정점으로 해 20만여 명을 전후하는 수준에서 유지되었다고 할 수

24　小武家芳兵衛, 『朝鮮郵船株式會社二十五年史』, 朝鮮郵船株式會社, 1937.

25　조선총독부, 1911, 『조선총독부통계연보』; 拓殖局, 1912, 『(各殖民地及內地)に於ける命令航路』

<표 3> 명령항로

	항로	사용선수	총톤수	도해도수	도해연리수	탑재화물	승객인원
1911	-	21	4080	559	171461	337551	39045
1912	-	38	7813	1920	450944	1016211	143591
1913	-	40	9386	2154	494304	1189268	146017
1914	-	182	11079	2407	546218	1926468	178248
1915	-	158	10138	2094	665978	2364786	172758
1916	-	157	9144	2166	691520	286859	220098
1917	-	157	10312	2130	662507	291451	275829
1918	-	166	12068	2085	699253	359418	336742
1919	-	174	14203	2052	696295	347045	65520
1920	-	179	13506	1265	633204	240142	187775
1921	-	162	14693	1321	660764	295312	178565
1922	-	122	19231	1504	786800	379796	241885
1923	-	110	21333	1500	757167	421269	242411
1924	-	111	21054	1588	828224	413834	255289
1925	-	119	51047	1405	869941	550306	202826
1926	-	135	29748	1409	904262	627326	213346
1927	-	134	36932	1478	994321	736031	226614
1928	-	135	40062	1400	1017857	843677	181956
1929	-	133	35593	1308	974557	847379	160667
1930	-	68	37058	967	917046	724939	131084
1931	17	78	44880	1277	1046876	874437	167850
1932	17	74	47040	1245	1056555	1050238	99770
1933	17	75	48499	1287	1090433	1136269	99641
1934	17	78	51416	1465	1165210	1295096	131384
1935	17	80	56467	1362	1141698	1338589	130174
1936	17	87	57988	1521	1258484	1580089	158361
1937	20	89	66176	1359	1201176	1682864	137794
1938	23	88	74651	1361	1228279	1616612	157177
1939	24	87	84539	1465	1182136	1769264	207405
1940	20	69	220457	1468	1152742	1804113	263978

[출전] 조선총독부통계연보 각연도판 참조

[비고] 탑재화물 1911~1915년까지 단위는 貫, 1916년 이후는 噸임

있다.[26]

　관문도시와 이동의 차원에서 주목해야 할 명령항로는 내지 및 외국항로로서 근해항로이다. 이 근해 명령항로는 조선총독부 직영의 조선우선주식회사 항로 수가 압도적이었다. 그 뒤를 화물은 시마타니[嶋谷]기선주식회사가, 여객은 아와노쿠니[阿波國]공동기선회사가 이었다. 근해 명령항로로는 조선우선주식회사의 청진 쓰루가[敦賀]선, 부산 블라디보스톡[浦鹽斯德] 오사카선, 조선 북중국선(인천기점), 조선 상하이선(인천기점), 신의주 오사카선, 북선 도쿄선(웅기기점), 호쿠리쿠[北陸]기선주식회사의 후시키 블라디보스톡선(청진기점), 아와노쿠니공동기선주식회사의 다롄 지푸[芝罘] 인천선, 오사카상선주식회사의 조선 나가사키 다롄선(인천기점), 시마타니기선주식회사의 조선 홋카이도 다롄선(인천기점)이 있었다. 이들 항로의 기점은 부산, 인천, 청진, 웅기 등인데 모든 항로마다 이들 기점항이 포함되어 있었다.[27]

　이들 근해 명령항로는 대부분 식민지 조선과 제국 일본을 연결하는 이동 항로이긴 하지만 일본의 식민지가 아닌 러시아(소련)와 중국 등의 경우는 해외 항로이다. 따라서 앞에서 확인한 해외 도항의 러시아(령)으로 이동은 그 대부분이 함경북도 인구의 이동이기 때문에 육로를 통한 이동이겠지만, 부산과 청진 기점의 근해 명령

26　하지영, 2019, 「조선총독부 해운정책과 조선우선주식회사의 항로 경영」, 동아대학교 박사논문.

27　경성상공회의소, 1930, 「조선정기항로일람표」, 『조선경제잡지』, Vol.- No. 174.

항로를 통한 이동도 포함되었다고 할 수 있다. 또한 이들 명령항로는 기항지가 정해져 있긴 했지만, 한반도의 중요한 관문도시를 경유하는 항로이기 때문에 대표적 관문도시라고 할 수 있는 부산, 인천, 청진, 웅기, 신의주 등은 반드시 포함되고 있는 점도 주목할 필요가 있다. 특히 블라디보스톡 등 러시아(령)로의 이동은 북선 지역뿐만 아니라 일본과 부산을 연결하는 항로였으며 대련 또는 상해 등 중국 항로는 인천이 기항지이긴 했다. 그러나 모두 한반도의 중요한 항구를 경유했고 부산은 반드시 포함되었다는 점에서 관문도시와 이동의 관계를 밀접했다고 할 수 있다.

III. 관문도시와 (경계)권력

개항 이후 식민지 시기 이동과 관문도시는 일제의 제국주의적 영토 확장과 함께 식민지와 제국의 정치, 경제적 위계 구조, 즉 식민성을 확인할 수 있는 중요한 장이다. 개항이 자유로운 통상 관계를 표면화했듯이 식민지와 제국의 이동도 한 국가처럼 자유로운 이동인 것처럼 보였지만, 사실 이 이동은 제국의 입장에서 식민 권력에 의해 언제나 감시와 통제를 받을 수밖에 없었다. 이것이 애초 서구 자유주의 서사의 근대적 이동에 숨어 있던 불평등하고 차별적인 이동의 식민성을 드러내는 것이었다. 따라서 식민 권력의 이동통치는 관문도시를 경계삼아 식민 권력이 작동하는 방식이며 식민지 지배의 일환이고 제국주의와 식민주의의 발현이라고 할 수 있다.

식민 권력의 경계 설정에 따른 이동통치는 규제하고 조정하는 역할을 넘어 대상을 규율하고 인종화하는 삶정치적 관리를 통해 그 대상/주체가 자의든 타의든 합법적이든 불법적이든 정체성을 폭로하고 등록(포함과 배제, 처벌과 억압, 배제와 추방)하도록 만들었다. 식민 권력이 경계를 설정하고 이동통치를 가장 활발하게 작동시키는 중심적 장소가 관문도시이며 이를 집행하는 제도와 기구라는 공권력을 별도로 이 경계인 관문도시에 집중 조성시켜 활용했다.

식민지 시기 그 대표적인 제도와 기구가 초기부터 갖춰졌다. 즉, 조선총독부 경무총감부(경무부)의 외사 업무와 세관의 감시 업무가 그것이었다. 이에 따라 경계 지대인 관문도시로부터 이동은 항상 해외 여권 및 도항증(면사무소 등 지방관청도 가능)의 발급과 함께 입출시 창구신고서, 여객씨명표, 선용품목록의 조사 등이 이루어졌다. 특히 1920년 별도로 부산에 설치된 수상경찰서가 이들 업무의 중추를 도맡았다. 이 수상경찰서는 도항과 관련한 감시, 감독, 검역을 수행했다. 더 나이가 일본 도항의 공식적 시설인 관부연락선에 상주하는 경찰을 두는 연락선상주경찰관제(이동경찰)를 통해 그 감시의 시선을 한 시 한 곳도 놓치지 않도록 했다.

이동통치의 제도와 기구는 전시체제기에 이르면 (반)강제적 인력 동원과 관련해 외사부, 사정국, 후생국 등의 기관을 설치하는 등 더욱 확장되었다. 여기서는 관문도시라는 경계 지대를 통해 식민 권력이 이동을 어떻게 감시, 감독, 통제하였는지를 기구와 제도로부터 시작해 경계인 관문도시를 중심으로 어떻게 식민 권력이 작동했는지를 살펴보자.

1. '이동통치'를 위한 기구의 정비

일제는 강제 병합 직후인 1910년 9월 30일 칙령 제345호 <조선총독부관제>의 공포와 함께 칙령 제358호 <조선총독부경찰관서제>와 칙령 제362호 <조선총독부세관관제>를 통해 식민지의 안정적인 통치와 제국 일본의 치안 유지를 위한 이동통치를 전개할 기구를 재편했다. 먼저 통감부 시기부터 조직되었던 경무총감부는 그대로 부서를 이어받으며 식민지 지배를 위한 식민 권력의 중요한 폭력적 공권력으로 활동했다.[28] 이 조직 중 인구의 이동통치와 관련된 부서는 경무과 민적계였다. 민적계는 호구 및 민적에 관한 사항을 다루면서 외국 여권에 관한 사항까지 주관했다.[29] 호구 및 민적과 함께 외국 여권을 다룬다는 것은 인구와 인구 이동의 통제를 이 조직이 주도한다는 의미였다. 초기 조직에서 고등경찰과

---

28 『조선총독부관보』 1910.9.30. 「조선총독부관제(칙령 제354호)」·「조선총독부경찰관서관제(칙령 제358호)」·「조선총독부세관관제(칙령 제362호)」

29 『조선총독부관보』 1910.10.1. 「조선총독부경무총감부사무분장규정(조선총독부훈령 제4호)」

기밀계가 외국인, 보안과 행정경찰계가 교통 및 노동자 감시 통제를 주요 사무로 포함하긴 했지만, 이동 자체에 대한 감시 통제는 아니었다.

한편, 물자의 이동통치와 관련해서 일제는 수출입 및 이출입 화물에 대한 단속, 검역, 관세 업무를 관장하는 세관을 통해 전개하고자 했다. 개항과 함께 조선은 부산을 비롯해 개항장에 해관을 설치했다. 1895년에는 탁지부에 관세행정을 총괄하는 관세과를 설치했다. 그러나 조선의 해관 운영과 관세 업무는 일본 등 제국주의 국가들의 간섭으로 제한적이었다. 그러한 과정에서 조선을 보호국으로 만든 일제는 통감부를 통해 대한제국 명의로 1907년 12월 13일 관세국관제와 세관관제를 공포하고 탁지부 관할의 관세국 및 세관(인천, 부산, 원산, 진남포)을 설치했다. 이 세관 관제가 1910년 9월 30일 <조선총독부세관관제>로 바뀐 것이었다. 이 기구에서 물자의 이동통치와 관련된 부서는 감시과였다. 감시과의 주요한 사무는 선박, 화물 및 관세통로의 감시 통제, 밀어의 감시 통제 및 범칙사건의 조사 처분, 창구(艙口)신고서, 여객씨명표 및 선용품목록의 조사, 여객 휴대품의 검사, 화물의 정리와 상옥 및 창고, 항무 및 해항 검역, 갈중 취채 등에 관한 사항이었다. 더불어 부산세관은 이출우 검역을 위한 이출우검역소가 설치되어 세관장이 겸임했다.[30] 이처럼 식민 통치 초기 이동통치는 인구는 경찰, 물자는

---

30 『조선총독부관보』 1910.10.1. 「조선총독부세관사무분장규정(훈령 제12호)」

세관이 주관하는 형태로 출발했다. 하지만 이와 같은 이분화된 이동통치는 곧바로 경찰로 일원화되었다.

즉, 조선총독부 경무총감부는 애초 내무부 및 탁지부 산하 세관이 주관하던 이동과 관련된 업무까지 추가적으로 담당하게 되었다. 1912년 3월 28일 훈령 제18호 '경무총감부사무규정개정'에 의해 내무부 지방국 위생과 업무 및 세관의 항만검역, 이출우 검역사무를 모두 위생과에서 이관받아 처리하게 되었다. 특히 이출우 검역사무는 부산세관의 부설기구인 이출우검역소가 처리하던 것인데, 이 조직이 경무총감부 위생과 소속으로 변경되었다. 더불어 세관의 밀어 단속 및 항칙 집행 사무는 보안과 관장 사무에 추가되었다.[31] 이로써 조선총독부 경찰이 사람과 물자 등의 이동과 관련된 모든 사항을 관장하게 되었다. 식민지 지배 초기부터 이동의 감시, 감독, 통제를 일원적으로 수행하게 되었다.

그런데 1917년 3월 34일 훈령 제11호 '경무총감부사무규정개정'에 따라 각 부서가 과 중심으로 다시 개편되었다. 이때 외국 여권에 관한 사항은 경무부에서 고등경찰과로 이관되었다. 고등경찰과는 주로 식민 지배에 저항하는 정치적 활동에 대한 감시 통제를 주요 사무로 하는 곳이었다. 즉, 사찰 및 종교의 감시 통제는 물론이고 집회, 결사, 다중운동에 대한 감시 통제와 함께 신문, 잡지, 저작물 등에 관한 감시 통제가 주 업무였다.[32] 여기에 해외 도항과

---

31 『조선총독부관보』 1912.3.28.「경무총감부사무규정개정(훈령 제18호)」
32 『조선총독부관보』 1917.3.24.「경무총감부사무규정개정(훈령 제11호)」

관련한 외국 여권과 관련 업무를 분장했다는 것은 해외 도항이 식
민지 지배에 저항하는 불순한 이동으로 파악했기 때문에 이에 대
한 감시, 감독, 통제를 철저히 하기 위한 것으로 볼 수 있다. 이동
의 감시와 통제가 더욱 심화되기 시작했던 것이다.

또한 보안과의 업무 중 하나인 '항만의 감시 통제'는 지속하면서
새롭게 노동자 및 노동자 모집에 대한 감시 통제 업무가 추가되었
다. 처음 노동자 자체의 감시 통제에 더해 노동자 모집의 감시 통
제는 조선인 노동자들의 일본 도항과 관련한 것으로 이를 식민 권
력이 감시 통제할 필요가 있었기 때문이었다. 해외 이동은 물론 이
른바 국내 이동이라고 할 수 있는 내지 도항도 감시 통제의 영역에
포함된 것이다.

더불어 이 보안과 업무에는 재판소를 거치지 않고 경찰서장이
나 헌병대장이 구류, 태형, 과료에 해당하는 죄, 3개월 이하의 징
역, 100원 이하의 벌금이나 과료에 처해야 하는 도박범, 상해죄,
그리고 행정 법규 위반죄 등을 즉결 처분할 수 있는 '범죄 즉결 사
무'가 추가되었다. 이때부터 식민지 경찰은 이동의 감시 통제를 심
화하는 한편, 그 처벌로서 즉결 처분까지 가능하게 되었다.

이후 식민 권력은 주지하다시피 3.1운동에 의해 그간의 헌병경
찰을 통한 무단통치에서 일반경찰을 통한 문화통치로 전환했다.
물론 이 과정은 일반경찰의 수가 배 이상 증가하면서 더욱더 촘촘
한 감시 통제가 가능한 구조로 전환된 것이었다. 문화통치 시기 새
로운 경찰조직 체계인 경무국 산하에 이동통치와 관련해 외국 여

권과 관련된 사무를 관장하고 있던 고등경찰과가 폐지되면서 이에 관한 업무가 모두 보안과로 이관되었다. 보안과는 이때부터 노동자 모집 감시 통제와 함께 외사 경찰 업무까지 관장하게 되었다. 물론 위생과는 여전히 이출우 검역 등의 사무는 유지되었다.[33] 기존의 이동을 감시 통제하던 고등경찰과, 보안과, 위생과로 산재해 있던 업무가 이출우 검역만 제외하면 1945년 해방될 때까지 보안과의 고등경찰 및 외사경찰 업무로 수렴되었다고 할 수 있다.[34] 인구 이동의 체제적 감시와 통제가 식민지 시기 내내 경찰에 의해 이루어졌던 것이다.

2. '이동통치'를 위한 법과 제도의 정비

일제는 이동통치를 위한 기구로서 1910년 10월 1일 경무총감부 경무과 민적계에 외국 여권 등에 관한 사항을 담당하도록 하고 10월 15일 조선총독부령 제27호로 <외국여권규칙>을 공포했다.[35] 이후 고등경찰과를 거쳐 보안과에서 줄곧 외국 여권 관련 사항을 담당했다. 최초 전문 14조로 된 이 규칙은 외국에 직접 여행하기 위한 해외 여권 수급 절차를 규정했는데, 대한제국 시기 통

---

33   『조선총독부관보』 1919.8.20. 「조선총독부사무분장규정개정(훈령 제30호)」 ; 『조선총독부관보』 1926.4.24. 「조선총독부사무분장규정개정(훈령 제13호)」
34   『조선총독부관보』 1945.4.17. 「조선총독부사무규정개정(훈령 제18호)」
35   『조선총독부관보』 1910.10.15. 「외국여권규칙(조선총독부령 제27호)」

감부가 발포한 1906년 9월 12일 발포된 <한국인외국여권규칙>을 이은 것이기도 하지만 지방관(이후 이사청)에서 경찰로 담당이 바뀐 점은 큰 차이라고 할 수 있다. 그 외에도 몇 가지 점에서 차이가 있었다.[36]

우선, 관명에 의한 여행인 공무(제2조)와 함께 이민보호법의 규정에 의한 이민 또는 그 보증인(제3조)의 외국 여권 발급도 가능했다. 이는 통감부 시기와 동일했다. 식민 권력의 입장에서 이동의 편의를 위한 것으로 보이며, 초기 공무와 함께 하와이 이민으로 해외 도항이 이루어졌다는 점은 <표 1> 해외 도항자 직업별 분포도를 통해서도 확인되었다. 그래서인지 <표 4>와 같이 해외 여권 교부 수에서 경상남도와 경기도가 북부 4도에 이어 많은데 이는 부산과 인천을 통한 하와이 이민 때문이라고 할 수 있다.

또한 이 규칙에서 주목할 점은 상업, 어업, 기타 직업을 위해 특정의 지역에 수차 왕복하는 자는 귀국마다 그 여권을 반납하지 않아도 되지만, 여권 수령일로부터 3개월을 초과하여 귀국할 때는 반납해야 했다(제9조). 이 경우 수차 왕복은 가능하며 기간은 3년이었던 것을 3개월로 한정한 것이다. <표 1>과 같이 해외 도항의 목적에 상업, 노동, 가사기 많은 것과 관련된다. 그런데 <표 4>와 같이 함경북도를 비롯한 북부 조선의 4도에 집중되었다는 점은 이들 이동을 일시적이고 한시적인 이동으로 통제하고자 했음을 알 수

36　『관보』 1906.9.12. 「한국인외국여권규칙(통감부령 제34호)」 ; 『관보』 1907.4.20. 「외국여권규칙(통감부령 제16호)」

<표 4> 해외 여권 교부 수

시점	합계	조선 총독부	경기도	충청 북도	충청 남도	전라 북도	전라 남도	경상 북도	경상 남도	황해도	평안 남도	평안 북도	강원도	함경 남도	함경 북도
1913	3,459	-	161	1	3	3	1	13	78	4	12	7	7	179	2,990
1914	4,519	-	153	1	3	-	4	13	88	3	15	5	7	176	4,051
1915	5,063	-	128	-	-	4	-	12	72	-	18	7	3	226	4,593
1916	5,069	-	152	-	7	3	1	13	117	6	12	9	3	288	4,458
1917	6,835	-	216	-	6	1	9	12	119	-	13	143	8	326	5,982
1918	4,736	-	219	2	3	1	2	8	82	4	13	42	4	311	4,045
1919	6,279	-	270	4	4	5	3	9	72	6	17	16	2	408	5,463
1920	4,232	-	194	2	4	1	-	7	54	3	15	6	5	226	3,715
1921	3,771	-	154	-	23	1	7	6	76	6	20	14	10	199	3,255
1922	2,580	-	149	1	20	3	6	10	55	6	7	5	3	110	2,205
1923	2,841	-	116	-	2	2	-	6	44	2	11	14	4	34	2,606
1924	206	-	84	1	4	-	5	10	50	1	9	32	3	4	3
1925	150	-	82	1	-	-	2	6	22	3	9	8	2	15	-
1926	515	-	124	-	2	4	3	5	9	1	7	67	-	17	276
1927	426	-	126	1	6	1	4	7	7	3	16	92	1	7	155
1928	513	-	139	-	2	2	7	6	9	2	14	66	2	12	252
1929	223	-	111	1	1	-	1	2	8	3	7	26	2	10	51
1930	127	-	45	1	1	-	7	2	7	2	16	22	2	10	12
1931	105	-	45	-	-	1	1	1	9	1	4	27	2	4	10
1932	72	-	37	-	2	1	1	5	7	-	4	9	-	4	2
1933	74	15	32	-	2	-	-	1	3	-	4	15	-	-	2
1934	72	16	23	-	2	-	-	-	7	-	5	16	-	2	1
1935	93	18	38	-	1	1	2	-	9	1	1	17	-	-	5
1936	100	27	37	1	-	-	-	2	8	2	3	16	-	2	2

[출전] 조선총독부통계연보 각 연도판 참조

있다.

　더불어 여행 10년 이상인데도 귀국하지 않을 경우 10년마다 제국대사, 공사, 영사관 또는 무역사무관의 사증을 받아야 한다고 규정했다. 다만 청국 및 노령 사할린도, 연해주와 흑룡주에 여행하는 자는 5년마다 이를 받아야 한다고 규정했다(10조). 이들 단서가 붙은 지역은 통감부 시기 외국여권규칙 개정에 의해 동일 여권으로 누차 왕복이 가능한 지역이었다.[37] 기한을 한정하지 않았기 때문에 여권을 받은 이상 청국 성경성, 길림성 및 흑룡강성과 노령 사할린도, 연해주 및 흑룡주는 언제든 왕복해서 이동할 수 있는 지역이었다. 그런데 1910년부터는 5년마다 여권의 갱신이 필요했다. 이는 청국 및 노령 사할린도, 연해주와 흑룡주에 여행하는 자가 앞에서 언급한 일시적이고 한시적인 이동을 목적으로 했지만, 장기적인 이주의 형태를 띠었기 때문에 이동의 통제를 위해 이와 같은 규정이 제시되었다고 볼 수 있다.

또한 이 경우 다시 다른 나라나 지역과 달리 여권 교부 신청 시 사진을 첨부하도록 개정되었다. 즉, 청국 및 러시아령의 해외 도항이 일시적이고 한시적인 경제적 이동이 아니라 점차 정치적이고 장기적인 이동으로 변화하는 것과 함께 독립운동과 관련된 이동도 포함되었다고 식민 권력은 판단한 것 같다. 따라서 1911년 3월 30일 외국여권규칙 개정을 통해 청국 및 노령 사할린도, 연해주와 흑룡주에 기는 조선인은 여권 출원 원서에 최근 촬영한 본인의 사진(반신 2엽)을 첨부하도록 했다.[38] 여권에 사진을 첨부하는 것은 이

---

37 『관보』 1907.5.6. 「외국여권규칙 개정(통감부고시 제15호)」
38 『조선총독부관보』 1911.3.30. 「외국여권규칙 개정(조선총독부령 제30호)」

후 1917년 외국 전반으로 확대되었다.[39] 이처럼 외국 여권을 통한 해외 도항도 점차 감시 통제 체제로 바뀌었다고 할 수 있다.

한편, 내/외지 도항과 관련해서도 이동의 감시 통제 제도가 정리되기 시작했다. 애초에는 제국과 식민지라는 내/외지의 분리에도 불구하고 국내라는 차원에서 자유로운 도항이 가능한 것처럼 했다. 하지만 이미 앞에서도 살펴본 것처럼 초기부터 교통, 항만 감시 통제는 물론이고 노동자와 노동자 모집에 대한 감시 통제가 식민지 경찰에 의해 진행되고 있었다. 그 과정에서 여행증명서 제도가 갖춰지게 되었다. 즉, 외국뿐만 아니라 내/외지 사이의 이동도 통제하겠다는 의미였다. 이와 같은 이동의 통제가 3.1운동이 전개되는 가운데 제도화되었다는 점에 주목할 필요가 있다. 1919년 3월 1일을 시작으로 전국적으로 확대된 전민족, 전민중적 저항운동인 3.1운동은 주지하다시피 일본의 2.8독립선언으로부터 시작해 한반도는 물론 중국 관내, 만주, 러시아령까지 확대되었다. 이 과정은 수많은 인구의 이동이라는 상황 속에서 전개된 것이었다는 점에서 여행증명서 제도의 발포는 이와 같은 이동을 감시하고 통제하고자 하는 식민 권력의 의도와 목적이 관철된 것이었다고 할 수 있다.

조선총독부 경무총감부는 3.1운동의 진압 과정인 1919년 4월 15일, 경무총감부령 제3호로 <조선인의 여행 취체에 관한 건>을

공포했다.[40] 그 내용은 아래와 같다.

1. 朝鮮 外로 旅行하려 하는 者는 居住地所轄警察署(警察署의 事務를 取扱하는 憲兵分隊, 憲兵分遣所 包含 以下 同) 또는 警察官駐在所(憲兵駐在所 包含 以下 同)에 旅行目的과 旅行地를 届出하여 旅行證明書의 發給을 받고 朝鮮最終의 出發地 警察官(憲兵을 包含 以下同)에 이를 提示하여야 한다.

2. 朝鮮 內로 渡來하려 하는 者는 前號의 證明書 또는 在外日本公舘의 證明書를 朝鮮 最初의 到着地 警察官에 提示하여야 한다.

3. 前2號의 證明書 또는 外國旅券規則에 의한 旅券을 所持하지 않은 者는 朝鮮 最終 出發地 또는 朝鮮 最初 到着地를 管轄하는 警察署 또는 警察官駐在所에 自進 出頭하여 旅行의 目的과 旅行地를 届出하여야 한다. 但 警察官이 取締上 特히 其 必要가 없다고 認定한 者는 此限에 不在한다. 第2條 本令 規定에 違反한 者는 拘留 또는 科料에 處한다.[41]

40　『조선총독부관보』 1919.4.15. 「조선인의여행취체에관한건(조선총독부 경무총감부령 제3호)」

41　1. 조선 바깥으로 여행하려 하는 자는 거주지소할경찰서(경찰서의 사무를 취급하는 헌병분대, 헌병분견소 포함 이하 동) 또는 경찰관주재소(헌병주재소 포함 이하 동)에 여행목적과 여행지를 계출하여 여행증명서의 발급을 받고 조선최종의 출발지 경찰관(헌병을 포함 이하 동)에 이를 제시하여야 한다. 2. 조선 내로 도래하려 하는 자는 전호의 증명서 또는 재외일본공관의 증명서를 조선 최초의 도착지 경찰관에 제시하여야 한다. 3. 전2호의 증명서 또는 외국여권규칙에 의한 여권을 소지하지 않은 자는 조선 최종 출발지 또는 조선 최초 도착지를 관할하는 경찰서 또는 경찰관주재소에 자진 출두하여 여행의 목적과 여행지를 계출하여야 한다. 단 경찰관이 취체상 특

위의 내용처럼 여행증명서 제도는 철저하게 조선인의 이동을 감시 통제하기 위한 제도라고 할 수 있다. 즉, 조선 안에서 밖으로 이동할 때, 조선 밖에서 안으로 이동할 때 반드시 자신의 거주지 경찰에게 여행지와 여행목적을 신고해 증명서를 발급받아야 했다. 그뿐만 아니라 조선을 나가든 들어오든 이른바 최종 또는 최초 지인 관문도시의 경찰에 이 증명서를 제출해 확인을 받아야 이동이 가능했다. 특히 이때 증명서의 확인만이 아니라 신체검사까지 철저하게 함으로써 조선인들에게 곤혹감을 심어주었으며 이에 대한 반발을 샀다.[42] 일제는 폭력적인 이동에 대한 이중 삼중의 감시와 통제망을 구축했던 것이다.

조선인들에 대한 이동의 감시와 통제 제도인 여행증명서 제도와 신체검사를 반대하는 여론이 심해지자, 일제는 1922년 12월 15일 <조선인 여행취체에 관한 건>으로 여행증명서 제도를 폐지했다.[43] 하지만 이 제도의 폐지가 자유로운 도항을 의미하지는 않았다. 소문과 달리 오히려 엄중한 감시 통제가 강화되었다. 특히 국경의 통제는 더 엄격해졌고 노동자로서 도항하는 조선인은 신분

히 기 필요가 없다고 인정한 자는 차한에 부재한다. 제2조 본령 규정에 위반한 자는 구류 또는 과료에 처한다.

42　『동아일보』1922.4.3.「朝鮮人旅行者에 對한 旅行證明과 身體檢査制度의 弊害, 地方旅行의 所感」

43　조선총독부 정무총감, 1922.12.11, 「조선인 여행취체에 관한 건(고경 제3912호)」

을 증명하는 증명서를 거주 경찰서로부터 발급받아야 했다.[44] 수시로 경찰에 의한 검문 검색이 가혹했고 신체 및 소지품 검사가 일상화되었으며[45] 도항의 최초 또는 최종지인 관문도시는 더욱 철저하게 도항자들의 감시 통제를 강화했다. 따라서 이에 대한 불만은 더 높아갔고 오히려 여행증명서 제도가 좋다는 의견까지 나오기도 했다.[46] 그럼에도 불구하고 일본으로 도항하는 조선인 노동자는 큰 폭으로 늘어났다. 여행증명서 제도 시기 매일 부산항을 통해 일본으로 도항하는 조선인이 100명 내외였다면 제도 폐지 이후는 500명을 넘었다. 그런데 관부연락선의 포화로 도항이 늦춰지는 조선인들이 관문도시 부산에 체류하기 시작하면서 열악한 상태에 빠졌다. 그 가운데는 밀항브로커를 통해 밀항을 시도하는 자도 있었다. 설령 일부 조선인이 일본으로 도항하더라도 일본 내 취업은 어려웠고 오히려 일본인 노동자들의 원성에 직면했다.[47]

그러던 차, 1923년 관동대지진이 발생하고 일본 내 조선인에 대한 혐오가 강화되자 일제는 도항을 일시 금지했다.[48] 특히 거주지

44　『동아일보』1922.12.12.「證明은 廢止하나, 경계는 더욱 엄중 환산경무국장 말」

45　『동아일보』1922.12.20.「證明廢止의 産한 新苦痛, 려행증명을 폐지한 반대로 경관의 태도가 가혹, 이러케 할터이면 무슨 의사로 폐지는 하얏는가」

46　富田義詮(安東領事),「旅行證明書 廢止에 관한 鮮人의 感想의 件(普通 제367호)」, 1922.12.25.

47　『조선일보』1923.1.17.「출가자 노두에 미혹」;『조선일보』1923.3.3.「일본인노동자가 조선인노동자를 배척」

48　『동아일보』1923.9.9.「도일제한」

의 신원 증명이 되지 않으면 도항은 불가능하게 되었다.[49] 또 다른 차원의 여행증명(도항증명서 또는 도항증)이 부활했던 것이다. 도항 증은 기본적으로 본적지 경찰서(주재소)로부터 호적등본의 발부와 함께 면장의 신원 증명이 있어야만 부산수상경찰서로부터 발급이 가능했다. 이 때문에 관문도시 부산에는 도항을 위해 왔다가 도항 하지 못하고 남은 조선인 노동자만 수만 명이 도항을 기다리며 체 류하면서 사회문제가 되었다. 부산에서는 제사회 단체들이 시민 대회까지 열며 제사회 단체가 신원을 보증하는 형태로 도항 문제 의 해결을 촉진해 일시 도항이 가능하게 되었지만, 부산과 시모노 세키에서의 도항증 발급과 조사를 통해 이동은 여전히 통제되었 다.[50] 나아가 1929년 '일시귀선증' 제도를 통해 일본에 도항한 조 선인의 귀환을 제도화했다.

하지만 1931년 만주사변과 1937년 중일전쟁으로 치닫는 전시 체제하 노동력 및 병력의 부족을 조선인들로 채우기 위해서는 더 이상 도항을 규제할 수는 없었다.[51] 물론 노동자와 비노동자를 구 분하고 노동자의 도항증 발부 수속을 간소화하긴 했다. 그런데 비 노동자의 도항 시에도 신분 증명을 계속 요구했기 때문에 이동의 감시와 통제가 없어진 것은 아니었다.[52] 다만 전쟁 동원에 따른 노

49　『동아일보』 1924.2.15. 「불평」
50　『동아일보』 1924.6.2. 「조선노동자의 도일제한철폐결정」 ; 『조선일보』 1924.6.3. 「조선노동자 도일제한해제의 내용」
51　『동아일보』 1938.8.17. 「현해탄도항취체 노동자이외 완화」
52　『동아일보』 1938.12.21. 「도항취체의 완화」

동력 부족 등으로 다시 1939년 도항 촉진 정책을 펼쳤다. 그럼에도 불구하고 도항증은 철폐하지 않았다. 결국, 1945년에 이르러 도항의 제한을 전면 철폐했다. 이는 끝까지 이동의 감시와 통제가 지속되었으며 최종적으로 전쟁을 위한 이동의 강제가 필요하자 이를 전면 철폐한 것으로 또 다른 폭력에 노출되도록 한 것이라 할 수 있다.

3. '이동통치'의 현장 – 관문도시

강제 병합 직후부터 이동통치를 경찰로 일원화하면서 외국여권규칙의 제정과 함께 3.1운동 과정에 여행증명서(이후 이민증과 도항증) 제도를 확립한 일제는 이동의 감시와 통제의 최초이자 최종 현장인 관문도시에서 이를 적극적으로 실행했다. 그 가운데 부산은 인구 이동이 가장 많았을 뿐만 아니라 이동통치의 집행 기구가 가장 먼저 설치되어 패전까지 지속되었던 상징적인 현장이었다.

초기 부산항(부두)에서 이동 감시와 통제를 집행한 기구는 잠깐의 부산세관을 거쳐 부산경찰서의 수상파출소로 일원화되었다. 주지하다시피 3.1운동 과정에서 조선인들의 이동을 더욱더 감시 통제하기 위해 제도화한 여행증명서 제도로 말미암아 일본으로 내지 도항하거나 조선으로 들어오는 조선인들의 감시와 통제가 더욱 필요했다. 따라서 이를 담당할 기구를 새롭게 신설할 필요가 있었다.

1920년 1월 20일 부령 제8호로 경상남도 경찰부의 직할로 부산경찰서로부터 부산수상경찰서가 독립했다. 곧바로 그 산하에 내지 일본과 외지 조선의 공식적 입출구인 관부연락선을 담당하는 제1잔교 경찰관파출, 바로 옆 중소 선박이 입안하는 물량장을 담당하는 좌등정 수상경찰서파출소, 어선 등을 담당하는 목도수상경찰관파출소가 설치되었다.[53] 1934년에는 잔교파출소를 설치했으며,[54] 1935년에는 수상경찰서 자체를 부두 쪽으로 이전했다.[55] 이를 통해 인구와 물자를 더욱 철저하게 감시 통제하는 체제를 구축했다.

부산수상경찰서는 특히 조선을 오고 가는 최초, 최종지라는 경계 지대에 위치하며 이동의 감시와 통제의 최전선에서 적극적으로 활동했다. 따라서 부산수상경찰서는 관부연락선의 통제는 물론이고 각종 선박의 입출입 통제를 토대로 '불령선인'이라고 하는 독립운동세력의 조선 진출입에 적극 대응하면서 도항 인구의 감시와 통제에 나섰다.

무서운 의열단의 제일 계획이 발각되었으나 계속하여 국경을 넘어 들어올 염려가 있다 하여 두만강과 압록강 연안에는 경계가 엄중한데 근

53　『조선총독부관보』 1920.7.16. 「경찰서직할수지구역 및 경찰관파출소동주재소의 명칭, 위치와 수지구역별표(조선총독부 경상남도고시 제65호)」
54　『부산일보』 1934.9.5. 「水上警察署の棧橋派出所 五日より執務」
55　『부산일보』 1935.7.16. 「釜山水上警察署落成式」

일 의열단의 서북편의 국경을 넘기가 어려운 것을 보고 다시 방면을 고치어 여러 가지로 변복을 하고 상해에서 일본으로 건너가서 일본서 다시 조선으로 들어온다는 말이 있음으로 부산수상경찰서에서는 본월초순이래 매우 경계하더니 18일부터 육상경찰서와 수상경찰서가 연합으로 대활동을 개시하여 19일 오후 1시 30분에 부산에 들어온 창평환이란 배에서 두명의 조선 청년이 수상경찰서의 소산형사의 손에 체포되어 20일 새벽 4시경부터 밤을 새어 엄중히 취조 중인데 내용은 극히 비밀에 붙이나 그 두 명의 청년은 상해방면에서 의열단의 사명을 맡아 가지고 온 것인데 어쩌면 그 두사람이 잡힌 것이 동기가 되어 경찰당국에서는 대활동을 시작할는지 모르며 그 두 사람은 오히려 계속 취조 중이라더라(부산)[56]

즉, 부산항으로 들어오는 독립운동 세력에 대한 감시와 통제, 그리고 검거도 중요한 업무 중 하나였다. 임시정부는 물론이고[57] 의열단 관계자들이 상해에서 일본을 거쳐 부산으로 들어오는 것을 사전에 탐지하고 선박의 입항을 기회로 이들에 대한 감시와 통제를 거쳐 체포하는 사건이 지속적으로 발생했다.[58] 그뿐만 아니라

---

56 『동아일보』 1923.4.22. 「釜山에도 殊常靑年」 ; 『조선일보』 1923.4.23. 「釜山에도 靑年二名」

57 경상남도경찰부, 1935, 『고등경찰관계적록』, 27쪽.

58 朝鮮總督府警務局長, 1925, 「義烈團決死隊員日本內地潛入計劃說ニ關スル件(高警第825號 / 機密受第96號)」, 『不逞團關係雜件朝鮮人ノ部-別冊 義烈團行動 附 金元鳳』

사회주의자들의 진출입도 철저하게 감시 감독하며 육지 경찰과 협력해 검거했다. '불령선인'에 대한 추적과 감시를 토대로 검거까지 부산수상경찰서의 중요한 업무 중 하나였다.[59]

또 다른 업무 중 하나가 도항 통제였다. 부산수상경찰서는 관부연락선 여객에 대한 감시 통제가 가장 중요한 업무라고 해도 과언이 아니었다. 이는 식민 권력의 이동 통제 정책과 함께 긴밀하게 전개되었다. 특히, 여행증명서 제도가 폐지된 이후 새로 신설된 도항증명서 제도는 일제의 패망까지 이어졌는데, 이와 같은 제도의 실행이라는 절차적 위치에 부산수상경찰서는 가장 중요한 감시 감독 및 통제 기구였다. 따라서 입출항하는 인원에 대한 조사는 물론이고[60] 여행증명서 제도가 있을 때는 도항증 제도와 함께 신원에 대한 집요한 검사와 함께 감시 통제를 그 업무로 했다.

또한 1928년부터는 도일 억제의 새로운 방식이 도입되었다. 즉, 종래 부산항에서 도일 수속을 했다면 이때부터 면사무소에서 경찰 주재소와 협의해 도항허가증을 발부하도록 했다.[61] 이전의 여행증명서 제도로 다시 돌아간 것이다. 그런데 설령 거주지 경찰 또는 면에서 신원과 도항의 증명을 받았더라도 부산항 1부두의 관부연

---

59 상해 인천 간 항로가 개설되자, 일제는 독립단의 감시 통제를 위해 인천에도 수상경찰서를 설치했다(『동아일보』1924.2.11.「독립단이 무서워서 인천에 수상경찰서 설치예정」).

60 『동아일보』1924.5.12.「대일동포거래, 부산수상서조사」

61 『동아일보』1928.5.17.「同胞勞働者의 渡航許可證 各其面所에서 交附, 從來의 弊害에 感하야 渡東中의 池上四郎政務總監 釜山서의 말」

락선에 올라타지 못하는 조선인들이 계속 늘어났다. 물론 일제의 정책적 차원에서 도항자의 수를 조절하는 경우도 있었지만, 대체로 치안과 안보가 이동통제의 가장 중요한 요인이었다. 따라서 수상경찰서는 치안 또는 안보 상황이 발생할 때마다 자체적인 검사와 검열의 벽을 굳건하게 했다.[62] 그뿐만 아니라 조금이라도 수상하다고 자의적으로 판단할 경우 도항은 금지되었고 그 과정에 신체검사 및 소지품 검사 등 인격적인 모멸감도 느낄 정도로 철저한 감시와 통제 정책의 집행기구로 자리매김했다. 이와 같은 관문도시 부산에서 행사되는 이동통치는 이에 그치지 않았다.

경계 지역인 내지와 외지의 최초, 최종지 관문도시 양쪽과 그 사이의 바다에서도 펼쳐졌다. 1부두의 부산수상경찰서의 검문을 통과했다 하더라도 감시와 경계의 시선은 관부연락선 상에서도 이어졌다. 즉 관부연락선에도 경찰이 상주했는데, 이들은 이동경찰이었다.

사상취체경관 신설 후에 처음으로 열리는 각도 경찰부 고등과장 회의는 23일 월요일 오전부터 총독부 회의실에서 개최하기로 하여 각도 고등과장이며 북경, 상해, 봉천, 하얼빈, 길림 등지의 총독부의 파견원도 대개 입경하였는데 이번 회의에서는 일전에 보도한 것과 같이 11월에 거행되는 어대전 기념에 대한 특별경계를 실행 동시 관부연락선에

---

62 『대동신보』 1935.4.6. 「도항조지범위확대, 부산부두거익잡답」

특별경관을 승선케 하여 승객을 엄중히 감시할 터임으로 가득이나 어려운 일본 도항이 더한층 까다롭게 될 터이며 이동경찰 실시도 연락선 경계와 동시에 시작할 터이나 시기는 경비 문제 기타로 고등과장 회의 결의를 본 뒤에야 실시하게 되리라는 데 기일은 대개 8월 중순 이후에 될 모양같다더라.[63]

이동경찰제는 이미 철도에서는 시행하던 것이었는데, 관부연락선에도 실시하게 된 것이다.[64] 그뿐만 아니라 관부연락선이 접안하는 일본의 시모노세키항의 수상경찰서에서 다시 검문을 받아야 했다. 이 같은 이동통치는 제국적 차원의 연결망을 통해 더욱 엄격하게 집행된 다중 체제였다. 식민지와 제국이라는 구조는 식민 권력이 말하는 것처럼 동등한 구조가 아니라 처음부터 차별적인 구조였다. 그 때문에 관문도시마다 집행되는 이동통제의 폭력 앞에 설 수밖에 없는 존재가 조선인이었다.

이와 같은 제국적 차원의 이동통치가 수상경찰서를 통한 이동 감시 통제가 강화되면 될수록 또 다른 차원의 문제들이 도출되었다. 즉, 위조 도항증을 가지고 도항하고자 하는 조선인들의 발각과 함께 검거가 이루어지는가 하면 밀항하고자 하는 조선인들까지 발

---

63 『동아일보』 1928.7.23. 「移動警察도 實施, 關釜連絡船 嚴重 警戒, 금일부터 열릴 각도 고등과장회의에서 일본가는 련락선 경계방침을 토의한다, 高等課長會議議案」
64 『조선중앙일보』 1933.8.30. 「사상 경찰망 확충으로 경무 예산익팽대, 신규로 해육 이동경찰 증원 등」

생해 이에 대한 대대적인 검거 작전까지 진행되었다.[65] 그뿐만 아니라 식민지에서의 경제적 몰락에 따라 생계를 위해 도항하고자 하는 조선인들이 더욱더 늘어나면서 이들의 처지를 이용하는 밀항 브로커까지 판을 치면서 수상경찰서는 이에 대한 감시와 통제는 물론 검거에도 나섰다.[66] 이처럼 일제의 이동통치는 수상경찰서를 통해 철저한 감시와 통제 하에 불균등하고 차별적인 이동과 부동의 통치를 펼쳤으며 이로 말미암아 관문도시에는 식민 권력에 의해 억압받고 배제된 조선인들의 열악한 실상이 보다 더 부각되었던 것이다.

IV. 나가며 - 서발턴 존재의 출현

지금까지 살펴본 것처럼 식민 권력은 제국주의와 식민주의의 침략, 침탈의 장인 식민지를 제국과 정치적으로로든 경제적으로로든 동일한 자유로운 공간으로 만든다는 표면적인 눈속임으로 동화를 정책적으로 추진했다. 하지만 사실 동화(同化)는 수사에 지나지 않

---

65 『부산일보』 1928.5.12. 「渡航者を喰ふ男, 水上署で檢擧」; 『부산일보』 1929.4.21. 「渡航證明僞造犯人 また水上署に劍車さる」; 『부산일보』 1934.10,22 「渡航者よそ動こくな月落つる港の眞夜中 水上警察の捕物陣」; 『부산일보』 1935.3.17. 「密航四十名 水上署で警戒」

66 『부산일보』 1934.11.7. 「惡辣な渡航詐欺 手數料をせしめて逃走する惡ブローカー 水上署の手に擧げらる」; 『부산일보』 1936.6.16. 「密航ブローカー 釜山水上署の手にご用」

았고 철저한 이화(異化)를 토대로 불평등하고 차별적인 위계서열적 공간을 구축했다. 이를 토대로 자국의 자본주의적 발전에 식민지를 이용했기 때문에 차별적 이동통치를 추구했다.

이를 위해 이동통치의 집행기구로서 경찰을 통한 이동의 감시통제 구조를 만들었다. 나아가 그 법적 제도를 뒷받침하기 위해 외국여권규칙과 여행증명서 제도 및 도항증 제도, 그리고 이동경찰제를 실시했다. 이를 토대로 일본과 조선의 치안 및 안보라는 정치, 일본의 자본주의 발전이라는 경제적 상황에 따라 이동의 감시와 감독, 그리고 통제를 자의적으로 운영했다. 그 최초, 최종지인 관문도시의 수상경찰서, 특히 부산수상경찰서가 법과 제도를 활용해 이동통치의 집행에 최선봉이 되었다.

하지만 이동은 양가적이라고 할 수 있다. 이동은 앞에서도 살펴본 것처럼 식민 권력에 의한 통치의 장이기도 했다. 그런데 이를 이용하고 활용하는 사람의 입장에서는 이동통치에 따르기도 하지만 균열내고 저항하는 정치의 장이기도 했다. 즉, 이동은 지배하고, 변화시키고, 항의하고, 해방시킬 수 있는 권력/반권력의 행사인 것이다. 따라서 이동의 불균등성, 경계 권력의 이동통치가 공권력의 폭력을 통해 억압하고 배제하고 다시 재분배할 뿐만 아니라 그 반대의 대응에 의해 불법과 무법이 이를 균열내거나 저항하는 '이동정치'도 관문도시에서 출현할 수밖에 없었다. 즉, 식민 권력의 이동통치의 장인 관문도시에는 이동의 감시와 통제에 의해 합법적 도항자만 있었던 것은 아니었다. 이 이동통치의 장을 균열

내는 불법·무법 도항자, 도항위조단, 도항 저지에 따라 열악한 처
지에 빠진 세궁민, 유망민은 물론이고 불순분자(불령선인), 밀항자,
밀수자 등이 편재할 수밖에 없었다.

중국 선전지역 외래인구의
서발턴화 양상의 변화

윤종석

전체 글 요약

본 논문은 중국 개혁개방의 최전선 도시인 선전(深圳)을 중심으로 외래인구, 특히 농민공이 경험한 '서발턴화(subalternization)' 양상의 변화를 분석한다. 선전은 제도 밖의 예외공간으로 기능하며 외래인구를 도시 발전의 핵심 동력으로 활용해왔으나, 그들은 제도적 시민권의 부재 속에 비가시화된 존재로 남아 있었다. 본 연구는 토머스의 서발턴 개념—'억제할 수 없는 서발턴', '헤게모니적 서발턴', '시민-서발턴'—을 이론적 틀로 삼아, 1980~90년대의 배제와 익입, 2000년대 이후의 조건부 통합과 다면성을 구분하여 서술한다. 점수적립제 호적제도, 거주증 정책 등은 외래인구를 체제 내로 포섭하려는 전략이었으나, 이는 시민권의 자격화와 새로운 통치기제의 정착으로 귀결되었다. 특히 2010년대 후반 '싼허청년' 등의 사례는 제도 내 시민권 획득 이후에도 여전히 경계에 위치한 존재로서 외래인구의 새로운 정체성과 실천을 보여준다. 본 연구는 선전이라는 도시를 통해 중국 도시화의 비동시적 근대 성과 계층화된 시민권 구조, 그리고 동아시아적 맥락에서의 서발 턴 개념 재구성 가능성을 탐색한다.

I. 선전 외래인구: 예외공간의 낯선 자들

중국 개혁개방의 출발점이자 상징 도시인 선전은 매우 빠른 속 도로 발전과 변화를 거듭해왔다. 계획경제에서 시장경제로의 대 전환, 농촌에서 도시로의 급격한 공간 재편, 외래 인구의 대규모 유입 등 일련의 변화 과정 속에서 선전은 종종 "모델 도시(model city)" 혹은 "즉석 도시(instant city)"로 불리며 주목을 받아왔다 (Chen 2010; Chen & Thomas 2012; Du 2020; Hu 2020; O'Donnell, Wong & Bach 2019). 그러나 이러한 발전은 단순한 성공 서사로 귀 결되지 않았으며, 수차례의 위기와 정체성 논쟁을 동반한 복합적 인 여정이었다. 2000년대 들어 선전은 더 이상 새로운 기회를 제 공하지 못한다는 인식이 퍼졌고, 도시의 위상과 경제특구로서의 지속 가능성, 국가 발전 전략에서의 역할에 대한 치열한 논쟁이 이 어졌다(윤종석 2010, 2015). 이와 같은 논쟁은 단순한 정치경제적 문 제를 넘어서, 선전이란 도시의 정체성과 구조 자체에 내재된 복합 성과 다층성, 즉 "복잡성의 도시"(O'Donnell, Wong & Bach 2019; 윤종석, 2020a에서 재인용)가 갖는 제도적, 문화적 균열에 대한 질문이기도 했다.

특히 윤종석(2020)은 선전 경제특구를 '예외공간'으로 규정하면서, 이 도시가 기존의 통치 질서나 제도 체계로는 완전히 포섭되지 않는 독립적인 실험 공간이었다고 지적한다. 선전은 출범 초기부터 중앙정부로부터 일련의 제도적 특권을 부여받았지만, 이 특권은 단지 경제적 유인책에 그치지 않고, 기존의 호구제도, 복지체계, 도시행정 구조의 외부에 존재하는 비제도적 영역을 제도화하는 방식으로 작동하였다. 즉, 선전은 제도적 질서의 바깥에 있으면서 동시에 체제 내 실험의 장으로 기능하는 '제도화된 예외공간'으로 기능했다. 이러한 조건은 도시 내부의 인구 구성과 사회적 위계 구조에도 깊은 영향을 미쳤다. 예외공간으로서의 선전은 기존 질서와 다른 새로운 규칙을 허용했지만, 그 속에 새로운 유형의 불균등, 권리의 비대칭, 시민권의 비가시화를 내포하였다. 제도적 차원에서 도시 시민의 형성 없이 이루어진 도시화는 외래인구, 특히 농민공을 제도 밖의 존재로 만들었고, 결과적으로 도시화와 배제가 동시에 발생하는 '비동시적 근대화'의 공간이 형성되었다. 이와 같은 맥락에서 신진은 단순한 체제 개혁의 실험장이 아니라, 중국 도시화의 '제도적 경계'를 드러내는 축소판이자 압축된 사례로 읽힐 수 있으며, 본 논문은 바로 이러한 예외공간적 특성이 외래인구의 서발턴화 양상과 맺는 관계를 탐구해보고자 한다.

가장 근본적이면서도 지속적으로 문제시된 것은 바로 외래인구

문제였다. 선전은 개혁개방 이전 30여만 명에 불과한 농어촌 마을이었지만, 개혁개방 이후 폭발적인 성장을 경험하며 중국 내에서 가장 부유하고 국제화된 도시로 탈바꿈했다. 그러나 이러한 성장은 선전 출신의 고유한 인적 역량에 기반한 것이 아니라, 대부분 외부에서 유입된 노동력, 즉 외래인구에 의해 이뤄졌다. 특히 농촌 출신의 대규모 노동력, 즉 농민공은 도시의 산업과 건설, 서비스 노동을 책임져왔으나, 제도적 시민권과 사회적 자원의 측면에서는 여전히 도시 공간의 주변부에 머물러 왔다. 그 결과 선전은 중국의 주요 도시 중 호구 인구보다 비(非)호구 인구가 압도적으로 많은 도시로 자리 잡았고, 실질적으로 도시를 지탱하는 이들이 제도적으로는 '타자'로 존재하는 역설적인 공간이 되었다.그래서 선전은 '농민공의 도시'라고 불릴 정도로, 외래인구와 농민공을 상징하는 대표 도시로 여겨지곤 했다.

농민공은 단순한 경제 주체를 넘어서, 도시 구성의 실질적 주체였임과 동시에 도시 시민권의 경계 밖에서 배제된 존재였다. 열악한 노동조건, 주거환경, 제한된 공공서비스 접근성 등은 장기화되었고, 그에 따른 사회적 불만과 저항이 누적되었다. 그 결과 다양한 실천 양태들—정치적 목소리의 발화, 문화적 표현, 집단적 행위—이 출현하였으며, 특히 '저층(低層)'이라는 명칭으로 농민공이 재현되는 바가 공공담론의 중요한 축으로 등장했다. '따공(打工)'이라는 경험을 중심으로 한 시와 문학, 서사들은 이들의 존재를 가시화하는 수단이 되었고, 중국 특유의 '서민' 표현 문화와도 맞물려, 새로운 문화정치적 장을 형성하였다.

그럼에도 불구하고 농민공은 여전히 공식 담론장에서 자신의 목소리를 내지 못하는 '실어증(失語症)' 상태로 묘사되었고(王道勇 2017), 이들의 사회적 위치는 모호하다. 이에 따라 학계는 농민공을 '서발턴(subaltern)' 개념으로 조망하려는 시도를 해왔다(Sun, 2014). 서발턴 개념은 원래 식민지 상황에서 지배적인 국가 권력과 제도적 주체로부터 배제된 하위 주체들의 역사와 저항을 복원하려는 시도에서 출발했으며, 이후 문화·계급·장소 정치 등 영역으로 확장되었다. 중국 농민공에 대한 연구는 이 개념을 바탕으로 농민공의 비가시화, 침묵, 비제도적 실천 등을 분석해왔지만, 이들을 단순한 '하위주체'로만 환원하는 것이 적절한지에 대한 비판도 존재한다.

중국 농민공은 단지 비제도적 주변부에 머무는 존재가 아니라, 특정한 시기와 조건 속에서 국가의 제도적 장치 안으로 선별적으로 포섭되어 왔다. 특히 선전과 같은 지역에서는 농민공이 도시 발전의 핵심 주체였음에도, 제도적 시민으로 완전히 통합되지 못한 채 '포섭된 외부자'로 존재해왔다. 이들은 시기에 따라 적극적으로 가시화되고 제도화되기도 했으며, 때로는 다시 배제되고 침묵 속에 놓이기도 했다. 이처럼 농민공은 단일한 계급, 계층으로 환원될 수 없는 다중적이고 이질적인 정체성을 지니며, 서발턴화의 양상은 시기와 정책에 따라 끊임없이 변화해왔다. 이러한 맥락에서 본 연구는 선전이라는 공간을 통해 외래인구, 특히 농민공이 경험해

온 서발턴화의 변동 과정을 서술하고자 한다. 40여 년에 걸친 이들의 사회적 실천, 제도적 위치, 문화정치적 재현의 양태를 분석함으로써, 서발턴 개념을 중국 도시화의 맥락 속에서 어떻게 재구성할 수 있을지를 모색해보고자 한다.

II. 서발턴 개념의 재해석과 선전 외래인구 연구에의 적용

'서발턴(subaltern)'이라는 개념은 안토니오 그람시(Antonio Gramsci)에 의해 처음 사용되었으며, 국가 기구로부터 배제된 하위 계급, 특히 남부 이탈리아 농민과 같은 비주류 계층을 지칭하는 용어로 등장했다. 이후 인도 역사학자들을 중심으로 한 '서발턴 연구 그룹(Subaltern Studies Group)'은 이 개념을 식민지 인도의 민중사 서술에 적용하였고, 주류 엘리트 담론이 배제한 하층 집단의 역사적 역할과 능동성을 복원하려는 시도를 전개했다. 이들은 인도 독립운동 과정에서 민중이 단순한 동원이 아닌, 고유한 저항의 주체였음을 드러내고자 하였다.

가야트리 차크라보르티 스피박(Gayatri Chakravorty Spivak)은 「서발턴은 말할 수 있는가?」(Spivak, 1988)에서 이 개념을 비판적으로 재조명하였다. 스피박은 서발턴이 단순히 억압받는 하위 주체가 아니라, 말할 수 없는 위치, 곧 담론 구조에 의해 구조적으로 침묵당한 주체임을 지적했다. 특히 그녀는 사티(Sati) 관습 사례를 통해, 식민 권력과 토착 가부장제 모두가 하위 여성 주체의 목소리를 억압하고 있음을 보여주었다. 이로써 서발턴 개념은 계급을 넘어 담론, 젠더, 장소정치의 문제로 확장되었다.

하지만 서발턴 개념은 주로 서구 및 남아시아 식민지 맥락에서 형성된 것으로, 동북아시아 사회에 적용하기 위해선 여전히 재해석이 필요하다. 동북아시아 국가들은 비교적 이른 시기에 중앙집권적 정치 공동체를 형성하였고, 인종적 동질성과 민족국가적 정체성을 강하게 유지해왔다. 그 결과, 서발턴 개념의 전제인 인종적 타자화, 식민 이질화 등의 요소는 상대적으로 약하며, 배제와 지배는 제도 내 위계와 통치기제, 개발주의 정치경제하에서 나타나는 경향이 짙다. 한국과 중국 모두에서, 농민·청년·비정규직 노동자 등은 이러한 내적 배제의 방식으로 서발턴화되며, 이는 단순한 식민권력 대 피식민 주체의 이분법만으로는 설명되기 어렵다.

최근 한국 학계에서는 서발턴(subaltern) 개념을 동아시아 사회의 변동과 구조적 배제 메커니즘을 분석하는 데 적용하려는 시도가 확산되고 있다. 이홍규·김동규는 「새로운 동아시아 담론을 위한 서설(序說)―방법으로서 관문도시와 동아시아 서발터니티」에서 동아시아 도시공간에서 서발턴 개념을 지역화하려는 시도를 통해, 기존의 서구·남아시아 중심의 서발턴 논의에서 벗어나 동아시아 특유의 역사적 경험과 통치형식에 주목해야 할 필요성을 제기하였다(이홍규·김동규, 2024). 이들은 특히 관문도시(gateway city)란 개념을 매개로 주변화된 주체들의 공간적 배치를 분석하고자 하며, 서발터니티(subalternity) 개념이 동아시아의 권력-공간-정체성 배치에 어떤 비판적 가능성을 가질 수 있는지를 모색한다.

이러한 흐름 속에서 『현대중국연구』 2024년 특집호에서는 세 편의 논문이 서발턴 개념을 중국의 도시사 및 사회사 연구에 적용하는 시도를 선보였다. 김지영은 민국시기 상하이 창기(娼妓) 집단을 분석하며, 공창제의 경계에서 제도화되지 않은 여성 주체들이 어떻게 공간적으로 배제되었는지를 추적했다(김지영, 2024). 박석진은 중공 초기 베이징 사영기업의 노동자 집단이 국가의 노동자 개념에 포함되지 않음으로써 '비노조적 실천'을 수행할 수밖에 없었던 현실을 '주인이 되지 못한 노동자 국가'라는 개념으로 풀어냈다(박석진, 2024). 장윤미는 상하이 도시 재개발 과정에서 주거지에서 추방된 하층 퇴거민들을 '서발턴화'되는 주체로 파악하며, 이들이 권력-자본 연합의 추출 체계 속에서 어떻게 도시 공간 바깥으로 밀려나는지를 분석하였다(장윤미, 2024).

장윤미는 다른 글 「중국의 서발턴 연구: 개념, 주제, 쟁점」(2023)에서도, 중국 학계에서 '서발턴' 개념이 '저층(低层)'이라는 용어와 결합되어 통용되고 있음을 지적하였다(장윤미, 2023). 이때 '서발턴'은 단지 문화정치적 주체가 아니라 행정적, 기술적 범주로 이해되며, 정책 언어 속에서 급진성이 약화되고 탈정치화되는 경향이 있다. 즉, '저층' 주민은 체제 비판적 목소리를 가진 집단이 아니라, 제도적 관리의 대상으로 편입되어 서발턴의 급진성을 상실하게 된다. 이처럼 서발턴 개념은 중국의 사회구조와 통치기제 내에서 일정 부분 제도화되고 '중립화'되는 양상을 보이며, 이는 개념 적용의 정치성과 이론적 긴장을 재고할 필요성을 환기시킨다.

이와 같은 최근 연구들은 중국 도시와 동아시아 지역에서 소외되고 주변화된 주체들의 서발턴적 양상을 드러내는 데 기여하지만, 동시에 구조와 권력, 제도와 행위 간의 복합적 상호작용을 분석하는 데에는 이론적 보완이 요구된다. 특히 서발턴 개념이 '말할 수 없는 자'로 환원되거나, 항상 저항적 문화정치로만 귀결되는 단선적 해석에서 벗어나기 위해서는, 권력과 제도에 따른 주체 위치의 형성과 이동을 분석할 수 있는 보다 동적인 틀이 필요하다. 이에 본 연구는 '서발턴'이라는 정태적 범주보다, 특정 주체가 배제되고 다시 포섭되며 반복적으로 경계에 위치하게 되는 '서발턴화(subalternization)'의 과정에 주목하고자 한다.

본 글에서는 '서발턴화'의 양상 변화를 보다 본격적으로 분석하기 위해 두 개의 이론적 절합을 시도해보고자 한다. 우선, 장경섭의 '개발 시민성(developemntal citizenship)' 개념을 통해 '시민성/시민권(citizenship)'을 단순한 제도나 법적 지위로 한정하지 않고, 다양한 사회적·정치적·경제적·법적 실천들의 집합을 이해해보고자 한다(Chang, 2012). 장경섭 등(2022)은 이 개념을 활용하여 중국의 경제개혁과 사회 거버넌스, 포스트 사회주의적 조건에서의 시민권 변화를 분석하였다. 장경섭은 '개발 시민성'이 법적으로 명시된 정치적 통치 개념은 아니지만, 포스트 사회주의 중국에서 사실상의 사회정치적 거버넌스 패러다임으로 작동되고 있음을 지적한다. 본 글에서는 이를 통해 다양한 사회적 실천과 역사적 맥락 속에서 형성되는 동적인 개념으로 시민성/시민권을 파악하고자 한다.

아울러, 최근 피터 D. 토머스(Peter D. Thomas)의 서발턴 개념을 활용하여 권력의 구조적 재편과 행정기제 속에서 재구성하려는 시도를 더 세밀하게 분석해보고자 한다. 피터 D. 토머스(Peter D. Thomas)는 『Refiguring the Subaltern』(2018)과 『Il cittadino sive subalterno』(2021)에서 서발턴 개념을 세 가지 형태로 재정의한다(Thomas, 2018, 2021). 첫째, '억제할 수 없는 서발턴(the irrepressible subaltern)'은 제도 바깥에서 제도의 틈을 뚫고 나오는 실천적 행위자다. 둘째, '헤게모니적 서발턴(the hegemonic subaltern)'은 체제에 일정 정도 포섭되어 위계 속에 재배열되는 존재다. 셋째, '시민-서발턴(the citizen-subaltern)'은 일정한 제도적 권리를 보유하고 있지만 여전히 정치적 주체성은 제한된 경계적 존재다(Thomas, 2018).

토머스의 가장 중요한 기여는 이러한 세 가지 유형이 선형적으로 전개되는 발전 단계가 아니라, 하나의 사회 안에서 비동시적으로 공존하며 교차한다는 점을 밝힌 데 있다. 즉, 서발턴화는 단순한 배제에서 저항으로 나아가는 직선적 운동이 아니라, 억압·포섭·경계화가 반복되고 뒤섞이는 과정이며, 이를 통해 특정 공간—예컨대 선전 같은 도시—에서 외래인구가 어떠한 방식으로 구성되고 재배열되는지를 보다 세밀하게 분석할 수 있게 된다.

이러한 이론적 틀을 바탕으로 본 연구는 선전 외래 인구의 서발턴화 과정을 분석하고자 한다. 이를 위해 각 시기별로 대표적인 양상을 중심으로 유형화된 분석을 시도하되, 그것이 일직선적 발전 단계를 의미하지 않음을 분명히 한다. 첫째, 초기 개혁개방기(1980~90년대) 선전의 농민공들은 '억제할 수 없는 서발턴'으로 존재하였다. 제도 밖에서 도시를 건설하고 유지하는 동력이었지만, 정치적 권리나 복지 접근성은 거의 차단되어 있었다. 둘째, 2000년대 이후 일부 농민공은 직업훈련, 사회보장제도, 자원봉사 활동 등을 통해 '헤게모니적 서발턴'으로 제도에 편입되었으며, 이는 국가가 외래인구를 관리 대상으로 포섭하려는 전략의 일환이었다. 셋째, 2010년대 이후에는 점수제 호구 이전제도, 분투자 광장과 같은 이념적·제도적 동원 방식 속에서 '시민-서발턴'으로 구성된 외래인구가 출현하였다. 이들은 일정한 권리를 갖지만 여전히 선전의 시민사회에서 경계적 존재로 남아 있으며, 국가 발전과 개인의 '분투'를 연결하는 서사 속에서 정치적 주체성은 제한되고 있다.

하지만 이러한 구분은 선형적 전개라기보다는, 도시 공간 내에서 서로 다른 서발턴 유형들이 중첩되고 교차하며 공존하는 비동시적 현실을 설명하기 위한 분석적 장치로 이해되어야 한다. 즉, 선전의 외래인구는 단일한 '농민공' 범주로 환원될 수 없는 다층적이고 이질적인 군체이며, 이들의 서발턴화는 특정 시기나 정책에 따라 다양한 모습으로 반복되고 재조직되어 왔다. 그런 점에서 선전은 '서발턴화의 도시'로서, 중국 도시화 과정의 계층화된 시민권 구조와 제도적 경계선을 조망할 수 있는 압축적 공간이라 할 수 있다. 본 연구는 이 과정을 통해 서발턴 개념이 동아시아적 맥락에서 어떻게 적용되고 재구성될 수 있을지를 모색하고자 한다.

III. 1980~90년대: 체제 외 비가시화와 '억제할 수 없는 서발턴'

1. 거대한 외래인구 유입과 체계적인 제도화의 부재

1979년 선전 경제특구의 설립은 중국 개혁개방의 최전선에서 국가의 실험이 시작된 사건이었다. 이 도시는 곧바로 급속한 도시화와 인구 유입의 중심지가 되었으며, 선전의 외래인구—특히 농민공—는 도시의 성장 동력을 형성하는 데 핵심적인 역할을 담당했다. 그러나 이들이 수행한 '개발의 주체로서의 역할'에도 불구하고, 제도적·정책적 틀 속에서 농민공과 외래인구는 철저히 주변화되었다.

개혁개방 이후 선전 경제특구의 급속한 경제성장은 곧 대량의 외래인구 유입과 연동되었다. <표 1>에서 보여지듯, 1980년 이후 20년간 상주인구는 폭발적으로 증가했는데, 대부분 호적인구가 아닌 외래인구의 증가에 따른 결과였다. 사실 이러한 폭발적인 경제성장과 인구 증가는 선전 지방정부 차원에서 계획한 바는 아니었다. 더욱이, 1979년 31.4만 명을 제외한 대부분의 인구는 모두

<표 1> 선전의 사회경제적 발전(1979~2000)

연도	경제규모(만 元)	인구규모(만 명)			1인당 RGDP(元)
	지역총생산액 (RGDP)	연말 상주 인구	상주 호적 인구	상주 비호적 인구	
1979	19638	31.41	31.26	0.15	-
1980	27012	33.29	32.09	1.20	-
1985	390222	88.15	47.86	40.29	-
1990	1716665	167.78	68.65	99.13	112000
1995	8427933	449.15	99.16	349.99	1030368
2000	22192015	701.24	124.92	576.32	2609694

자료출처: 『深圳統計年鑒 2019』
* 상주인구(常住人口)란 6개월 이상 해당 지역에 거주하는 인구를 의미하고,
호적인구와 비호적인구의 기준은 선전 지역의 호적 유무이다.

다른 지역으로부터 이주해 온 인구들로, 선전이 경제특구로 발전하는 초기 조건, 즉 '백지상태'에 가까운 바를 보여주는 대표적인 사례이기도 하다.

선전은 중국의 개혁개방 이후 최초이자, 최대의 경제특구로서 1990년대 초반부터 중반까지 매년 30%를 넘는 고속성장을 질주하였다. 이른바 '선전속도'로 불리는 빠른 경제성장은 선전을 개혁개방의 상징이자, 대표적인 '모델도시'로서 만들었다. 하지만, 선전의 호적을 얻지 못한 대부분의 외래인구에게는 선전에서의 생활이 결코 녹록지는 않았다.

선전은 사회경제적으로 매우 빠르게 발전함에도 불구하고, 대부분의 외래인구는 사회적인 차원에서 비가시화된 채, 충분한 사회경제적 혜택을 받지 못하는 처지에 놓였다. 중국 전체적으로 농

민공이 국가, 시장, 사회 측면에서 모두 체계적으로 배제되고 그로 인하여 저임금, 저복지, 저인권의 상태에 놓인 바는 일반적이지만 (윤종석 2020b), 선전의 경우 다음 두 가지를 특히 더욱 주목해볼 필요가 있다.

<표 2> 1980~90년대 홍콩-선전-중국 내륙 간 연계

	홍콩	중국		내륙 (농촌)
		선전		
		선전 경제특구 관내	선전 경제특구 관외	
주요산업	본사·지사/금융/ 무역(제조업 유출)	가공제조업 (주요 유입지)	가공제조업 (보조 유입지)	산업 저발전
생활		사업/기업단위 재직자 거주 + 이주노동자 노동	이주노동자 집단거주 + 노동	농민 유출
체제	자본주의	자본주의 + 사회주의		사회주의

자료출처: 윤종석(2020a)에서 재인용

한편으로, 선전 경제특구는 '자본주의 도시'인 홍콩을 마주하고 있는 만큼, 사회주의와 자본주의 체제 간 절합의 완충지대였고, 양 체제의 요소들이 병존하여 상호 긴장과 충돌을 자아내는 모순적인 공간이기도 했다. 그런 점에서, 선전은 '실험 공간', '체제 외 공간'이라고 불렸고, 중국 밖을 내다볼 수 있는 '창(窓)'이자 주요 시험대였다(이일영 2008). 홍콩이라는 '거울(mirror)'의 존재는 선전 경제특구의 존재조건이자 성공의 주요한 원천이었지만, 선전 경제특구의 성공이 불확실한 상황에서 중국 개혁개방 체제에 미칠 불안정을 억제하기 위해 각종 물리적·제도적 경계짓기로 <표 2>와 같이 네 개의 공간으로 분할되었다(윤종석 2020a).

홍콩과 선전, 선전 밖의 중국을 의미하는 내지(內地) 사이에는 크게는 두 개의 분할선이 존재했다. 홍콩와 선전의 경계는 과거 불법월경의 방지를 위해 엄격히 통제되었으나, 개혁개방 이후 홍콩 상인과 여행객들을 위해 '선택적으로' 완화되었다. 반면, 선전과 내지의 경계는 개혁개방 이후 새로운 분할선으로, 밀입국, 밀항, 밀수를 방지하기 위해 경제특구의 관내와 관외를 구분하는 경계선으로 존재했다. 선전 경제특구는 홍콩 쪽에서부터는 개방되었지만, 내지와는 배타적이고 폐쇄적인 영역으로 자리매김되었고, 이에 기반하여 선전 경제특구는 중국의 영토 안에 있지만 중국인은 '통행증'과 '거주증'이 필요한 별도의 공간이자, 개혁개방과 체제전환의 실험을 보다 자유롭게 할 수 있는 매우 '예외적인 공간'이 되었다(윤종석, 2020a).

다른 한편, 선전 경제특구의 관내와 관외에 거주하는 외래인구는 현지에서 '낯선 자'로서 대거 출현했음에도 불구하고, 제도, 정책적 차원에서는 여전히 '체제 외'에 놓여졌다. 즉, 외래인구는 대부분의 시간을 선전에서 거주하고 노동함에도 불구하고, 기본적인 사회경제적 혜택은 원래 호적소재지 정부로부터 받아야 했다. <표 3>에서 보여지듯, 새로운 정책·제도적 조정이 이뤄지지 않은 상황에서, 외래인구와 농민공이라는 '낯선 자'에 대한 관리는 호구소속지 정부에서 관리하기 어려웠고, 선전 정부 또한 잠시 머물렀다 떠날 인구로 생각하여 그들에 대한 관리는 치안 유지의 수준에 머물렀다. 오히려, 선전의 기층 정부조직은 외래인구에 대하여 '관리비'라는 명목의 비용을 징수했고, 경제적, 치안 상황에 따라서 외래인구를 수시로 내쫓는 역할을 주로 수행했다.

<표 3> 1980~90년대 선전 농민공 대책의 주요 프레임워크

구분	호구 소속지 관리	치안 중심 관리
관리 기제	호구소재지에 따른 형식적 관리	도시 내 공공질서 및 치안 유지
주체	농민공 원적지 정부	선전시 공안국 및 관련기관
대상	선전 체류 농민공	비등록 외래인구 및 임시거주지
기능	인구이동 관리, 통계적 통제(출산 등)	범죄예방, 단속, 인구통제
한계	실질적 생활 조건 및 권리에 대한 비관여	사회복지·노동권 등 사회복리혜택 미제공

자료출처: 저자가 정리

그런 점에서, 이 시기의 외래인구들의 대부분은 토머스(2022)가 정식화한 '억제할 수 없는 서발턴'에 가까운 존재들로 이해될 수 있다. 즉, 제도 내로 통합되지 못하고 비가시적이며, 국가가 설정한 공식 서사로부터 배제된 존재들이다. 하지만 그럼에도 불구하고 도시에 침투하고, 노동을 제공하며, 도시 공간을 재구성하는 데 커다란 기여를 해왔단 점에서, 그 존재는 억제될 수 없는 방식으로 국가의 근대화 계획과 때로는 상응하고, 대부분은 충돌했다.

가장 대표적으로, 선전의 급속한 경제, 인구 성장은 선전 정부에게 중요한 성과임과 동시에 하나의 딜레마이기도 했다. 선전의 인구 증가는 정부의 계획수준을 항상 가뿐히 돌파하여 정책의 난점을 만들었는데, 1980년「도시건설총체계획」과 1986년「선전 경제특구 총체계획 1986-2000」상에서는 계획인구를 1985년 30만 명, 1990년 60만 명, 2000년 80만 명으로 상정했던 데 비해 1999년 인구는 이미 호적인구 119.85만 명, 비호적인구 512.71만 명으로 총인구 632.56만 명에 달하였다. 이와 더불어, 기초 시설의 부족, 교육자원의 결핍, 도시 자원환경의 부족 등 수많은 사회문제가 출현하였고, 특히 유동인구의 범죄율이 선전 전체 범죄자의 92%에 달하는 등 사회 치안문제가 크게 부각되었다(周鐵 1999).

선전 공안국은 외래인구 관리를 엄격히 통제·관리하는 정책 조치를 지속적으로 취했는데, 특히, 1985년 '잠주인구관리원과 관리조제도(暫注人口管理員和管理組制度)'를 수립하여 정기·부정기적으로 합법적인 증명서와 직업, 거주지가 없는 '3무인원(三無人員)'에 대한 정리를 실시하였으며, 1985-1988년 사이 이러한 정리는 30만 명에 달하였다. 또한, 1995년 <선전경제특구잠주인원호구관리조례>를 반포하여 '비노무 잠주증'은 매년 150위안, '노무잠주증'은 매년 300위안의 관리비를 징수하는 정책을 실시하기도 했다.

그런 짐에서, 1980~90년대 선전 정부의 정책은 억압적이고 임시적인 성격을 지니며, 치안을 위주로 사고하며 외래인구에게 무거운 비용을 매기면서 행정적 관리를 수행했다. 하지만, 선전의 빠른 경제발전에 맞춰 들어오는 농민공의 유입을 막지도 못했고, 경제발전에 발맞춰 필요한 외래인구 노동력에 대한 선전 경제특구 기업의 수

요는 이러한 정부 정책의 시행을 끊임없이 '단속(斷續)'적으로 만들었다.

2. '억제할 수 없는 서발턴': 선전 외래인구의 일상과 존재의 환기

선전 특구의 빠른 발전은 선진 기술과 글로벌 자본을 유치하면서도, 도시 인프라의 주요 구성요소를 외래인구에 의존하는 방식으로 작동했다. 하지만 이들 외래인구는 호구제도에 의해 도시의 정식 시민으로 '체제 내'에 편입되지 못하고 '체제 외'에 머물렀다. 노동시장, 사회복지, 교육, 의료, 주거 등 거의 모든 정책·제도적 혜택에서 배제되었고, 이는 '이민도시로서의 선전'이 이중도시 구조 속에서 작동하는 방식이기도 했다(윤종석 2010, 2015).

외래인구와 농민공은 도시를 유지하는 핵심 노동력임에도 불구하고, 선전의 공식적이니 '시민'으로 존재할 수 없었고 이는 곧 '시민권적'인 권리와 혜택의 부재란 조건을 형성했다. 이들은 도시공간에서 실질적 기여를 하면서도 법적·제도적 인정을 받지 못하는, '개발을 위한 존재이되 개발의 주체로서 인정받지 못하는' 존재로 남겨졌다.

이러한 제도적 배제는 단순히 물리적 공간의 경계에 국한되지 않았다. 선전의 관외 지역에 형성된 농민공 거주지역인 성중촌은 '빈곤지대' 또는 '비공식적 정착지'로 취급되어 행정적으로 관리되지 않거나, 때로는 적극적으로 철거되고 추방되곤 했다(Wu 2012). 또한, 담론 차원에서도 농민공에 대한 이미지는 국가의 계획을 어기고 맹목적으로 도시에 진입하여 자신의 이해관계를 챙기는 '이기적인 존재'이자 도시질서에 위협적인 존재로 여겨지곤 했다.

그 결과, 1980~90년대 선전에 거주하는 대규모의 외래인구는 선전의 발전전략에 필수적이면서도 제도적으로 배제된 이중적 지위를 차지하였고, 비가시화의 제도적 조건하에서 지속되었다. 이 시기의 외래인구는 곧 '억제할 수 없는 서발턴'으로서 자신들의 존재를 통해 도시 질서에 틈을 만들었지만, 동시에 시민으로서 공식적인 담론장의 언어를 가질 수 없는, 또는 그것을 요구할 수 없는 존재로 남게 되었다.

하지만, 그렇다고 이들이 줄곧 비가시화된 채 남겨져 있었던 것만은 아니었다. 이들은 '억제할 수 없는 서발턴'으로서, 이들을 억제하려는 국가와 정부의 기획에도 불구하고 도시 공간에 침투하고 자신의 존재를 틈입시키는 방식으로 작동했다. 그러나 이들의 존재 환기는 제도적 언어로, 혹은 시민권의 형식으로 표현될 수는 없었기에 곧잘 사라지고 지워지곤 했다.

대표직 사례로 1993년 11월 선전의 즈리(致丽) 완구공장에서 발생한 대형 화재 사건이 있다. 이 사고는 87명의 사망자와 50여 명의 중상자를 초래했으며, 대부분이 선전 지역의 외래 여성 노동자들이었다. 당시 언론은 짧은 기간 집중적으로 사고를 보도했지만, 구조적 원인이나 이들의 사회적 배제에 대해서는 논의하지 않았다. 이 사건은 단순한 산업안전의 실패가 아니라, 도시 공간 속에 거주하며 일하던 외래인구의 존재가 어떻게 제도적으로 무시되고 있었는지를 보여주는 상징적인 사례였다. 피해자 대부분이 호적 없는 비등록 노동자였으며, 사회보험 가입 대상도 아니었기에 피해 보상과 치료비 역시 사적 연대에 의존할 수밖에 없었다. 이 사건은 당대 선전의 농민공이 "무등록, 무보장, 무연결"의 삼중 부재 상태에 놓여 있었음을 보여줌과 동시에, 선전에서 노동 이슈가 최초로 사회적으로 환기된 주요 사례이기도 했다.

도시의 '노동자들'은 존재하지만 말할 수 없고, 존재하지만 기억되지 않는 존재로서 기능했고, 이는 서발턴의 전형적인 상태였다. 국가 담론은 이들을 발전의 기여자로 '비공식적으로' 포섭하는 동시에, 제도적 시민의 언어에서는 지워내는 이중적 전략을 취했다.

반면, 일부 농민공 혹은 외래인구는 스스로의 존재를 사회적으로 환기시키기 위한 방식으로 '의공(义工, 자원봉사)' 활동에 참여하였다. 선전시 자원봉사자연합회(深圳市义工联合会)는 1990년대 중반부터 활발하게 활동한 조직으로, 도시 내 외래인구가 '선량한 시민'이자 '도시의 일원'으로 스스로를 포지셔닝할 수 있는 공간이기도 했다. 위 단체는 특히 청년 농민공들 사이에서 새로운 사회적 관계망 형성과 소속감의 수단으로 기능했다. 의공 활동을 통해 외래 인구는 "규율적 시민성(disciplinary citizenship)"을 수행하며 국가와 사회에의 '기여'를 증명하고자 했다. O'Donnell et al. (2017)이 지적하듯, 이 시기의 선전은 도시 시민의 모델을 생산하

는 공간으로서, 외래인구의 자기 수련과 자원봉사 참여를 일종의
통치 메커니즘으로 활용했다.

　그러나 이러한 가시화는 조건부였으며, 제한적이었다. 자원봉
사자로 참여한 농민공은 여전히 제도적 권리를 갖지 못했고, 이는
곧 '인정은 받지만 권리는 보장되지 않는 상태', 즉 시민권 없는 시
민성이라는 딜레마로 귀결되었다. 이와 같은 가시화의 시도가 있
었음에도 불구하고, 다수의 외래인구는 여전히 제도적 음영지대
에 머무르며 목소리를 잃은 채 살아갔다. 농민공 활동가이자 연구
자인 뤼투(2017)의 책에 수록된 당시 농민공들의 증언은 이들의 일
상적 소외와 삶의 "酸"함(쓴맛과 슬픔, 자기비하가 뒤섞인 정서)을 잘
보여준다. "왜 그렇게 열심히 일했는지도 모르겠다. 아무도 우리
이야기를 들으려 하지 않았으니까." 한 여성 노동자의 이 진술은
서발턴으로서 농민공의 자기 인식, 그리고 제도적 언어로 전환될
수 없는 그들의 고통을 드러낸다. 이들의 경험은 권리 담론으로 전
환되지 못했고, 집합적인 저항의 언어를 형성하지 못했다. 이는 단
순한 개인의 나약함 때문이 아니라, 당시 선전이라는 도시 공간 속
에서 제도, 정책, 담론들이 집합적 주체 형성을 불가능하게 만드는
구조였기 때문이다.

　결국 이 모든 사례들은 1980~90년대 선전의 외래인구가 제도
밖의 존재로서 비가시화되었지만, 동시에 도심 속 일상적 노동과
공동체 형성, 자원봉사 참여 등을 통해 억제할 수 없는 방식으로
'존재를 환기'하고 있었다는 점을 보여준다. 하지만 이들은 제도

적 언어로 자신을 서술할 수 없었고, 그렇기에 그들의 존재는 '위협' 혹은 '동정'의 대상으로 변형되거나 침묵당했다. 하지만, 선전의 지속된 발전은 이러한 구조를 지속할 수만은 없게 만들기도 했다. 즉, 2000년대 이후 또 다른 변화와 전환의 움직임이 시작된 것이다.

Ⅳ. 2000~2020년대: 가시화와 체제 내 편입의 다면성

1. 2000년대 이후 제도적 전환: 쑨즈강 사건과 선전 위기론, '헤게모니적 서발턴'

2000년대에 접어들면서 선전은 '개혁개방의 1번지'라는 상징적 위상에도 불구하고 내적 위기에 봉착한다. 1980~90년대를 관통하며 급속한 경제성장을 이루어낸 선전은, 더 이상 저임금 제조업 중심의 모델로는 지속가능한 발전을 담보할 수 없는 구조적 한계에 직면하게 된 것이다. 특히 2003년을 전후로 불거진 '선전 위기론(深圳危机论)'은 기존의 노동집약형 성장 전략이 한계에 달했음을 인식하게 했고, 이에 따라 선전은 새로운 도시 전략과 사회 통합 모델을 모색하게 된다(윤종석 2015). 이 전환의 배경에는 경제구조의 전환 필요성과 함께, 외래인구에 대한 새로운 제도적 접근이 동시에 자리잡고 있었다.

이와 같은 구조적 전환의 시기에 중요한 계기를 제공한 사건이 바로 2003년 발생한 '쑨즈강 사건(孫志剛事件)'이다. 광저우에서 일하던 쑨즈강은 공식적으로 허가된 증명서를 휴대하지 않았다는 이유로 공권력에 의해 강제 구금되었는데, 이 과정에서 크게 저항하던 와중에 온갖 구타로 수용소에서 숨지게 되었다. 이 사건이 언론을 통해 알려지면서 사회적으로 커다란 파장을 불러일으켰으며 결국 수시로 증명서 휴대여부를 검증하여 수용하고 원래 호적소재지로 송환하는, 몰인권적인 「도시 유랑걸인 구조관리방법」이 폐지되는 성과를 낳았다. 쑨즈강 사건은 단순한 공권력 남용 사건을 넘어, 중국 도시의 외래인구가 처한 제도적 배제의 구조를 드러낸 계기로서, 농민공 문제가 본격적으로 사회적인 문제로 거듭나게 된 주요한 사건 중 하나였다. 일부 학자는 수용송환제도가 헌법에서 규정한 기본적 권리인 공민의 인신의 자유를 침해했다는 차원에서 전국인민대표대회에 위헌심사를 요청했는데, 비록 성공하지는 못했지만 헌법을 통해 공민의 기본권을 주장하는 자유주의적 해법이 시도되기 시작한 주요한 사례이기도 했다.

아울러, 신진은 대내외적 환경 변화 속에서 정책적 전환과 제도적 재편을 위한 압력을 받고 있었다(윤종석, 2015). 선전위기론은 단순히 경제성장의 둔화나 외자유치의 정체로 인한 불안감을 넘어서, 도시 정체성의 혼란과 경제특구의 정책적, 제도적 특수성의 상실에 대한 근본적인 물음으로 이어졌다. 즉, 선전이 주요 인재와 자본, 기업에게 버려지고 있다는 불안감은 기존 발전방식에 대한 성찰을 요구했고, 그 과정에서 외래인구와 농민공의 문제 또한 새롭게 부각되기 시작했다. 2000년대 초반 이후 선전은 도시의 지속가능성을 확보하고 글로벌 도시로의 위상을 강화하기 위한 전략의 일환으로, 노동력 재구성과 사회통합을 주요 과제로 인식하기 시작했다. 이는 곧 선전 내 거주 외래인구에 대한 정책적 접근의 방향이 단순한 관리에서 '통합'으로 이동하게 되는 전기를 마련했다.

이러한 정책 전환의 배경에는 중앙정부의 제도·정책 개혁과도 밀접한 연관이 있다. 2004~2005년 국무원은 최초로 농민공에 대한 종합적인 조사를 실시하여 종합 대책을 마련하기 시작했다. 2008년 시행된 『노동계약법』과 『사회보험법』, 그리고 이후 점차 확산된 사회보장 체계 확충은 지방정부 차원에서도 노동자 권익 보호와 외래 인구의 제도적 편입을 압박하는 요소로 작용했다.

선전은 선진 발전지역이자 가장 많은 농민공을 보유한 지역으로서 다시 한 번 새로운 '실험' 장소가 되기 시작했다. 한편으로는 농민공을 포함한 노동자들의 소요가 폭발적으로 증가하기 시작했고(Chan 2010), 2010~2011년 혼다 파업과 폭스콘 노동자 연쇄자살 사건은 중국뿐 아니라 전세계적인 주목을 받았다. 새로운 노동계급, 또는 노동자계층이 중국에서 출현할 것이란 기대와 더불어(Silver 2003), 농민공은 이미 노동자의 과반수 이상을 차지하는 주요한 구성성분으로 거듭났다. 중국 정부와 지방 정부 또한 이러한 추세에 대응하여 외래 인구의 사회보험 가입 확대, 노동권 보호 조

치, 노동자 권익센터 설립 등을 선도적으로 시행하기 시작했고, 일
종의 게임 양상이 드러나기도 했다.

2000년대를 거치며 선전은 호구 중심의 '출신지 관리' 방식에
서, 실거주지 중심의 '유입지 관리' 체계, 나아가 '사회재통합 모
델'로의 전환을 시도하였다(董建中 2008; 孟僑 2008). 2000년대 초반
선전시 정부는 농민공 문제를 '유입인구 관리'의 관점에서 접근하
며, 다원화된 정책목표하에 제도적 대응을 시도하였다. 이는 노동
력 수요 확대와 행정구역 개편, WTO 가입 등의 외부적 압력 속
에서 복잡해진 도시 인구 구조를 통제하고자 한 것으로, 유동인구
통제와 임시 주거지 관리, 사회보험 시범 도입 등이 대표적 조치
였다.

나아가 2005년 전후로 선전시는 보다 포괄적이고 통합적인 사
회 정책 모델로 전환하게 된다. '사회통합형 관리모델'은 농민공
을 단순한 통제의 대상이 아닌, 도시 발전에 필요한 대상으로 재위
치시키는 담론 전환을 기반으로 하였고, 이에 따라 거주증 제도 도
입, 도시-농촌 호구의 실제 구분 취소, 호구변경에 대한 누진점수
제 실시 등이 주요 정책으로 시행되었다. 이 시점부터 '도시 기여
자'라는 새로운 정체성이 외래 인구에게 부여되기 시작했으며, 이
는 곧 "개발 공헌에 기반한 통합"이라는 개발공헌적 시민권(Yoon,
2020)의 서사로 발전하게 된다.

이러한 전환 속에서, 1980~90년대 '억제할 수 없는 서발턴(the
irrepressible subaltern)'으로 작동하던 외래인구의 상당수는, 이

<표 4> 2000년대 선전 농민공 관리 대책의 주요 변화

		2000-2005 (종합형)	2005-2010 (사회 통합 모델)
선전 정부의 농민공에 대한 관리 방식		유입지 정부 관리 (새로운 제도의 건설) (다원적 정책목표)	광범위한 사회통합 모델 (복지형 관리모델)
주요 배경		· '민공황' 현상의 발생 · WTO 가입 · 정부행정·관리기구 개혁 · 농민공 저항의 증대 · 농민공 부족현상의 출현	· 광동성 차원의 새로운 발전전략의 수립 ('도시-농촌 일체화전략') · 중앙정부 차원의 농민공 종합대책 수립 · 농민공 유입의 정체
주요 정책	전국 차원	· 유동인구 관리 변화: '공평한 인구유동'으로 · 도시 유랑걸인 강제귀향 방법 폐지(2003, 전국) · 농민공 자녀 의무교육 실시(2004, 전국) · 사회보험제도 재정비 시작	· 농민공 종합 방침 마련(2006) · 중소도시 중심의 호구제도 개혁 (대도시 또한 지역실정에 맞게 실시) · 노동 및 사회보험 법제화
	지방 차원	· 새로운 임대주택관리 대책 실시: 일명 '1+7문건' (2003~2005) · 외지인 직종제한 폐지(2004) · '선전시 인구공작영도소조' 성립: 일명 '1+5문건' (2005)	· 거주증 제도 실시(장기증/단기증, 2008) · 도시·농촌 호구의 실제 구분 취소 · 호구변경에 대한 누진점수제 실시(2010)

자료출처: 深圳市人口和计劃生育科学研究所(2009); 国务院研究室课题组(2006); 郑功成·黄黎若莲(2008); 董建中(2008); 孟僑(2008); 이민자(2007)

* 위 자료를 토대로 필자가 기타자료를 참고하여 재구성한 것임.

제 국가 제도와 정책의 틀 내에서 자기관리와 자기수련을 통해 보상을 기대할 수 있는 존재, 즉 "헤게모니적 서발턴(the hegemonic subaltern)"으로 재구성되기 시작했다. 이들은 제도적 공간 안으로 편입될 수 있는 '모범적 노동자'로 서사화되며, 사회통합의 주체가 되는 동시에 새로운 통치의 객체가 되었다.

요컨대, 2000~2010년대는 선전이 기존의 도시 성장 모델을 재검토하고, 외래 인구에 대한 정책적 접근을 '체제 외' 관리 중심에서 '체제 내' 편입 중심으로 전환하기 시작한 시기였다. 이는 쑨즈강 사건을 통한 사회적 반성과, '선전 위기론'을 통한 도시 전략의 재조정이라는 이중의 계기를 통해 촉발되었으며, 이 과정에서 농민공은 점차 '(자신의) 기여에 기반한 시민'으로서 제도 내로 통합되는 전환점을 맞이하게 된 것이다.

2. 2010년대 체제 내 편입과 개발시민권 체계의 형성

2010년대 이후 선전 정부는 농민공과 외래인구에 대한 제도적 전환을 본격화하면서, 외래인구를 기존 도시 체제 내로 편입시키려는 다양한 정책들을 추진하였다. 이 시기의 핵심은 외래인구가 비가시화된 존재에서 가시화된 존재로 바뀐 이후, 외래인구가 일정한 조건을 갖출 경우 부분적인 권리를 획득할 수 있는 새로운 시민권적 장치들이 만들어졌다는 점에 있다. 이는 토머스(Thomas, 2022)가 말한 "헤게모니적 서발턴(hegemonic subaltern)" 개념과도 연결된다. 다시 말해, 국가와 지역 정부는 외래인구를 제도 내로 통합시키되, 조건화된 방식으로 통합의 문을 열어두었으며, 이로 인해 외래인구는 국가의 담론과 정책 방향에 능동적으로 순응함으로써만 제한적인 권리를 누릴 수 있었다.

선전 정부는 2010년대를 거치며 일종의 '개발공헌적 시민권

(developmental contributory citizenship)적' 프레임을 강화하기 시작했다. 즉, 외래인구가 도시의 경제발전과 인구구조 최적화라는 사회경제적 필요를 충족할 경우, 즉 이러한 사회경제적 필요와 발전에 일정 정도 기여했을 때 시민으로서 인정받을 수 있는 제도적 기반을 마련했음을 의미한다. 가장 대표적인 정책적 장치는 '점수적립제 호적제도'였다. 선전시는 2012년부터 외래인구의 호적 전환을 점수적립제로 운영하면서, 거주기간, 고용형태, 교육수준, 사회보험 납부 이력 등을 종합적으로 평가해 기준을 충족하는 이들에게 도시 호적을 부여하였다. 하지만, 이러한 제도는 기여 가능한 자격화된 외래 인구만이 도시의 일원이 될 수 있음을 제도화한 장치(Yoon, 2020)라고도 할 수 있었다.

선전시는 2010년 『선전시 외래무공인원 점수적립제 호구취득 방법』(深圳市外來務工人員積分入戶試行辦法)을 통해 정식으로 점수적립식 호구정책을 실시했는데, 선전시는 다른 도시에 비해 정책의 발전방향이 매우 빠르고 상당히 구분되는 특징을 지닌다.

선전시는 2010년 점수적립제 호구 대상자를 선전시거주증을 신청했던 사람으로, 선전시 취업등기를 마치고 사회보험을 납부한 외지출신 이주자로 규정했다. 2017년 연령제한을 높이고(남성 55세 이하, 여성 50세 이하), 선전시에 합법적인 재산권이 있는 주택을 소유한 자(혹은 선전시 임대주택), 국가가 금지하는 조직과 활동에 참가하지 않은 자, 계획생육을 위반했지만 사회부양비를 납부한 자를 신청조건에 추가했다.

〈표 5〉 선전의 점수적립제 호구제도 방안(2015)

1급지표	2급지표	점수(3급지표)	설명
개인	학력 /기술기능	60-100(학력) 20-100(기술기능)	학력: 전문대학 이상 기술기능: 초급공 이상 * 학력과 기술기능이 결합되어 점수가 부여되기도 함
	기능대회	10-60	구급 3등상 - 국가급 1등상
	발명창조	최고 50	발명특허와 실용신안
	표창영예	25	최근 5년간 선전시 당위원회와 정부가 수여한 표창, 영예
납세	개인소득세	30-100	납세액 구간에 따라 점수 부여
	기업운영	30-100	기업세 54만위안 이상
	투자	30-100	기업세 11만위안 이상
	개체공상호경영자	30-100	납세액 5.4만위안 이상
보험 참가	양로보험	매년 3점	보험참가의 최대점수는 60점
	기타사회보험	보험별 매년 1점	
주거	거주조건	20-30	부동산 소유
	거주기간	1-10	매년 1점
연령	실제연령	18-35세: 5 35-40세: 1 40세이상: 감점	40-45세는 1년마다 2점씩 감점 45세 이상은 1년마다 5점씩 감점
장려 추가점수	사회서비스 (최근 5년) (선전 지역)	2-5(헌혈) 5-10(자원봉사) 1-3(자선기부)	헌혈은 건별 점수 자원봉사는 표창/등급 중 가장 높은 건만 인정 자선기부는 2천위안마다 1점
	신청단위	10	호구를 신청한 단위가 연속으로 산재보험을 1년 이상 납부했을 경우
감점	신용불량	1건당 20/40	선전시 개인신용조회의 경우 20점 인력자원보장부문의 인재영입계통의 경우 40점
	위법	1건당 80	
	산아제한 위반	자녀 1명당 50	접수처리가 완료된 후 5년간 인재영입 신청할 수 없음. 5년이 지난 후 자녀 1명당 50점 감액

자료출처: 〈2015年深圳積分入戶指標及分值表〉(深圳市人力資源和社會保障局)[1]

---

1 http://bsy.sz.bendibao.com/bsyDetail/609575.html (검색일자: 2015년 6월 30일)

선전 정부의 점수적립제 호구제도는 지속적으로 변화하면서 자신의 필요를 맞춰왔다. 점수적립제 호구제도가 초기 농민공의 편입을 위한 제도로 홍보되었지만 실제로는 전문인재를 유치하기 위한 패스트트랙 아니냐는 비판이 일어나자, 선전 정부는 2016년 이후 호구 취득 방법을 유치인재 호구이전, 납세 기반 호구이전, 정책성 호구이전, 거주 및 사회보험 기반 호구이전 등 총 네 가지로 세분화했다. 특히, 거주 및 사회보험 기반 호구이전의 경우 거주조건과 사회보험 납부 조건만으로 심사를 하여, 일반 외래인구와 농민공도 신청 가능한 경로를 하나 추가하기도 했다.

표면적으로는 점수적립제가 정량화된 공정성과 점진적 포용의 경로를 제공하는 듯 보이지만, 실질적으로는 인적 자본, 경제적 기여, 제도적 순응성을 기준으로 시민권을 조건화하고 서열화하는 통치 기술로 작동한다. 이는 외래인구와 농민공이 점진적, 단계적으로 선전의 주민으로 전환하는 경로를 제시함과 동시에, 시민권의 자격화 과정이자, 시민권의 정치적 경계와 속성 자체를 재구성하는 핵심 메커니즘으로 작동하는 바이기도 했다(Yoon 2020).

이 제도는 외래인구 내부에서도 '자격을 갖춘 농민공'과 '그렇지 못한 농민공'의 분화를 낳으며, 도시 내부의 계층화된 권리 구조를 보다 공고히 하는 결과를 낳기도 했다. 점수적립제가 만들어낸 시민권 체계는 자격 기반의 개발공헌적 시민권 체계의 형성으로, 즉, 기여 없는 권리, 즉 존재에 기반한 권리의 가능성, 즉 서구식의 사회계약과는 다른 제도적 형태가 중국 사회 내에서 지속 발전하고 있음을 보여준다.

이러한 점수적립제 호구제도의 도입은 토머스(Thomas, 2022)가 말한 "헤게모니적 서발턴(hegemonic subaltern)", 즉 국가의 기대에 부응하며 체제 내에서 역할을 수행하는 서발턴의 상태와 밀접하게 연결된다. 이 시기의 농민공은 억제할 수 없는 존재에서 벗어나, 일정한 규율성과 효율성을 요구받는 조건화된 도시 시민으로 포섭되었으며, 점수적립제는 그 전환의 가장 결정적인 제도적 장치였다.

이와 더불어 선전시는 '거주증 제도'와 '기본 공공서비스 균등화 정책'을 추진했다. 거주증은 외래 인구가 도시 내에서 합법적으로 거주하고 일할 수 있음을 증명하는 수단으로, 이를 통해 일부 의료, 교육, 공공문화서비스 이용이 가능해졌다. 2016년 이후에는 '기본 공공서비스의 전 주민 적용'이라는 중앙 정부의 지침에 따라, 초등 및 중등 교육, 기본 건강검진, 예방접종, 법률 서비스 등 분야에서 외래 인구를 점진적으로 포괄하기 시작했다. 그러나 이러한 서비스 역시 대부분 '등록 거주자'이거나 일정 점수 이상을 획득한 자에 한정되었고, 상당수 저소득, 비정규직 농민공들은 여전히 제도 바깥에 머물렀다.

후(Richard Hu, 2020)와 오도넬 등(O'Donnell et al., 2017)은 선전시의 정책 전환을 '포용적 도시 거버넌스(inclusive urban governance)'의 실험으로 평가하면서도, 이러한 포용이 실질적인 것이 아니라, 선택적이고 제한된 참여라는 점을 강조한다. 실제로 이 시기 선전은 '농민공을 동정하거나 무시하는 대상에서, 국가 발전에 기여하는 주체로 전환하려는 시도'를 통해 이들을 새로운 개발국가 시민의 주체로 재구성하고자 했다.

그러나 이러한 개발공헌적 시민권 체계는 근본적으로 '시민권의 자격화(qualification of citizenship)'라는 한계를 지닌다. 시민이 되는 조건은 자연적인 권리가 아니라, 지속적인 자기 계발과 국가 담론에의 순응 및 충성도를 통해 '증명'되어야 했다.

이처럼 2010~2020년대의 선전은 농민공과 외래 인구의 제도 내 편입을 통해 도시의 안정성과 경제 효율성을 동시에 확보하려 했으며, 이는 서발턴들이 체제 내에서 '순응적인 주체'로 변형되어야만 살아남을 수 있는 구조를 제도화하였다. 토머스의 개념으로 보자면, 이 시기 외래인구는 억제할 수 없는 존재에서 벗어나, 국가 기획에 의해 부분적으로 통제되고 선별적으로 수용되는 '헤게모니적 서발턴'으로 재편되어야 했고, 그러한 자격을 갖춘 인구들은 상대적으로 혜택을 얻을 기회를 제공받았다.

3. 전환주의적 시민성과 시민-서발턴: 청년 서발턴의 새로운 저항들

선전에서의 농민공과 외래인구를 향한 정책적 전환은 2010년대 중후반 이후 새로운 국면에 접어들었다. 점수적립제제 호구제도, 거주증 제도, 기본공공서비스의 균등화 등 개발공헌적 시민권 체계를 중심으로 한 '체제 내' 제도 적편입이 일정 정도 정착되기 시작했으나, 이러한 체제 내 통합은 모든 외래인구에게 동일한 사회적 통합과 시민권/성을 보장하지는 않았다. 오히려 이 시기에는 '시민'으로의 통합이 아니라, 체제 내 통합 이후의 복잡한 내면적 갈등과 제도적 한계가 드러나면서, 새로운 형태의 시민권 요구와 주체의 출현이 이루어졌다.

즉, 점수적립제를 중심으로 한 제도적 통합이 외래인구의 시민권을 일정 부분 제도화하였음에도 불구하고, 그것은 개발공헌적 시민권(developmental contributory citizenship)이라는 조건부 권리에 머무르며, 권리의 전면적 통합이나 존재 기반의 시민권으로는 확장되지 못했다. 오히려 2010년대 후반부터는 제도 내 편입을 이룬 외래 인구 청년층 사이에서 새로운 형태의 좌절과 갈등, 그리고 시민권적 자각과 갈망이 더욱 뚜렷하게 드러나기 시작했다.

이 시기 청년 농민공들은 전통적인 '타향살이 노동자'라는 정체성보다는, 도시를 삶의 기반으로 삼고 지속 가능한 미래를 모색하려는 전환기적 주체로 자리매김하고자 했다. 그러나 도시 공간은 여전히 이들을 전환의 동력이자 동시에 불안정한 존재로 취급했다. 이들은 제도적 통합의 대상이 되었디기보다는, 도시의 안정성과 효율성을 위한 정책적 관리의 대상으로 전락하는 경향이 강했다. 따라서 시민권은 여전히 제도 안에 '완전하게' 포섭되지 않는 채, 복잡하게 중첩된 현실 속에서 흔들렸다.

이 시기 청년 농민공들은 전통적인 '타향살이 노동자'라는 정체성보다는, 도시를 삶의 기반으로 삼고 지속 가능한 미래를 모색하려는 전환기적 주체로 자리매김하고자 했다. 그러나 도시 공간은 여전히 이들을 전환의 동력이자 동시에 불안정한 존재로 취급했다. 이들은 제도적 통합의 대상이 되었다기보다는, 도시의 안정성과 효율성을 위한 정책적 관리의 대상으로 전락하는 경향이 강했다. 따라서 시민권은 여전히 제도 안에 '완전하게' 포섭되지 않는 채, 복잡하게 중첩된 현실 속에서 흔들렸다.

이와 같은 경계의 중층성은 토머스(Thomas, 2022)가 말한 "시민-서발턴(citizen-subaltern)" 개념과 맞닿아 있다. 시민권을 부분적으로 획득했지만, 여전히 사회적 낙인과 제도적 한계 속에 머무는 존재. 이들은 제도 안에 들어왔지만 시민의 언어를 온전히 말할 수 없으며, 발화해도 그것이 온전히 반영되지 않는 상태에 있다.

이러한 경계적 정체성의 대표적인 예가 바로 선전 싼허(三和) 인근에 모여든 이른바 '싼허 청년'들이다. 이들은 주로 고향에서 중고등학교를 중퇴하고 10대 후반~20대 초반에 선전에 유입된 외래 청년층으로, 전통적인 '농민공'의 서사에 기대지 않으며, 도시에서의 생존과 소속을 끊임없이 재구성하려는 시도를 한다.

'싼허 청년'은 하루 단위 일자리(일명 '일일공', day labor)에 종사하면서도, SNS와 온라인 커뮤니티를 통해 자기 정체성과 현실을 서사화하고 공유한다. 이들은 스스로를 '노동자'라 부르기보다는, 일종의 유랑하는 청년 주체로 정의하며, 자조적 유머와 냉소적 언어를 통해 도시가 부과한 시민권적 경계를 해체하거나 조롱하려는 정체성 정치를 수행한다.

그러나 이들의 이러한 유연한 전략은 제도적으로 보호받지 않으며, 오히려 더욱 불안정한 지위와 상시적인 배제 가능성에 노출된다. 점수적립제나 거주증 제도는 장기 정착과 제도적 일관성을 전제로 작동하지만, 싼허 청년들의 이동성과 단기 고용, 불규칙한 생계 방식은 그것에 부합하지 않는다. 이로 인해 이들은 제도적 시스템 안에 '포섭되지 않는 시민', 즉 전환주의적 시민권/성(transformational citizenship)의 실천은 하되 그 권리를 획득하지 못하는 경계적 존재로 남게 된다.

2020년 이후 싼허 청년 현상은 국가의 주목을 받기 시작했고, 정부는 이들을 '게으르고 의욕 없는 집단'으로 낙인찍으며, 해당 지역을 정비하고 물리적으로 해체하는 과정을 추진했다. 대표적으로 룽화구 경락시장의 전면 철거와 함께 그 자리에 '분투자 광장(奋斗者广场)'을 조성한 것이 그 상징적 사례이다. 이 분투자 광장은 '열심히 일하는 사람만이 이 도시에 남을 수 있다'는 메시지를 대대적으로 선전하며, 농민공의 자기계발, 자기훈련, 자기관리의 윤리를 재강조하였다(김란 2024).

그러나 이리한 공간기획은 시민권의 실질적 학장이 아닌, 구가가 원하는 시민 주체 형성에 대한 시도였다. 이는 오히려 싼허 청년들과 같은 비정형적 청년 노동자들을 '무능한 주체'로 분류함으로써, 그들의 경험과 서사를 비가시화하고 있었다. 『빌不怀녀 : 三和青年调查』(2020)는 이러한 점을 민감하게 포착하며, 싼허 청년들이 보여주는 다양한 생존 전략이 단순한 '일탈'이 아닌, 구조적 배제에 대한 일상적 저항임을 보여주었다.

또한, 최근 『The Initium』(2025) 보도에 따르면, 싼허 청년을 포함한 일용직 보안요원들의 노동은 지방정부가 유지하는 사회안정 기제 속에서 구조적으로 착취되고 있으며, 정부는 이들의 집단적 항의를 '불온한 움직임'으로 간주하며 제도적 통합보다는 격리와 회피의 전략으로 일관하고 있다. 이러한 상황은 시민권이 제도 내 편입을 전제로 하기보다는, 그에 대한 비판과 전복을 요구하는 전환주의적 실천을 통해 가능해짐을 역설적으로 보여준다.

2000년대 이후 선전의 농민공 정책은 확실히 제도적 통합을 향해 진전되어왔으며, 일정 부분에서 가시화와 권리 확장이 이루어졌다. 그러나 이러한 제도화는 여전히 자격화된 권리이며, 참여와 저항의 공간은 구조적으로 제약되어 있다. 특히, 싼허 청년과 같은 새로운 사회적 주체는 기존의 개발공헌적 시민권 모델로는 포섭되지 않으며, 이들이 보여주는 일상성과 정치성은 오히려 전환주의적 시민권/성의 한계와 가능성을 열어주는 중요한 실마리가 된다.

하지만 이 가능성은 제도적으로 보장되기보다는 여전히 주변화되고 있으며, 오히려 국가와 지방정부는 새로운 '분투' 담론을 통해 또 다른 규율과 자기통제의 장을 구축하고 있는 실정이다. 이러한 점에서 싼허 청년의 존재는 오늘날 중국 도시화의 그림자이자, 그 속에서 새로운 시민권 개념이 어떠한 긴장을 통해 형성되고 있는지를 보여주는 핵심적인 사회적 거울이라 할 수 있다.

V. 결론: 선전 외래인구의 서발턴화 양상의
동아시아적 함의

본 연구는 선전이라는 중국 개혁개방의 최전선 도시에서, 농민공과 외래 인구를 중심으로 전개된 사회적 포섭과 배제, 그리고 그들에 대한 제도적·담론적 조망을 통해 서발턴화(subalternization)의 동아시아적 양상과 정치성을 탐구하였다. 기존의 서발턴 개념은 남아시아 혹은 라틴아메리카 문맥에서 등장했으며, 제국주의와 민족주의, 민중과 지식인의 관계, 저항의 언어화 가능성 등에 초점을 맞추어왔다. 그러나 이 개념이 중국, 특히 선전이라는 '경제특구'의 도시적 맥락에서 어떻게 재해석되고 적용될 수 있을지에 대한 논의는 아직 충분하지 않았다.

이에 따라 본 논문은 피터 D. 토머스(Peter D. Thomas)가 제시한 세 가지 서발턴 유형—'억제할 수 없는 서발턴(the irrepressible subaltern)', '헤게모니적 서발턴(the hegemonic subaltern)', '시민-서발턴(the citizen-subaltern)'—의 틀을 통해 선전의 외래인구가 어떻게 제도 밖 존재로부터 체제 내 조건부 시민으로, 그리고 그 이후 보다 복잡한 정체성과 권리 요구를 내포한 시민-서발턴으로 변화했는지를 추적했다.

1980~90년대, 선전의 농민공은 도시 발전의 핵심 인력이었음에도 불구하고 비가시화된, 제도 밖의 존재, 즉 '억제할 수 없는 서발턴'으로 기능했다. 즈리 완구공장 화재(1993)와 같은 사건은 그

들의 존재를 드러내는 계기였으나, 이는 제도적 권리 담론으로 이어지지 못했다. 자원봉사 조직인 의공련과 같은 '적극적 가시화' 시도는 있었지만, 이 또한 제도적 권리로 연결되지 못하고 상징적 인정에 그쳤다.

2000~2010년대를 거치며, 농민공을 포함한 외래 인구는 국가와 지방정부의 통치 기술 속에서 '헤게모니적 서발턴'으로 편입되기 시작했다. 특히 점수적립제 기반의 호적 전환 시스템, 사회보험의 점진적 확대, 기초 교육의 접근 확대 등은 외래인구를 체제 내에 통합하려는 정책적 시도였다. 그러나 이러한 통합은 보편적 시민권이 아니라, 기여 가능성과 제도적 순응성을 전제로 한 개발공헌적 시민권의 형태였다. 이로 인해 외래인구는 제도 내에 '편입'되었지만 여전히 선별되고 계층화된 권리 구조에 놓이게 되었다.

2010년대 후반 이후, 선전의 외래인구 중 일부는 보다 복잡한 정체성을 형성하게 된다. 싼허 청년, 링공 청년, 분투자 광장과 같은 현상은 도시 빈곤층 청년들이 제도권 내 '모범 시민'이 되지 못한 채 자기 표현의 장을 찾고자 하는 다양한 시도였다. 이들은 종종 '시민-서발턴', 즉 제도 안에서 살아가지만 여전히 비가시화되거나 차별받는 존재로서, 자기 언어로 자신의 권리를 주장하거나, 체제 내 모순을 드러내는 존재로 기능한다.

이러한 변화를 통해 확인할 수 있는 것은, 서발턴화란 고정된 정체성이 아니라, 특정 정치·사회 구조 내에서 반복적이고 유동적으로 구성되는 지위라는 점이다. 특히 중국과 같은 사회주의 국가에서의 시장화 과정은 농민공이라는 계층을 생산하고, 그것을 다시 규율하고 통합하면서 서발턴화의 새로운 양식을 만들어냈다. 여기서 서발턴은 단지 억압된 자가 아니라, 규율되고 조건화된 시민의 한 유형으로 기능한다.

동시에 본 연구는 서발턴 개념의 동아시아적 적용 가능성과 확장에 대해 논의할 수 있는 하나의 사례를 제공하였다. 기존의 탈식민주의 맥락과는 다른, 국가 주도의 발전 전략, 도시화 담론, 호구제도의 제도 정치 속에서 서발턴화는 다양한 방식으로 작동하며, 때로는 체제의 수용자, 때로는 균열의 매개자로 나타난다. 이 과정에서 시민권은 더 이상 '존재에 기반한 권리'가 아니라, 기여와 통제에 기반한 자격화된 체제 참여 권리로 점차 전환되고 있음을 확인할 수 있었다.

그러나 본 연구는 몇 가지 한계를 갖는다. 첫째, 선전이라는 특수한 도시의 사례에 국한되었기 때문에, 다른 지역—예컨대 내륙 도시나 중소 도시—과의 비교는 다루지 못하였다. 둘째, 주로 정책 담론과 제도 분석에 초점을 두었기에, 실제 농민공과 외래 인구의 개별적 서사와 구술 자료를 충분히 수집·분석하지 못하였다. 향후 연구에서는 다양한 도시 유형을 비교히고, 농민공 당사자의 경험과 언어를 중심으로 한 서발턴성의 재구성이 필요할 것이다.

그럼에도 불구하고 본 연구는 서발턴 개념을 중국 도시화 맥락에서 적용 가능한 분석적 도구로 전환하려는 시도였으며, 선전이라는 도시가 만들어낸 포섭과 배제, 규율과 해방의 복합성을 조망하는 데 일정한 기여를 했다고 평가할 수 있다. 나아가 이는 중국 내부의 도시적 불평등과 시민권의 조건화를 이해하는 데 있어 중요한 이론적·경험적 기반을 제공할 것이다.

참고문헌

노동자와 향촌을 통해 보는 홍콩

강진아, 2022, 「중국의 귀환: '신냉전' 그늘 속 동아시아론의 고뇌」, 『기억과 전망』 47.

김주영, 2022, 「'작은 감자들'의 말할 수 없는 비밀: 홍콩 시민사회의 지속과 난관」, 『관행중국』(인천대 중국·화교문화연구소 웹진) 2022년 8월호 (통권 143호).

백영서, 2021, 『중국 현대사를 만든 세 가지 사건: 1919, 1949, 1989』, 파주: 창비.

이경희, 2023, 「홍콩 역사상 가장 긴 노동 파업, 콰이칭 컨테이너 터미널 부두 노동자 파업과 이후」, 2023.6.12. 플랫폼씨.

이경희, 2024, 「홍콩 청년들의 농민 연대: 2009년 채원촌 철거 반대운동」, 2024.1.15. 플랫폼씨.

이남주, 2021, 「이중과제로 본 현대중국 "백 년의 변혁": 『중국 현대사를 만든 세 가지 사건』(백영서, 창비)」, 『역사비평』 135.

장정아, 2002, 「'대륙과 다른 홍콩' 만들기」, 『현대중국연구』 4(1).

장정아, 2016, 「'본토'라는 유령: 토착주의를 넘어선 홍콩 정체성의 가능성」, 『동향과 전망』 98.

장징아, 2017, 「국제대도시이기를 거부하다: 홍콩의 도시공간운동」, 『도시로 읽는 현대중국』 2권, 역사비평사.

장정아, 2018, 「홍콩 땅을 지킨다는 것: 홍콩 정체성에서 향촌과 토지의 의미」, 『현대중국연구』 19(4).

장정아, 2021A, 「모든 것이 정치다: 2019년 홍콩 시위의 기억과 유산」, 『중국과 비중국 그리고 인터차이나: 타이완과 홍콩 다시 보기』, 진인진.

장정아, 2021B, 「홍콩 로컬리티: 지역 커뮤니티에 기반한 저항성의 모색」, 『중앙사론』 54.

장정아, 2025A, 「사랑이 홍콩을 구할 수 있을까?: 배타적 정체성과 본질주의를 넘어서」, 『중국사회과학논총』 7(1).

장정아, 2025B, 「홍콩: 일국양제」, 『차이나핸드북』, 성균중국연구소.

정규식, 2023, 「'달라진 중국과 주체의 역동성'이라는 질문을 마주하며」, 『관행중국』(인천대 중국·화교문화연구소 웹진) 2023년 6월호 (통권 153호).

조문영, 2021, 「'민(民)이라는 판도라의 상자: 백영서 지음, 『중국현대사를 만든 세 가지 사건: 1919·1949·1989』(창비, 2021)을 읽고」, 『아시아리뷰』 11(2).

조성찬, 2018, 「홍콩식 토지 공개념, 진정한 아시아의 해방구가 되려면」, *DiverseAsia* 1(1).

플랫폼씨, 2021, 「홍콩: 푸드판다 배달노동자 파업 끝에 거둔 작은 승리」, 2021.11.19. 플랫폼씨.

한국노동사회연구소 편집국, 2013, 「중국사회주의와 신자유주의에 맞서는 홍콩노총」, 『노동사회』 114.

홍콩 음식배달노동자 권리찾기팀, 2022A, 「푸드판다 라이더들은 어떻게 저항을 조직했을까?」①, 2022.10.29. 플랫폼씨.

홍콩 음식배달노동자 권리찾기팀, 2022B, 「푸드판다 라이더들은 어떻게 저항을 조직했을까?」②, 2022.11.18. 플랫폼씨.

谷淑美, 1999, "香港文化: 從本地研究探索「香港人」的身分意象和政治定位," 研究報告系列第7號. 香港: 香港理工大學 應用社會科學系.

孔誥烽, 1997, "論說六七: 恐左意識底下的香港本土主義·中國民族主義與左翼思潮," 羅永生 1997, 『誰的城市?: 戰後香港的公民文化與政治論述』, 香港: 牛津大學出版社.

區龍宇, 2015, "這是政治鬥爭, 同學," 2015.2.18. 香港獨立媒體.

羅永生 編, 1997, 『誰的城市?: 戰後香港的公民文化與政治論述』, 香港: 牛津大學出版社.

勞顯亮, 2019, "香港罷工簡史　省港大罷工到碼頭工潮　有無參考價值," 2019.8.5. HK01.

麥德正, 2023, "香港碼頭工人大罷工十週年：罷工與社運的相輔相成, 在香港還能重現麼?," 2023.12.13. 端傳媒.

范啟妍, 2014, "港人港地港菜?," 2014.2.20., https://goo.gl/uTj6q2

欺善怕惡, 2011, "原居民有特權？新界丁權簡史," 2011.1.14. 香港獨立媒體,

謝梓楓, 2019, "元朗無差別襲擊背後：複雜的新界, 以及近年新界的那些事," 2019.7.23. 端傳媒.

薛鳳旋·鄺智文, 2011, 『新界鄉議局史：由租借地到一國兩制』, 香港: 三聯書店(香港)有限公司.

梁寶龍, 2017, 『汗血維城: 香港早期工人與工運』, 香港: 中華書局.

楊皓鋮, 2019, "政治性罷工於香港消失?," 2019.9.2. HK01.

呂大樂·趙永佳, 2014, "導言: '左派'運動在香港," 趙永佳·呂大樂·容世誠 合編, 『胸懷祖國: 香港'左派'運動』, HK: Oxford University Press.

呂大樂, 2015, "在冷戰裡一個殖民統治下的移民社會的「左」與「右」," 성공회대 동아시아연구소 국제워크숍 <아시아 사회주의 워크숍: 홍콩/대만> 발표문.

吳叡人, 2022, "香港反送中運動三週年演講," 대만대학 사회학과 토론회 강연, 2022.6.11. https://www.facebook.com/100057534007361/posts/2426489874171807/

張家偉, 2012, 『六七暴動: 香港戰後歷史的分水嶺』, 香港: 香港大學出版社.

張少強, 2016, 『管治新界: 地權, 父權與主權』, 香港: 中華書局.

陳景輝, 2017, "香港新界地區的傳統習慣與當代制度的矛盾," 2017.8.21. 인천대학교 중국·화교문화연구소 '중국관행포럼' 발표.

趙永佳·呂大樂·容世誠, 2014, 『胸懷祖國: 香港'左派'運動』, HK: Oxford University Press.

蔡思行, 2016, 『戰後新界發展史』, 香港: 中華書局.

蔡榮芳, 2001, 『香港人之香港史1841-1945』, 香港: 牛津大學出版社.

港識多史, 2019, "第一集: 新界村民為甚麼要開戰?," 港識多史 웹사이트.

胡啟敢, 2015, "消滅左膠的攻略指南," 2015.2.17. 栢楊大學網.

Baker, H., 1968, *A Chinese Lineage Village: Sheung Shui*, Stanford University Press.

Chan, Ming K., 1994, "Hong Kong in Sino-British Conflict," Ming K. Chan ed., *Precarious Balance: Hong Kong Between China and Britain*, 1842-1992, Armonk, N.Y.: M.E.Sharpe.

Chan, Selina Ching, 1998, "Politicizing Tradition: The identity of indigenous inhabitants in Hong Kong", *Ethnology* 37(1), Winter 1998.

Chiu, Stephen W.K. and Ho-fung Hung, 1999, "State Building and Rural Stability," in Tak-Wing Ngo ed., *Hong Kong's History: State and Society Under Colonial Rule*, London and New York: Routledge.

Cho, Mun Young, 2013, *The Specter of "the People": Urban Poverty in Northeast China*. Ithaca: Cornell University Press.

Fung, Chi Keung Charles and Chun Wing Lee, 2022, "The Dilemma of the New Union Movement," in Wen Liu, JN Chien, Christina Chung, Ellie Tse eds., *Reorienting Hong Kong's Resistance: Leftism, Decoloniality, and Internationalism*, Palgrave MacMillan.

Hung, Ho-fung, 2022, *City on the Edge: Hong Kong under Chinese Rule*, New York: Cambridge University Press.

Ip, Iam-chong, 2020, *Hong Kong's New Identity Politics: Longing for the Local in the Shadow of China*, London: Routledge.

Law, Wing Sang, 2009, *Collaborative Colonial Power: The Making of the Hong Kong Chinese*, HK: Hong Kong University Press.

Leung, Po-lung, 2019, "Hong Kong Political Strikes: A Brief History," 2019.8.3. Lausan.

Liu, Brian, 2019, "120 年前新界鄉民與英軍之戰, 如何決定香港面貌?", 2019.2.4.. CUP媒體.

Ngo, Tak-Wing, 2018, "A Genealogy of Business and Politics in Hong Kong," in Tai-lok Lui, Stephen Wing-kai Chu, and Ray Yep eds., *Routledge Handbook of Contemporary Hong Kong*, London: Routledge.

Poon, Alice Wai-han, 2005, *Land and the Ruling Class in Hong Kong*, Enrich Professional Publishing.(앨리스 푼, 조성찬 역, 2021, 『홍콩의 토지와 지배계급』, 생각비행)

Sun, Wanning, 2014, *Subaltern China: Rural Migrants, Media, and Cultural Practices*, Rowman & Littlefield.(완닝 순, 정규식 역, 2024, 『서발턴 차이나: 농민공과 미디어 그리고 문화적 실천』, 부산: 산지니)

Tong, Clement Tsz Ming, 2016, "The Hong Kong Week of 1967 and the Emergence of Hong Kong Identity Through Contradistinction," *Journal of the Royal Asiatic Society Hong Kong Branch* 56.

Tsai, Jung-fang, 1994, "From Antiforeignism to Popular Nationalism: Hong Kong between China and Britain, 1839-1911," in Ming K. Chan ed., *Precarious Balance: Hong Kong Between China and Britain, 1842-1992*, Armonk, N.Y.: M.E.Sharpe.

Wong, Thomas W.P., 1998, "Colonial Governance and the Hong Kong Story," Occasional Paper, Hong Kong: Hong Kong Institute of Asia-Pacific Studies, The Chinese University of Hong Kong Press.

“朱凱廸: 改革鄉議局, 就係搵返正常的人返嚟新界,” 2016.10.2. 香港獨立媒
　　　體.
“朱凱廸協助遭恐嚇 橫洲村民發聲明撐 稱關乎土地正義,” 2016.9.11. 香港獨
　　　立媒體.
“菜園村高春香回望抗爭: 青年把「香港觀」帶入新界　非跟鄉議局對立,”
　　　2017.9.3. 衆新聞.
“香港左翼去咗邊?,” 2022.6.14. 蹲點(Squatting). https://matters.town/
　　　a/9cj1zs99tjtm.(플랫폼씨 역, 2022.9.2. “홍콩 좌파는 어디에 서있는가?: 홍
　　　콩항쟁 이후 좌파들의 역할은 무엇인가?,” 플랫폼씨)
“港英「蝦碌」誤益丁屋任起 解密文件 : 漏寫「無屋住才可建」,” 2012.1.9. 明報.

'경계'의 개념으로 다시 읽는 상하이 도시문화

가브리엘 포페스쿠, 이영민, 이용군 등 옮김, 2018,『국가, 경계, 질서: 21세기
　　　경계의 비판적 이해』, 푸른길.
게오르크 짐멜, 김덕영 옮김, 2005,『짐멜의 모더니티 읽기』, 새물결.
권보드래, 2003,『연애의 시대: 1920년대 초반의 문화와 유행』, 현실문화연구.
김광주, 연변대학교 조선문학연구소 주편, 2007,『중국조선민족문학대계 13:
　　　김학철·김광주 외』, 보고사.
김진송, 1999,『서울에 딴스홀을 허하라: 현대성의 형성』, 현실문화연구.
낸시 프레이저, 장석준 옮김, 2023,『좌파의 길: 식인 자본주의에 반대한다』,
　　　서해문집.
디페시 차크라바르티, 김택현, 안준범 옮김, 2014,『유럽을 지방화하기』, 그
　　　린비.
박자영, 2020,『상하이의 낮과 밤: 현대성의 문화와 일상, 대중문화』, 그린비.
박자영, 2024,「난민과 경계(境界)의 문제: 장아이링의 소설「浮花浪蘂」를 읽

는 한 경로」, 『중국어문학논집』 144, 중국어문학연구회.

산드로 메자드라, 브렛 닐슨, 남청수 옮김, 2021, 『방법으로서의 경계: 전지구화 시대 새로운 착취와 저항 공간의 창출』, 갈무리.

알렉산더 디너, 조슈아 헤이건, 임경화 등 옮김, 2022, 『경계들: 보더 스터디즈 입문』, 소명출판.

에티엔 발리바르, 서관모, 최원 옮김, 2007, 『대중들의 공포』, 도서출판b.

에티엔 발리바르, 진태원 옮김, 2010, 『우리, 유럽의 시민들?』, 후마니타스.

윤해동, 2003, 『식민지의 회색지대』, 역사비평사.

이홍규, 장윤미 엮음, 2024, 『동아시아 관문도시와 서발터니티 연구』, 산지니.

조너선 카우프만, 최파일 옮김, 2023, 『상하이의 유대인 제국』, 생각의 힘.

천정환, 2003, 『근대의 책읽기』, 푸른역사.

孟悅, 2003, 「中國文學‘現代性’與張愛玲」, 『二十世紀中國文學史論(下卷, 修訂版)』, 王曉明主編, 東方出版中心.

史梅定主編, 2001, 『上海租界志』, 上海社會科學院出版社.

王健, 2008, 『上海猶太人社會生活史』, 上海辭書出版社.

汪之成, 2008, 『近代上海俄国侨民生活』, 上海辭書出版社.

熊月之, 馬學强, 晏可佳選編, 2003, 『上海的外國人(1842-1949)』, 上海古籍出版社.

張愛玲, 1991, 『張愛玲文集』(第四卷), 安徽文藝出版社.

鄭祖安, 1999, 『百年上海城』, 學林出版社.

陳祖恩, 2009, 『上海日僑社會生活史: 1868-1945』, 上海辭書出版社.

吉見俊哉, 2002, 「帝都東京とモダニティの文化政治: 一九二〇・三〇年代への視座」, 小森陽一ほか編, 『拡大するモダニティ』, 岩波書店(요시미 슌야, 2007, 「제국 수도 도쿄와 모더니티의 문화정치」, 연구공간 수유+너머 옮김, 『확장하는 모더니티: 1920~30년대 근대 일본의 문화사』, 소명출판).

Leo Ou fan Lee, 1999, *Shanghai Modern*, Harvard University Press(장동천, 이현복, 김종석, 진혜정 옮김, 2007, 『상하이 모던』, 고려대학교출판부).

Marie-Claire Bergere, Janet Lloyd trans., 2009, *Shanghai: China's Gateway to Modernity*, Stanford University Press.

Shu-mei Shih, 2001, *The Lure of Modern: Writing Modernism in Semicolonial China, 1917~1937*, University of California Press.

Tani E. Barlow, 1997, *Formation of Colonial Modernity in East Asia*, Duke University Press.

Tani E. Barlow, 2005, "Eugenic Woman, Semi-Colonialism, and Colonial Modernity as Problems for Postcolonial Theory", Ania Loomba ed., *Postcolonial Studies and Beyond,* Duke University Press.

훈춘: 복합적 기능의 관문도시

김민환·박철현, 2016, 「북-중-러 접경도시 훈춘의 유동 인구 정책과 외국인 정책: 특구와 변경의 변증법」, 『만주연구』 21, 만주학회.

김시중, 1997, 「동북아 경제협력과 두만강 지역개발사업」, 『동북아경제연구』 8.

김지영·이홍규, 2023, 「중화인민공화국 수립 후 중국공산당의 유민(遊民)정책: 관문도시 상하이(上海)를 중심으로」, 『현대중국연구』 25(3).

김추윤, 1992, 「중국의 동북국경 개방특구인 훈춘의 개발전망: UNDP의 TRADP와 관련하여」, 『관광지리학』 2.

문흥복, 1996, 「훈춘-두만강유역 개발계획 연변지역 발전의 교두보」, 『통일한국』 151.

박영일, 1993, 「중국 훈춘의 경제개발개황 및 발전추세」, 『중소기업논집』 7.

박우, 2020, 「북중러 접경지 개발사업과 지역정체성의 변화: 연변을 중심으로」, 『만주연구』 29.

원수인, 1996, 「새단계에 접어든 두만강유역 개발」, 『통일한국』 154.

윤승현, 2008, 「중국 두만강지역 경제 변화 분석: 연변지역을 중심으로」, 『국제
　　금융위험관리』 9(2).

이동욱, 1996, 「'두만강유역개발'로 지정학적 불리함 극복」, 『통일한국』 151.

장윤미, 2024, 「관문도시 상하이의 도시 공간 재배치와 팬데믹 시기의 유랑인
　　들」, 『중소연구』 48(1).

国务院, 2009, "中国图们江区域合作开发规划纲要—以长吉图为开发开放先
　　导区". https://chinareal.nankai.edu.cn/info/1049/4401.htm (검색
　　일: 2024년 10월 30일)

国务院办公厅, 2001, "国务院办公厅关于设立珲春中俄互市贸易区的复
　　函". https://www.gov.cn/xxgk/pub/govpublic/mrlm/201203/
　　t20120305_64948.html (검색일: 2024년 10월 30일)

国务院办公厅, 2012, "国务院办公厅关于支持中国图们江区域（珲春）国
　　际合作示范区建设的若干意见". https://www.gov.cn/zwgk/2012-
　　04/25/content_2122586.htm (검색일: 2024년 10월 28일)

吉林省人民政府, "吉林省人民政府关于珲春市边境经济合作区管理办法"
　　(1992). https://xxgk.jl.gov.cn/zcbm/fgw_98087/zcfg/201911/
　　t20191103_6127864.html (검색일: 2024년 10월 2일)

吉林省人民政府, 2004, "珲春中俄互市贸易区管理办法". https://
　　www.moj.gov.cn/pub/sfbgw/flfggz/flfggzdfzwgz/200506/
　　t20050601_135464.html (검색일: 2024년 10월 5일)

吉林日报, 2013, "珲春出口加工区发展势头良好". https://www.chinadaily.
　　com.cn/dfpd/jl/2013-05/10/content_16491086.htm (검색일: 2024년
　　10월 25일)

新华社, 2020, "吉林珲春海洋经济发展示范区揭牌, 深化与宁波海洋产业对
　　接". https://www.gov.cn/xinwen/2020-09/11/content_5542476.
　　htm (검색일: 2024년 10월 28일)

延边网, 2014, "珲春三家子满族乡古城村新农村建设展新颜". https://www.jl.gov.cn/szfzt/shzyxnc/dtxx/201411/t20141121_3763462.html (검색일: 2024년 10월 28일)

延边晨报, 2011, "珲春:传承民俗文化, 铸牢中华民族共同体意识". https://www.sohu.com/a/501229219_121106822 (검색일: 2024년 10월 29일)

延边信息港, 2003, "珲春市防川村：打造乡村文化建设'样板'". https://www.yb983.com/p/277489.html (검색일: 2024년 10월 27일)

延边广播电视台, 2024, "中俄建交75周年, 延边边境旅游人气旺~". https://mp.weixin.qq.com/s/mapusljxYzU3_Y0NoaVUbw (검색일: 2024년 10월 30일)

魏斯曼·蔡丽娜, 2021, "党建引领开启乡村振兴新征程". https://www.mzhb.com/2469.html (검색일: 2024년 10월 29일)

悠游吉林, 2024, "珲春哇斯托克欢乐岛五月全新亮相". https://m.thepaper.cn/newsDetail_forward_26876982 (검색일: 2024년 10월 28일)

人民网, 2022, "走进珲春防川民俗村,一眼望见三国景". http://jl.people.com.cn/n2/2022/0130/c349771-35120161.html (검색일: 2024년 10월 5일)

人民网·吉林频道, 2024, "到珲春, 听取'哇'声一片". http://jl.people.com.cn/n2/2024/0613/c349771-40877506.html (검색일: 2024년 10월 30일)

中华人民共和国商务部, 2000, "中国出口加工区简介". https://m.mofcom.gov.cn/article/bg/200207/20020700032783.shtml (검색일: 2024년 10월 27일)

超级飞侠, 2024, "珲春打造满族古城引发关注". https://www.sohu.com/a/789955440_121124794 (검색일: 2024년 10월 29일)

珲春市人民政府, http://www.hunchun.gov.cn/zw_1910/sj/index.html

珲春市政府, 2024, "珲春海洋经济示范区东北亚生鲜海产园区项目建设现场鸟瞰". http://www.hunchun.gov.cn/xw/tpxw/202403/

t20240328_454043.html (검색일: 2024년 11월 1일)

GTI, 2005a, *Changchun Agreement of the Member Countries of the Greater Tumen Initiative.*

GTI, 2005b, *Strategic Action Plan for the Period 2006 to 2015.*

GTI, 2012, *Greater Tumen Initiative Strategic Action Plan: for the years 2012-2015.*

GTI, 2017, *Greater Tumen Initiative Strategic Action Plan for 2017-2010.*

Hisako, Tsuji, 2004, *The Tumen River Area Development Programme: its History and Current Status as of 2004.* (Economic Research Institute for Northeast Asia, Niigata, Japan)

Park, Woo, 2022, "Restored Korean Ethnicity and China's Post Socialist Local Development in the Mid-1970s and 1980s: Yanbian Koreans in Perspective," *Korea Journal*, 62(3).

Park, Woo, 2023, "A Study on North Koreans in China: Labor Migration in Perspective," *Journal of Asian Sociology*, 52(4).

UNDP, 1995a, *Agreement on the Establishment of the Consultative Commission for the Development of the Tumen River Economic Development Area and Northeast Asia: Commission.*

UNDP, 1995b, *Agreement on the Establishment of the Tumen River Area Development Coordination Committee: Committee.*

UNDP, 1995c, *Memorandum of Understanding on Environmental Principles Governing the Tumen River Economic Development Area and Northeast Asia.*

일본 간사이(関西)의 관문도시 고베(神戸)

鳥居幸雄, 1982,『神戸港1500年 ここに見る日本の港の源流』, 海文堂

内山正熊, 1983,『神戸事件-明治外交の出発点』, 中公新書681

部落解放研究所편, 1986,『部落問題事典』, 部落解放研究所

浮田典良 中村和郎 高橋伸夫감수, 1996,『日本地名大百科』, 小学館

山下尚志, 1998,『神戸港と神戸外人居留地』, 近代文芸社

中華会館편, 2000,『落地生根 神戸華僑と神阪中華会館の百年』, 研文出版

新修神戸市史編輯委員会편, 2005,『新修神戸市史　行政編 3』, 神戸市

呉宏明편, 2006,『こうべ異国文化ものしり事典』, 神戸新聞総合出版センター

土居晴夫, 2007,『神戸居留地史話──神戸開港140周年記念』, リーブル出版

楠本利夫, 2007,『増補 国際都市神戸の系譜』, 公人の友社

〈표1〉【별첨자료】 세계의 항만별 콘테이너 취급 개수 랭킹

順位	1980年		2022年（速報値）	
	港湾名(国・地域名)	取扱量	港湾名(国・地域名)	取扱量
1	ニューヨーク（米国）	194.7	上海（中国）	4,730.3
2	ロッテルダム（オランダ）	190.1	シンガポール	3,729.0
3	香港	146.5	寧波-舟山（中国）	3,335.1
4	**神戸(日本)**	145.6	深圳（中国）	3,003.6
5	高雄（台湾）	97.9	青島（中国）	2,567.0
6	シンガポール	91.7	広州（中国）	2,485.8
7	サンファン（プエルトリコ）	85.2	**釜山（韓国）**	2,207.8
8	ロングビーチ（米国）	82.5	天津（中国）	2,102.1
9	ハンブルグ（ドイツ）	78.3	香港（中国）	1,668.5
10	オークランド（米国）	78.2	ロッテルダム（オランダ）	1,445.5
11	シアトル（米国）	78.2	ドバイ（アラブ首長国連邦）	1,397.0
12	アントワープ（ベルギー）	72.4	アントワープ（ベルギー）	1,350.0
13	横浜（日本）	72.2	ポートケラン（マレーシア）	1,322.0
14	ブレーメン（西ドイツ）	70.3	厦門（中国）	1,243.5
15	基隆（台湾）	66.0	タンジュンペレパス（マレーシア）	1,051.3
16	**釜山（韓国）**	63.4	ロサンゼルス（米国）	991.1
17	ロサンゼルス（米国）	63.3	ニューヨーク/ニュージャージー（米国）	949.4
18	東京（日本）	63.2	高雄（台湾）	949.2

(생략)	(생략)	(생략)	(생략)	(생략)
30	ダブリン（アイルランド）	34.1	日照（中国）	580.4
	:	25.4	:	528.2
	大阪　（39）	20.6	阪神【神戸、大阪】	493.2
	:		:	298.0
	名古屋（46）		東京（42）	289.1
			:	268.0
			横浜（70）	239.2
			<u>**神戸（72）**</u>	
			:	
			名古屋（78）	
			:	
			大阪（82）	

※京浜港及び阪神港については表記を変更
出典：CONTAINERISATION INTERNATIONAL YEARBOOK 1982
及び Lloyd's List「ONE HUNDRED PORTS 2023」より国土交通省港湾局作成
ただし、2022年の東京港、横浜港、名古屋港、神戸港、大阪港の取扱量については各
港湾管理者HPより国土交通省港湾局調べ(https://www.mlit.go.jp/statistics/details/
content/001517678.pdf)
（注）１．出貨と入貨（輸移出入）を合計した値である
　　　２．実入りコンテナと空コンテナを合計した値である
　　　３．トランシップ貨物を含む
　　　４．1980年、2022年の（　）内は30位以下の順位である

사민문화로 그려본 관문도시 가오슝(高雄)

강병환, 2021,『하나의 중국』, 부록 동번기 해제 참고.

황호덕, 2017,「탈식민주의인가, 후기식민주의인가」,『상허학보』51집.

伊能嘉矩, 1985,『臺灣文化上卷』, 臺中市:臺灣省文獻會.

林江義, 2003,「臺灣原住民族官方認定的回顧與展望」,『臺灣平埔族』, 臺北：
　　　前衛出版社.

林能士 外, 2013,『歷史(第1冊)』, 南一書局.

施雅軒, 2019,「高雄打狗子番的歷史地理考據」,『白沙歷史地理學報』第二十
　　　期.

張守真等編, 1996,『高雄港紀事』, 高雄市:高雄市立文化管理處.

張炎憲, 陳美蓉 編, 2009, 『戒嚴時期白色恐怖與轉型正義論文集』, 吳三連台灣史料基金會.

曾玉昆, 1992, 『高雄市各區發展沿革』, 高雄市文獻會.

林世華, 2008, 『一九六〇年代臺灣白色恐怖政治案件之研究：以興臺會與亞細亞同盟案為例』, 東海大學歷史研究所碩士論文.

林媽利, 2007, 「非原住民臺灣人的基因結構」, 『自由時報』.

林媽利, 2001, 「從組織抗原推論閩南人及客家人所謂"臺灣人"的來源」, 『建國聯盟網站』, http://www.w ufi.org, 林媽利, 「從DNA的研究看臺灣原住民的來源」, 『語言與語言學』.

連橫, 1920, 『台灣通史』, 臺灣通史社出版.

范可, 2003, 「中西语境里的族群与民族」, 『广西民族学院学报(哲学社会科学版)』第25卷第4.

黃昭堂, 1998, 「黃昭堂獨立文」, 台北：臺灣文史叢書.

陳順勝, 1996, 「臺灣與西太平洋島嶼南島語族之健康關係」, 『臺灣原住民健康問題與展望論文集』.

陳叔倬, 段洪坤, 2008, 「平埔血源與台灣國族血統論」, 『台灣社會研究季刊』第72期.

施正鋒, 1999, 『臺灣政治建構』, 臺北: 前衛出版社.

高雄市政府教育局, 2012, 『高雄文明史 歷史編』, 新裕豊文化事業有限公司.

徐宗懋, 1993, 『臺灣人論』, 台北：臺灣民眾史.

許維德, 2001, 「中國民族主義, 帝國主義, 台灣獨立運動」, 『台北：人文與社會科學雜誌』.

許維德, 2001, 「思與言」, 『台北：人文與社會科學雜誌』.

範勝雄, 1998, 「郭懷一抗荷事件三地點試探」, 『臺灣文獻』第49卷第1期.

戴寶村, 2010, 「大高雄市人群之歷史形塑發展」, 『高雄文獻』.

Brown, Melissa J., *Is Taiwan Chinese? The impact of culture, power, and migration on changing identities*, CA：University of

California press.

郭素秋, 2019, 「從羅妹號事件到南岬之盟：誰的衝突？誰的和解？」, 『原住民
　　　族文獻』第41期, https://ihc.cip.gov.tw/EJournal/EJournalCat/487

「全臺第一三民鄉改名那瑪夏元旦掛牌」, 『聯合報』, 2007年12月11日, C1版.

「三民鄉正名嗆聲中 那瑪夏揭牌」, 『聯合報』, 2008年1月1日, C1版。

「日軍侵台的牡丹社事件」, https://www.taiwanus.net/history/3/77.htm(검
　　　색일, 2023.06.13.)

「樟腦戰爭一八六八年」, https://www.taiwanus.net/history/3/76.htm(검색
　　　일, 2023.06.13.),

http://www.twcenter.org.tw/publications/a02_07/a02_07_08(검색일,
　　　2023.06.13.)

『原住民電視臺網站』, http://www.titv.org.tw(검색일, 2023.03.20.)

호적법, https://lis.ly.gov.tw/lglawc/l(검색일, 2023.02.19.)

「廖文毅」, 『華夏經緯網站』, 2012.7.25, http://hk.huaxia.com/lasd/hxrwk/
　　　ddrw/tw/ 2012/07/2936889.html(검색일, 2023.04.05.)

「動員戡亂時期臨時條款」, 『全國法規資料庫』, https://law.moj.gov.tw/
　　　LawClass/LawHistory.aspx?pcode=A0000005(검색일, 2023.06.13.)

民間自發造銅像 高雄紅毛港保安堂設安倍晉三紀念園, https://www.cna.
　　　com.tw/news/aloc/202209160252.aspx(검색일, 2023.04.05.)

광동성민족종교사무위, http://mzzjw.gd.gov.cn/mzzjw/dtyw/zmhd/
　　　wdzsk/mzsy/content/post_3288731.html(검색일, 2022.04.19.)

복건싱인민정부 데만·홍콩·마카오 사무 판공실, 민대5연관계(閩台"五緣"
　　　關系), 2013-08-12, http://www.fjtb.gov.cn/history/201308/
　　　t20130812_4593967.htm(검색일, 2023.04.05.)

베트남계 신주민 유권자의 이야기, https://www.bbc.com/zhongwen/trad/
　　　chinese-news-51031939(검색일, 2022.02.19.)

타이중(台中)에서 대만신주민당(台灣新住民黨) 창당, https://www.bbc.com/

zhongwen/trad/chinese-news-51031939(검색일, 2023.02.19)

관문도시의 역사적 특징

『漂人領來謄錄』

『관보』, 『조선총독부관보』, 『조선총독부통계년보』

『동아일보』, 『조선일보』, 『부산일보』, 『대동신보』, 『조선중앙일보』

富田義詮(安東領事), 1922, 「旅行證明書 廢止에 관한 鮮人의 感想의 件(普通 제
        367호)」

朝鮮總督府警務局長, 1925, 「義烈團決死隊員日本內地潛入計劃說ニ關スル
        件(高警第825號/機密受第96號)」, 『不逞團關係雜件朝鮮人ノ部-別冊 義
        烈團行動 附 金元鳳』

경성상공회의소, 1930, 「조선정기항로일람표」, 『조선경제잡지』 174.

경상남도경찰부, 1935, 『고등경찰관계적록』

안드레 군더 프랑크, 2003, 『리오리엔트』, 이산.

요시하라 나오키, 2010, 『모빌리티와 장소』, 심산출판사.

遠藤正敬, 2010, 『近代日本の植民地統治における國籍と戶籍』, 明石書店.

하네다 마사시, 2013, 『바다에서 본 역사』, 민음사.

프랑수아 지푸루, 2014, 『아시아 지중해』, 도서출판 선인.

월터 D. 미뇰로, 2018, 『서구 근대성의 어두운 이면』, 현암사.

피터 애디, 2019, 『모빌리티 이론』, 앨피.

미미 셸러, 2019, 『모빌리티 정의』, 앨피.

하가르 코테프, 2022, 『이동과 자유 - 자유주의적 통치와 모빌리티의 계보학』,
        앨피.

김란, 2024,「중국의 '분투' 문화를 통한 청년 통치성: 선전시 분투자광장을 중심으로」,『경제와 사회』144.

김지영, 2024,「식민자본이 야기한 신체폭력과 관문도시 상하이의 서발터니티: 민국시기 창기를 중심으로」,『현대중국연구』26(3).

려도, 2017,『중국 신노동자의 형성』, 정규식 외 옮김, 서울: 나름북스.

박석진, 2024,「주인이 되지 못한 '노동자 국가'의 노동자들: 중공의 베이징 접관 초기 사영기업 노자관계 중 노동자의 경험」,『현대중국연구』26(3).

윤종석, 2010,「이민도시 선전의 도시발전과 농민공의 사회경제적 권리에 관한 연구: 호구제도와 사회보험제도를 중심으로」,『도시연구』4.

윤종석, 2015,「'선전의 꿈'과 발전담론의 전환: 2000년대 사회적 논쟁을 통해 본 선전 경제특구의 새로운 위상정립」,『현대중국연구』17(1).

윤종석, 2020a,「중국 선전 경제특구 초기의 체제전환과 북한에의 함의: '예외공간'의 형성과 사회적 (재)구성을 중심으로」,『탐라문화』63.

윤종석, 2020b,「중국 개혁개방 이후 농민공 개념의 형성과 변용」,『중국지식네트워크』15(15).

이민자, 2007,『중국의 호구제도와 인구이동』, 서울: 아연출판부.

이일영, 2008,「서문」,『경제특구 선전의 복합성: 창과 거울』, 이일영 엮음, 서울: 창비.

이홍규, 김동규, 2024,「새로운 동아시아 담론을 위한 서설(序說)―방법으로서 관문도시와 동아시아 서발터니티」,『동아연구』86.

장윤미, 2023,「중국의 서발턴 연구: 개념, 주제, 쟁점」,『중소연구』47(1).

장윤미, 2024,「상하이 도시개발의 권력-자본 공모에 의한 수탈과 추방자들」,『현대중국연구』26(3).

Chan, Chris King-chi, 2010, *The Challenge of Labour in China:*

Strikes and the Changing Labour Regime in Global Factories, Routledge.

Chang, Kyung-Sup, 2012, "Developmental Citizenship in Perspective: The South Korean Case and Beyond", *Contested Citizenship in East Asia*, Routledge.

Chang, Kyung-Sup, ed., 2021, *Developmental Citizenship in China*, Routledge.

Chang, Kyung-Sup, 2022, *Transformative Citizenship in South Korea*, Springer International Publishing.

Chen, Xiangming, Tomás de'Medici, 2010, "Research Note—The 'Instant City' Coming of Age: Production of Spaces in China's Shenzhen Special Economic Zone", *Urban Geography* 31(8).

Chen, Xiangming, Tomás de'Medici, 2012, "From a Fishing Village via an Instant City to a Secondary Global City: The 'Miracle' and Growth Pains of Shenzhen Special Economic Zone in China", *Rethinking Global Urbanism*, Routledge.

Du, Juan, 2020, *The Shenzhen Experiment: The Story of China's Instant City*, Harvard University Press.

Hu, Richard, 2020, *The Shenzhen Phenomenon: From Fishing Village to Global Knowledge City*, Routledge.

O'Donnell, Mary Ann, Winnie Wong, Jonathan Bach (eds.), 2017, *Learning from Shenzhen: China's Post-Mao Experiment from Special Zone to Model City*, University of Chicago Press.

Silver, Beverly J, 2003, *Forces of Labor: Workers' Movements and Globalization since 1870*, Cambridge: Cambridge University Press.

Spivak, Gayatri Chakravorty, 1988, *Can the Subaltern Speak?*,

Macmillan.

Thomas, Peter D., 2018, "Refiguring the subaltern." *Political Theory* 46(6).

Thomas, Peter D., 2021, "Il cittadino sive subalterno," *Rivista Italiana di Filosofia Politica* 38(2).

Thomas, Peter D., 2022, "Subalternity and the State", *Rivista Italiana di Filosofia Politica* 38(2).

Hao, Pu, et al., 2013, "Spatial analyses of the urban village development process in Shenzhen, China", *International Journal of Urban and Regional Research* 37(6).

Sun, Wanning, 2014, *Subaltern China: Rural migrants, media, and cultural practices*, Rowman & Littlefield.

Yoon, Jongseok, 2020, "The Local State and Nongmingong Citizenship in Guangdong: Local Welfare as Developmental Contributory Rights", *Citizenship Studies* 24(7).

Zhang, Li, and Meng Li, 2018, "Acquired but Unvested Welfare Rights: Migration and Entitlement Barriers in Reform-era China," *The China Quarterly* 235.

董建中 主編, 2008, 『深圳經濟變革大事』, 深圳出版發行集團, 海天出版社.
國務院研究室課題組, 2006, 『中國農民工調研報告』, 北京: 中國言實出版社.
孟僞 主編, 2008, 『深圳社會變革大事』, 深圳出版發行集團, 海天出版社.
深圳市人口和計劃生育科學研究所, 2009, 「深圳流動人口管理模式的回顧與發展」, 『深圳藍皮書: 深圳社會發展報告(2008)』, 北京: 社會科學文獻出版社.
孫立平, 2002, 「资源重新积聚背景下的底层社会形成」, 『战略与管理』 1.
岂不怀归, 2020, 『三和青年调查』, 广西师范大学出版社.

王道勇, 2017, 『集体失语的背后: 农民工主体缺位与社会合作应对』, 北京: 中国人民大学出版社.

王暗, 「中国特色零工(上): 改造'三和'与'大神'的边缘生存」, 『端传媒(The Initium)』, 17 Mar. 2025.

王暗, 「中国特色零工(下): 维稳'外包'与作为弱者的保安维权」, 『端传媒 (The Initium)』, 18 Mar. 2025.

鄭功成·黃黎若蓮 等, 2007, 「深圳市農民工問題與社會保護」, 『中國農民工問題與社會保障 (上·下)』, 北京: 人民出版社.

周铁, 1999, 「深圳市流动人口管理工作述评」, 『公安研究』2.

강병환

경남 진주 출신이다. 플라톤의 『폴리테이아(Politeia)』를 읽다가 학문에 관심을 두게 되었다. 국민대학교 정치외교학과를 졸업하고 동대학원에서 정치사상으로 정치학 석사, 대만국립중산대학 중국-아·태연구소(Institute of China and Asia-Pacific Studies)에서 중국의 대(對) 대만정책(China's Taiwan Policy under One China Framework)으로 박사학위를 받았다. 대만국립중산대학 통식교육중심 사회과학조(2006~2011) 강사, 국립가오슝대학 화어중심, 가오슝시립삼민고급중학에서 한국어 및 한국문화를 강의하였고(2005~2011), 중화민국문화자산발전협회 연구원(대만), 국민대 국제학부·정치외교학과 및 대학원에서 정치학 일반을, 우송대 교양학부에서 한·중 관계를, 진주교육대학에서 한국사회와 통일, 다문화교육을 가르쳤다. 현재 부산 동서대학교 중국연구센터 연구교수, 『현대중국연구』 편집위원, 『동아시아와 시민』 편집간사를 맡고 있다. 관심 분야로는 양안 관계, 중·미 관계, 남북한 통일문제며, 최근에는 취약계층인 서발턴(subaltern) 연구에 깊은 관심을 두고 있다. 저서로는 『공주와 건달: 박근혜와 노무현의 실패한 리더십 비교』(2023), 『하나의 중국』(2021), 『중국을 다룬다: 대중국 협상과 전략』(2018, 대한민국학술원 우수학술도서 선정)이, 공저로는 『중국지식의 대외확산과 역류: 소프트파워와 지식 네트워크』(2015)가 있다. 이외 다수의 학술논문이 있다.

문명재

한국외국어대학교 일본어과 및 동 대학원 일어일문학과를 졸업하고 문학석사 취득, 이후 일본 고베대학 대학원 문학연구과 석박사과정을 졸업하고 문학박사 학위를 취득했다. 한국외국어대학교 일본언어문화학부 교수로 재직 중에 교무처장 일본학대학장 일본연구소장 한국일어일문학회장 한국연구재단 인문사회연구소지원사업단의 연구책임자 등을 역임하였고, 현재는 동 대학의 명예교수로 재직 중이다. 저서로 『설화문학으로 본 일본문화』(한국외대지식출판원, 2017) 등 다수, 주요 논문으로 「일본 고전으로 본 권력과 여성 핍박」(『일본연구』 84, 한국외대일본연구소, 2020) 등 다수가 있다. 최근에는 일본고전문학을 바탕으로 하여 일본사회의 서발턴 계층을 연구하고 있고, 연구결과의 사회 환원에 힘쓰고 있다.

박우

한성대학교 기초교양학부에서 강의와 연구에 종사하고 있다. 서울대학교 사회학과에서 박사학위를 취득하였다. 동아시아(중국, 한국 등) 국가-사회 관계(시민권)에 관심이 있다. 관련 연구는 *Citizenship Studies, Korea Journal, Journal of Asian Sociology*, 「경제와사회」, 「아시아리뷰」 등의 학술지에 발표하였고, *Chaoxianzu Entrepreneurs in Korea: Searching for Citizenship in the Ethnic Homeland* (Routledge, 2020)를 출판했다. *Newcomers and Global Migration in Contemporary South Korea: Across National Boundaries* (Lexington Books, 2020), *Developmental Citizenship in China: Economic Reform, Social Governance, and Chinese Post-Socialism* (Routledge, 2022), *Asianization of Asia*

(Routledge, 2024), 『팬데믹 이후 중국의 길을 묻다』(책과함께, 2021), 『민간중국』(책과함께, 2020), 『플랫폼 임팩트』(21세기북스, 2022) 등의 저서에 공저자로 참여했다.

박자영

연세대학교 중어중문학과를 졸업하고 중국 화동사범대학에서 박사학위를 받았다. 현재 협성대학교 중국어문화학과에서 재직 중이다. 문화연구의 관점에서 현대 중국과 동아시아의 역사와 사회, 문화 현실에 대해 공부하고 있다. 지은 책으로 『상하이의 낮과 밤』, 옮긴 책으로는 『루쉰전집14: 서신2』, 『루쉰전집4: 화개집·화개집속편』(공역) 등이 있다. 논문으로 「난민과 경계(境界)의 문제」, 「문화연구는 무엇을 할 수 있는가: 최근 중국문화연구에 대한 일 검토」, 「어떤 포퓰리즘의 귀환?: '소분홍' 현상에서 '인민' 담론으로」, 「루쉰의 귀신, 벤야민의 천사」 등이 있다.

윤종석

서울시립대 중국어문화학과 교수이자 시대중국연구센터장이며, 서울대학교 사회학과에서 박사학위를 취득했다. 중국 농민공 연구를 시작으로, 인구이동과 시민권, 도시와 농촌, 산업과 노동, 인구와 사회복지에 관해 연구해왔다. 최근 한중일 사회변동, 인구위기, 아시아의 아시아화 등에 (동)아시아로 연구를 확장하고 있다. 최근 연구는 "신형 도시화 정책 이후 농민공 체제의 변화"(2025), "Ten years of China's BRI, reassessing China's attractiveness from an Asian perspective"(2024) 등이 있다. 『중국식 현대화와 시진핑 리더십』(2023), 『탈냉전시대 아시아의 재구성과 아시아인의 정체성』(2023), 『메가아시아 연구 입문』(2022), 『동아시아 도시 이야기』(2022), 『민간중국』(2020), 『중국 지식지형의 형성과 변용』(2020), 『도시로 읽는 현대중국 2: 개혁기』(2017), *Encyclopedia of New Populism and Responses in the 21st Century*(2024), *Developmental Citizenship in China*(2022) 등에 공저자로 참여했고, 『아이폰을 위해 죽다』(2021)를 공동 번역했다.

장정아

인천대 중어중국학과 교수이자 중국학술원 중국·화교문화연구소장이며, 서울대학교 인류학 박사학위를 취득했다. 문화유산, 접경의 정치학, 농촌 등의 주제를 통해 민족주의(내셔널리즘)과 정체성 연구를 하고 있다. 홍콩에서 장기간의 현장연구를 해왔고, 중국 허베이, 윈난, 안휘, 저장성에서도 문화유산과 농촌 연구를 했다. 『비교문화연구』(등재학술지) 편집위원장, 현대중국학회 부회장, 인천대학교 학생·취업처장, 대한민국시도지사협의회 지방외교자문위원 등을 지냈고, 최근 논문으로 "사랑이 홍콩을 구할 수 있을까: 배타적 정체성과 본질주의를 넘어서"(2025), "When the Whole-nation System Meets Cultural Heritage in China"(공저, 2024) 등이 있다. *Embracing Peace through UNESCO World Heritage*(유네스코한국위원회, 2024), 『국경 마을에서 본 국가: 중국 윈난성 접경지역 촌락의 민족지』(인터북스, 2022, 대한민국학술원 우수학술도서 선정), *Intangible Cultural Heritage in Contemporary China*(Routledge, 2017), 『민간중국』(책과함께, 2020), 『여성 연구자, 선을 넘다』(눌민, 2020), 『중국과 비중국 그리고 인터 차이나』(진인진, 2021), 『경독(耕讀): 중국 촌락의 쇠퇴와 재건』(인터북스, 2019), 『중국의 안과 밖: 중국적 표준과 세계질서』(인터북스, 2022), 『도시로 읽는 현대중국 2』(역사비평사, 2017) 등에 공저자로 참여했다.

전성현

동아대학교 사학과 및 석당학술원 교수로 재직 중이며, 삶의 터전인 지역에 토대를 두고 '방법으로서 지역'을 통해 근현대 부산, 한국, 그리고 동아시아의 역사와 문화에 관심을 기울이며 연구하고 소통하고 있다. 또한 지역민과 함께 지역의 역사를 실천하는 공공역사의 장(역사의 재현)인 구술, 전시, 기록, 유산, 문화콘텐츠 등의 영역에도 적극적으로 개입하고 있다. 지금까지 『일본인 이주정책과 재조선 일본인 사회』 (공저), 『식민지 도시와 철도』 (저서), 『일본의 대련 식민통치 40년사』 1~3권 (공역), 「피란 수도 부산의 '유산화'와 국내외 자료의 현황 및 활용 방안」, 「1876년 '개항'의 개념적 의미와 역사적 성격」, 「일제강점기 '민의가 있는 바를 표현'하는 장소로서의 읍회와 그 한계」 등 다수의 저서와 논문을 제출했다. 최근 공저로 『동아시아 관문도시와 서발터니티 연구』 (산지니, 2024), 『해역 네트워크 속의 부산』 (산지니, 2024) 외에, 논문 「관문 도시 부산과 '서발턴' 역사 연구의 필요성과 한계」 등이 있다.

동아시아 관문도시 읽기

초판 1쇄 발행 2026년 2월 2일

지은이 강병환 문명재 박우 박자영 윤종석 장정아 전성현
엮은이 김동규
펴낸이 강수걸
편집 이소영 강나래 오해은 이선화 이혜정
디자인 권문경 조은비
펴낸곳 산지니
등록 2005년 2월 7일 제333-3370000251002005000001호
주소 부산시 해운대구 수영강변대로 140 BCC 626호
전화 051-504-7070 | 팩스 051-507-7543
홈페이지 www.sanzinibook.com
전자우편 sanzini@sanzinibook.com
블로그 sanzinibook.tistory.com

ISBN 979-11-6861-592-2 93910

* 이 저서는 2022년 대한민국 교육부와 한국연구재단의 지원을 받아 수행된
연구임(NRF-2022S1A5C2A02091373)